Über dieses Buch

Geheimkommandos, Kriegsspionage und Agententätigkeit im ›unterirdischen Kampf‹ haben ein Flair des Abenteuerlichen, unter dem die Wirklichkeit gern verschwindet. Janusz Piekalkiewicz hat in diesem Buch und der vorausgegangenen gleichnamigen Fernsehserie die Unternehmungen und die Praktiken von Sonderkommandos und Agentenorganisationen im Zweiten Weltkrieg als historische Realität rekonstruiert und dokumentiert. Seine Unterlagen – Bildmaterial, Karten, Aufzeichnungen und Aussagen – hat er aus Archiven und Sammlungen und aus Gesprächen mit direkt Beteiligten zusammengestellt.
Die Fernsehserie ›Spione, Agenten, Soldaten‹ wurde beim IX. Internationalen Fernseh-Festival in Monte Carlo 1969 mit dem ersten Preis, der Goldenen Nymphe, für die beste zeitgeschichtliche Dokumentation ausgezeichnet.

Der Autor

Janusz Piekalkiewicz, geb. 1925 in Warschau, war mit 19 Jahren am Warschauer Aufstand beteiligt, anschließend in KZ-Haft; 1946 Abitur in Stettin, dann Filmakademie Lodz und Filmproduktion; in der Freizeit Bergführer in der Hohen Tatra. 1956 Teilnahme am ungarischen Aufstand; dann Straßenkehrer und Rundfunkreporter in Wien; ab 1958 in Paris ansässig; dort und in London ist er seit 1960 als Filmschaffender tätig.

Janusz Piekalkiewicz

Spione, Agenten, Soldaten

Geheime Kommandos im Zweiten Weltkrieg

Fischer
Taschenbuch
Verlag

Fischer Taschenbuch Verlag
Juli 1971
Vom Autor gekürzte Ausgabe
Redaktionelle Bearbeitung: Margret M. Laufenberg
Umschlagentwurf unter Verwendung eines Fotos
›Der Wagen Heydrichs kurz nach dem Attentat‹
(Foto: Südwest Verlag, München)
Fischer Taschenbuch Verlag GmbH, Frankfurt am Main
Lizenzausgabe mit freundlicher Genehmigung
des Südwest Verlages GmbH & Co. KG, München

Gesamtherstellung: Hanseatische Druckanstalt GmbH, Hamburg
Printed in Germany
ISBN 3 436 01402 8

Inhalt

»Im Krieg ist's Sitte,
jeden Vorteil nutzen«
Shakespeare

Montmartre, Planquadrat H 18

Januar 1949. In einem Pariser Gerichtssaal findet die Tragödie einer Spionage-Organisation ihr Ende.

Die Angeklagten
Mathilde Carré, berühmt unter dem Namen »La Chatte« – die Katze, auch die »Mata Hari« des II. Weltkrieges genannt, und Renée Borni, eine ihrer Mitarbeiterinnen, kämpfen jetzt um ihr Leben.
Sie haben entscheidenden Anteil gehabt an der Entstehung, dem Erfolg und – der Zerschlagung des ersten alliierten Nachrichtennetzes, das im Jahre 1940 unter dem Namen Interallié gegründet wurde.
Die Anklage lautet auf Hochverrat; der Staatsanwalt fordert die Todesstrafe.
Die Organisation Interallié hat ein ganzes Jahr lang, von Oktober 1940 bis Oktober 1941, ungestört und erfolgreich gegen die deutschen Besatzungstruppen arbeiten können.
Ihr Organisator war der polnische Offizier Roman Czerniawski, Armand genannt, der erste alliierte Offizier, der gleich nach der Besetzung Frankreichs den Krieg gegen die Deutschen an der geheimen Front fortsetzte.

Der ehemalige Chef der »Interallié«, *Roman Czerniawski,* vor dem Krieg ein bekannter polnischer Kunstflieger, lebt heute in London.

Roman Czerniawski:
»Die ersten Monate des Krieges deuteten keineswegs auf meine zukünftige Verbindung zum Nachrichtendienst hin.
Als die Deutschen im September 1939 in Polen eindrangen, war ich Hauptmann der polnischen Luftwaffe. Ich bekam Befehl, mit einem eilig zusammengestellten Geschwader Warschau in Richtung Rumänien zu verlassen. Schon eine Woche später befand ich mich in Frankreich. Ich wurde zur Kriegsakademie abkommandiert, wo ich die Organisation der deutschen Armee studierte, um später im Nachrichten- oder Abwehrdienst arbeiten zu können.
Doch im Juni 1940, ich war noch kurze Zeit im Elsaß eingesetzt gewesen, war auch in Frankreich alles aus. Wir sollten uns in kleinen Gruppen durchschlagen und versuchen, England zu erreichen.

Erschöpft und in zerrissenen Bauernkleidern erreichte ich das Städtchen Lunéville bei Nancy – noch vor kurzem hatten wir hier im Quartier gelegen – und fand für ein paar Tage Unterschlupf bei Madame *Renée Borni*.

Beim Abschied drückte sie mir die Papiere ihres verstorbenen Mannes, Armand Borni, in die Hand. Ausgestattet mit einem alten Fahrrad, trat ich die Weiterreise an. Die Straßen Frankreichs waren vollgestopft mit zurückziehenden Flüchtlingen und langen Kolonnen deutscher Soldaten. Zuerst ganz unbewußt, dann mit wachsendem Interesse, verfolgte ich die vorbeiziehenden deutschen Truppen. Schon nach kurzer Zeit konnte ich die einzelnen Einheiten an ihren Abzeichen erkennen, sie klassifizieren und ihre Standorte feststellen.

Das brachte mich auf eine seltsame Idee. Sagen wir, ich erreiche England, werde Jagdflieger und schieße vielleicht ein paar oder

Renée Borni (auf der Bahre) während der Gerichtsverhandlung im Januar 1949

Links: Wg.-Cdr. Roman Garby-Czerniawski alias »Armand«. Rechts: Mathilde Carré, »La Chatte«, die Katze, auf der Anklagebank

sogar mehrere Deutsche ab. Es sind doch schon Hunderte Flieger wie ich dort, bessere und schlechtere. Aber hier? Haben sie hier viele Leute, die vorbereitet sind wie ich?«

In Toulouse bricht Hauptmann Czerniawski seine Reise nach England ab. Schon im Sommer 1940 beginnt er – jetzt unter dem Namen *Armand Borni* – von hier aus für den Geheimdienst zu werben. Nach wenigen Monaten hat er ein kleines Spionagenetz aufgezogen. Die von Toulouse aus gesteuerte Organisation – sie nennt sich »Interallié« – setzt zunächst alles daran, eine Verbindung nach London herzustellen, was über einen Kurier dann auch gelingt.
Im Café »La Frégate« in Toulouse lernt *Armand* Mitte September 1940 eine junge Dame kennen – *Mathilde Carré*. Mathilde hat vor dem Krieg an der Sorbonne studiert, ihre wohlhabenden Eltern leben in Paris. Armand gewinnt Mathilde Carré zur Mitarbeit, sie fahren nach Paris, und Mathilde mietet in der Rue du Faubourg St.-Jacques ein Zimmer für Armand.
Mitte November 1940 beginnen Armand und Mathilde mit dem Aufbau einer Zentrale in Paris; still und überlegt zieht Armand seine Fäden. Er verläßt sein Quartier, von dem aus das Agentennetz »Interallié« nun intensiv aufgebaut wird, nur äußerst selten.
Bernhard Krótki wird unter dem Namen Christian Armands engster Mitarbeiter. Er ist einer der ganz wenigen, die Armands Wohnung kennen, und hält die Verbindung zu den übrigen Mitgliedern der Organisation aufrecht.
Nach wenigen Monaten ist die »Interallié« so weit aufgebaut, daß Armand in den meisten Teilen des besetzten Frankreich über Mitarbeiter verfügt, die jeweils im Bereich ihres Départe-

ments selbst ein Agentennetz steuern. Armand ist fast ausschließlich mit der Auswertung von Meldungen beschäftigt. Um die Übermittlung nach London zu beschleunigen, wird jetzt eine Funkverbindung hergestellt. Aus dem Hause Square du Trocadéro Nr. 3 geht am 10. Mai 1941 der erste Funkspruch nach London. Zum ersten Mal nach dem Fall Frankreichs haben die Alliierten eine direkte Verbindung mit Paris. Armand erhält vom Intelligence Service zwei Funker, die von jetzt an täglich die Nachrichten nach London durchgeben, und zeitweise wird die Royal Air Force gegen die von der Interallié gemeldeten Ziele angesetzt. Mathilde Carré läßt sich jetzt *»La Chatte«* – *›die Katze‹* nennen. Ihr gebührt ein wesentlicher Anteil an dieser erfolgreichen Entwicklung des Netzes. Sie verwaltet die personellen Angelegenheiten sowie die Geldbeträge, die von London übersandt werden.
Armand findet jedoch kein volles Vertrauen zu ihr. Deshalb wendet er sich an Renée Borni aus Lunéville und holt sie nach Paris, um ihr die wichtige Chiffrierarbeit anzuvertrauen.

Roman Czerniawski:
»Etwa Mitte September 1941 stellte London mir die Frage, ob ich bereit sei, für einige Zeit zu wichtigen Gesprächen nach England zu kommen. Ich schlug einen kleinen Sportflugplatz in der Nähe von Compiègne vor. Die ganze Sache schien mir ein bißchen irreal – Abflug im Mondschein, ein Wiedersehen mit Kameraden, die ich seit Jahren nicht mehr gesehen hatte, und das Zusammentreffen mit meinen Vorgesetzten, die mir noch nie im Leben begegnet waren und deren Namen ich nicht einmal kannte.
Am 1. Oktober mittags kamen wir – ich hatte sicherheitshalber zwei meiner Leute mitgebracht – auf dem bestimmten Feld an. Das Wichtigste – einen Stapel Berichte – hatte ich in einem alten Grammophonkasten verstaut.
Wir warteten auf die Nacht. Auf der Grasfläche waren keine Landungshindernisse zu sehen. Eine Viertelstunde nach Mitternacht hörten wir das Dröhnen eines herannahenden Flugzeugs. Die Maschine landete wenige Meter von uns entfernt, ich kletterte hinein. Wir flogen tief über der Erde, in Richtung England.«

Mehr als 25 Jahre später treffen sich Czerniawski und der Pilot, Wing-Commander *John Nesbitt-Dufort,* auf dem damaligen Zielflugplatz Tangmere in England wieder.

Wing-Commander John Nesbitt-Dufort:
»Wir hatten die Kanalküste fast erreicht, als uns plötzlich starke Lichtstrahlen deutscher Flak-Scheinwerfer umtanzten. Ich schoß

schnell eine rote Leuchtkugel ab, das Erkennungssignal der deutschen Luftwaffe, und wie auf Kommando wurden die Lichter ausgeschaltet.
Der weitere Flug verlief ohne Zwischenfälle, und wir erreichten unser Ziel, den Flughafen Tangmere, wo wir uns heute getroffen haben, sicher. Ein Vertreter des Nachrichtendienstes und der Kommandant des Flugplatzes erwarteten uns. Sie begrüßten uns herzlich und gaben uns bekannt, daß soeben das erste ›Pick-up‹, das erste Abholen eines Agenten aus dem besetzten Gebiet, gelungen sei. In meinem Bordbuch habe ich dieses für uns so wichtige Ereignis damals festgehalten.«

Armand bleibt 10 Tage lang in London – eine Zeit, die mit Beratungen über den zukünftigen Ausbau der »Interallié« ausgefüllt ist. Ein alter zweimotoriger Whitley-Bomber bringt Armand nach Frankreich zurück. In der Nacht zum 1. Oktober 1941 landet er, die Grammophonkiste in der Hand, per Fallschirm auf einem Kürbisfeld in der Nähe von Tours.
Inzwischen ist für das Netz Bretagne in Cherbourg ein neuer Mitarbeiter, ein gewisser *Émile*, angeworben worden. Émile, bekannt als notorischer Trinker, wird trotz seines Mangels angeworben, weil er im Flugplatzdepot der Deutschen in Cherbourg arbeitet und man sich von seinen Informationen viel verspricht. Seine Mitgliedschaft sollte der »Interallié« zum Verhängnis werden. Eines Tages sitzt er in einer Hafenkneipe mit einem deutschen Soldaten zusammen und läßt sich über seine Arbeit als Spion aus.
Die Meldung des Soldaten geht unverzüglich zur Abwehrstelle Paris. Hauptmann *Erich Borchers* wird mit ihrer Nachprüfung betraut und fährt nach Cherbourg, wo er Verbindung aufnimmt zu *Hugo Bleicher*, einem Unteroffizier der Geheimen Feldpolizei.

Hugo Bleicher:
»Am 23. Oktober 1941, ich war seinerzeit Dolmetscher und Unteroffizier bei der Geheimen Feldpolizei in Cherbourg, saß ich in meinem Dienstzimmer, Rue de l'Admiral Courbet, über den Akten, als plötzlich, unangemeldet, ein Mann in grauem Lodenmantel und mit grünem Hut, der offenbar schlechtester Laune war, hereinstürmte und sich als Hauptmann Borchers von der Abwehraußenstelle St.-Germain vorstellte. Er fragte mich nach meinem Namen und ging dann schnurstracks auf sein Ziel los: ›Wenn Sie der richtige Mann sind, den ich jetzt für diese Sache brauche, dann lasse ich Sie unverzüglich von der Geheimen Feldpolizei zur Abwehraußenstelle St.-Germain abkommandieren.‹ Ich hatte kaum Zeit, Mantel und Hut anzuziehen, und schon ging die Fahrt im Wagen des Hauptmanns nach der Kom-

mandantur. Dort herrschte reges Leben, Akten wurden herbeigeschleppt, Telefonate geführt usw. Auf der Kommandantur wurde ich kurz in den vorliegenden Sachverhalt eingeweiht. Die Geheime Feldpolizei Luft hatte einen Hafenarbeiter festgenommen, der dringend im Verdacht stand, einer Organisation Auskünfte gegeben zu haben. Da der Herr Hauptmann Borchers der französischen Sprache nicht mächtig war, sollte ich diesen Arbeiter namens Émile vernehmen. Ich hatte mir zwar unter einem englischen Spion etwas anderes vorgestellt, aber es sollte sich dann doch im Laufe der Zeit erweisen, daß dieser Mann das letzte Glied einer Kette war, die über das Pariser Hauptquartier zur gefürchtetsten und größten Spionageorganisation geführt hat.«

Unter Ausnutzung der von Émile gemachten Angaben gelingt es der deutschen Abwehr, den Chef des Teilnetzes Calvados, *Paul*, bei seiner Ankunft auf dem Bahnhof von Cherbourg festzunehmen. Kurz danach beginnt in der Zitadelle von Cherbourg die Vernehmung Pauls. Er teilt der Abwehr mit, daß er seinen Chef, einen gewissen *Valenty*, Mitte November an der Métro-Station am Place de l'Opéra in Paris treffen kann. Die Abwehr beschließt, Paul mit nach Paris zu nehmen und ihn dort zunächst im Gefängnis »Cherche Midi« unterzubringen.
11. November, Place de l'Opéra, Mittagszeit. Am Eingang der Métro-Station stehen Abwehrleute in Zivil, die Paul bei einem Fluchtversuch im Tunnel abfangen können. Andere Gruppen halten die Umgebung unter Kontrolle, um Valenty bei Erscheinen sofort festzunehmen. In weitem Abstand schlendern, als Liebespaare getarnt, Deutsche umher; die Autos stehen bereit.
Nach einigen Stunden ergebnislosen Wartens gibt Paul zu, die Verabredung mit seinem Chef Valenty an der Métro sei eine Finte gewesen, er habe damit den Versuch unternehmen wollen, seinen Kameraden zu warnen. Weiter gibt er zu, Valenty nie in Paris getroffen zu haben und auch dessen Wohnung nicht zu kennen. Nur ganz wenige Mitglieder der Organisation kennen die Wohnung des Chefs, alle übrigen Agenten verkehren mit ihm nur über die sogenannten »Briefkästen«.
12. November, Restaurant »Chez Madeleine«, 18 Uhr. Paul ist wiederum aus dem Gefängnis geholt worden. Hauptmann Borchers hat ihm bedeutet, daß bei der nächsten, auch noch so kleinen Panne, die Akten »Paul« geschlossen werden. Er soll eine letzte Chance haben und eine Botschaft an Valenty abgeben. Paul schreibt also eine Nachricht für Valenty, in der er sagt, daß er in Granville einen Fischer für den Kurierdienst ausfindig gemacht habe, der sehr viel Geld verlange. Aus diesem Grund bitte er den Chef um eine Unterredung.
Die Abwehrleute legen fest, wie diese Meldung an den Brief-

kasten herangebracht werden soll. Bleicher breitet den Stadtplan von Paris auf dem Tisch aus – und Paul fällt auf den Trick herein: Es kommt ihm gar nicht zum Bewußtsein, daß die Deutschen die Lage der Briefkästen noch nicht kennen. Er zeigt auf die Karte.

Am Boulevard des Italiens, im Hause der Berlitz School, befindet sich der erste Briefkasten. Man fährt in den sechsten Stock des Bürohauses hinauf und wirft durch den Türschlitz des Zimmer Nr. 281 die Meldung ein. Jeder Agent hat sein Erkennungszeichen. Paul z. B. muß zweimal anklopfen und die Klinke dreimal herunterdrücken. Dann wird ihm durch den Türspalt die Antwort herausgereicht. Das Zimmer selbst darf er nicht betreten.

Ein zweiter Briefkasten ist im Café »La Palette« am Boulevard Montparnasse untergebracht, wo die Garderobenfrau im Keller des Cafés den Tausch der Nachrichten besorgt. Paul gibt auch hier einen Brief ab, diesmal für Christian, den engsten Mitarbeiter des Chefs.

14. November. Der Briefkasten in der Berlitz School ist leer. Als Paul um 10 Uhr dort anklopft, meldet sich niemand; das Bürozimmer ist nicht besetzt.

Um 7 Uhr abends ist im Café »La Palette« eine Antwort von Valenty selbst da: »Rücksprache jetzt unmöglich. Sofort nach Granville fahren. Rückkehr nach Paris 20. November, dann neue Weisungen und Geld für Fischer. Sehr wichtig, Valenty.«

Am nächsten Tag wird Paul auf freien Fuß gesetzt. Er soll nach Christian Ausschau halten. Im Café »La Palette« trifft er einen

Paris, Planquadrat H 18: die Rue Villa Léandre (Kreis)

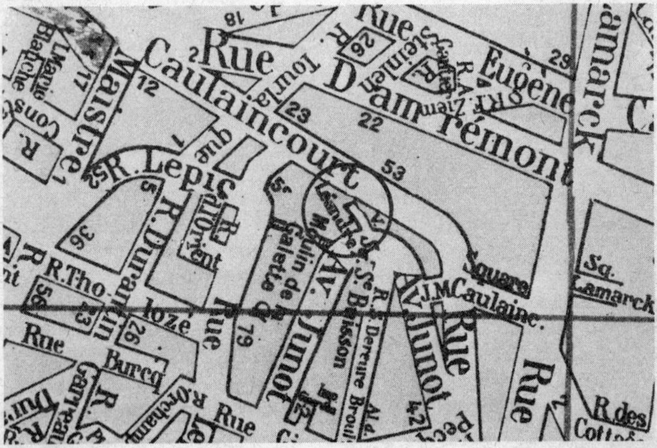

Paris, Planquadrat H 18, von einem Fieseler Storch aus aufgenommen

Freund Christians und erzählt ihm, daß er ein dringendes Anliegen an Christian habe und ihn abends im Café »Monte Carlo« erwarten wird.
Beim Étoile an der Avenue Wagram liegt das Café »Monte Carlo«. Dicht neben der Drehtür des Cafés sitzt Bleicher, am Nachbartisch Paul; draußen hat Hauptmann Borchers Platz genommen. Ein Mann setzt sich zu Paul an den Tisch, Hauptmann Borchers und Bleicher nehmen ihn sofort fest.
Im Hauptquartier der Feldgendarmerie wird Christian von den Deutschen verhört. Sie wissen, daß er täglich mit Valenty zusammenkommt. Bleibt er morgen aus, so ist Valenty gewarnt. Borchers verspricht Christian die Freiheit, wenn er sofort die Adresse Valentys angibt. Christian schweigt und wird in das Gefängnis »Cherche Midi« gebracht. Bleicher schlägt vor, Paul zu ihm zu schicken. Paul läßt sich überreden. Mit einigen Flaschen Cognac und Wein schieben die Deutschen ihn in Christians Zelle.
Um Mitternacht schwankt Paul aus der Zelle, hinter ihm Christian. Paul zeigt einen zerknüllten Zettel:
»Armand Borni, 8, rue Villa Léandre, Montmartre.«

Paris, Rue Villa Léandre Nr. 8b

Planquadrat H 18. Eine kleine Sackgasse ohne rückwärtige Ausgänge – man kann weder den Häuserblock umstellen noch die Hinterfront des Hauses Nr. 8 beobachten.
Es ist 2 Uhr morgens am 17. November, als Bleicher im Häuser- und Straßengewirr des Montmartre die Rue Villa Léandre entdeckt. Das Haus Nr. 8 liegt still da wie alle Häuser in diesem vergessenen Winkel von Paris.

Roman Czerniawski:
»Nur wenige Leute kannten unsere neue Wohnung in der Rue Villa Léandre, nicht weit von Sacré-Cœur. Die Villa Léandre war ein idealer Arbeitsplatz. Im ersten Stock wohnten Renée Borni und ich, im zweiten Stock waren die Funker mit dem Sender untergebracht. Die Arbeit lief jetzt auf Hochtouren. Wir gaben täglich vier Berichte durch, die jeweils mehr als 100 Worte umfaßten.
Der 16. November, der erste Jahrestag der Tätigkeit der ›Interallié‹, näherte sich. Wir hatten für die engsten Mitarbeiter einen kleinen Empfang geplant. Champagner und verschiedene Horsd'œuvres waren besorgt worden. Am Nachmittag des Jahrestages teilte Renée mir mit, daß Paul mich in wichtiger Sache unbedingt sehen wollte. Er meldete, daß es ihm gelungen sei, Verbindung zu einem Fischer aus Granville aufzunehmen. Ich schickte meinen engsten Mitarbeiter Christian zu diesem Treffen in das Café ›Monte Carlo‹, um prüfen zu lassen, ob meine Anwesenheit wirklich unerläßlich sei. Christian versprach,

rechtzeitig zum Fest zurück zu sein. Wir warteten vergebens auf ihn. Die Stimmung stieg ein wenig an, als trotz des Heulens der Störsender die Stimme der BBC hörbar wurde und ›herzliche Grüße für unsere Familie in Frankreich anläßlich des Jahrestages‹ durchgegeben wurden.
Christian kam nicht zurück; wir waren alle etwas nervös, und ich ging immer wieder ans Fenster, in der Hoffnung, ihn um die Ecke kommen zu sehen. Erst morgens um 2 Uhr legte ich mich schlafen.«

In der Halle des Hotels »Edouard VII« empfangen an diesem Morgen um 5 Uhr die Mannschaften der Geheimen Feldpolizei ihre letzten Instruktionen. Punkt 6.15 Uhr halten die Wagen an der Ecke Rue Villa Léandre/Avenue Junot. Bleicher klingelt Sturm an der Tür des Hauses Nr. 8. Im Hausflur steht ein alter Mann im Pyjama. Ein Armand Borni wohne nicht hier, er habe diesen Namen nie gehört. Da kommt Bleicher der Gedanke – Eingang Nr. 8b! »Zwei Mann bleiben hier und durchsuchen das Haus! Alle anderen nach 8b!«

Roman Czerniawski:
»Ich weiß nicht, wie lange ich geschlafen habe. Ich wurde wach durch ein gewaltiges Krachen im Treppenhaus. Ein Schuß fiel, und ich hörte Schreie. Ich sprang aus dem Bett, fast gleichzeitig flog die Tür aus dem Rahmen, und ein wild schreiender Haufen Männer ergoß sich in mein Zimmer. Das Licht wurde eingeschaltet, und ich sah deutsche Soldaten und einen Zivilisten in schwarzem Barett und Brille. Im gleichen Moment hörte ich trotz des Lärms, daß jemand am Fenster vorbeisprang — unsere zwei Funker waren also gerettet. Keiner kannte diesen Weg. Er führte über die Dächer der Hinterhäuser und durch einen anderen Hauseingang auf die Straße.
Wenige Minuten später ging ich, angezogen und in Handschellen, die Treppe hinunter. Eine Wohnung voller deutscher Soldaten blieb hinter mir zurück, ebenso wie die beiden Sender und alle Unterlagen der ›Interallié‹.
Ich wußte, ein Kapitel meines Lebens war abgeschlossen. Begleitet von zwei Männern mit Pistolen in den Händen, bestieg ich einen Wagen. Noch am Abend des gleichen Tages wurde ich in eine Zelle des Gefängnisses Frèsnes gebracht.«

Die ebenfalls festgenommene Renée Borni wird verhört, und Bleicher erfährt, daß eine gewisse Mathilde Carré, »La Chatte« genannt, in der Organisation eine große Rolle spielt; sie wohnt ein paar Schritte von Sacré Cœur entfernt in der Rue Cortot. Renée wird gezwungen, das Haus zu zeigen. Wenige Schritte vom Haus entfernt wird Mathilde Carré festgenom-

Oberstleutnant a. D. Oscar Reile, Chef der Abteilung III F (Gegenspionage) der Abwehrleitstelle Frankreich

men. Sie gibt im Verhör lediglich zu, für die »Interallié« gearbeitet zu haben. Am nächsten Morgen jedoch, nach einer im berüchtigten Pariser Frauengefängnis verbrachten Nacht, bittet sie, Bleicher sprechen zu können. Sie verrät ihm das Versteck der Personalkartei und der Kasse der »Interallié«. Bleicher ist wochenlang Tag und Nacht mit ihr unterwegs, um einen Agenten nach dem anderen abzufangen, denn Mathilde Carré kennt sämtliche Mitglieder des Netzes. Die Deutschen nehmen insgesamt etwa 100 Agenten fest und finden große Mengen Nachrichtenmaterial.

Unter dem Decknamen »Katzensteg« wird im Pariser Vorort Maisons-Lafitte ein »Hauptquartier Sonderreferat Paul« eingerichtet. Nachdem das »Interallié«-Netz vollständig zerschlagen ist, wird Mathilde Carré von den Deutschen auf solche Personenkreise in Paris angesetzt, in denen man bisher unbekannte Agenten des alliierten Nachrichtendienstes vermutet.

Bald meldet die »Katze«, sie habe einen Mann namens *Lucas* kennengelernt, der aus England zurückgekommen sei und Auftrag habe, aus den kleinen Spionage- und Sabotagegruppen in Frankreich eine schlagkräftige Organisation zu bilden. Lucas ist der französische Offizier *Pierre de Vomécourt*. Die Katze gewinnt sein Vertrauen; er ahnt nicht, daß sie für die Deutschen arbeitet.

Nach einiger Zeit fordert London Lucas auf, nach England zu kommen. Die Abwehr, die an der Treue der Katze nicht mehr zweifelt, beschließt, sie mit Lucas nach England zu schicken. Sie soll nach der Rückkehr Bericht erstatten.

Das englische Schnellboot »MGB 314« soll die zwei Reisenden an der bretonischen Küste bei Loquirec abholen. Die deutsche Küstenwache wird benachrichtigt; in kilometerweitem Umkreis wird der Landeplatz von allen Posten frei gemacht. In der Nacht vom 27. zum 28. Februar 1942 betreten Pierre de Vomécourt und Mathilde Carré die Planken des englischen Schnellbootes.

Im Juli des gleichen Jahres wird Mathilde Carré auf Anordnung des Intelligence Service in London verhaftet. Ihr Doppelspiel ist erkannt; sie verbringt die letzten Jahre des Krieges in einem englischen Gefängnis. Dann wird sie den Franzosen übergeben.
Nach Hauptmann Borchers führt Oberst *Oscar Reile* bei der deutschen Abwehr die Bearbeitung der Sache »Interallié« weiter.

Oberst Reile:
»Als Leiter der Gruppe Gegenspionage der Abwehrleitstelle Frankreich in Paris übernahm ich die Weiterführung des ›Falles Paul‹. Im März 1942 entschloß ich mich, Czerniawski für die deutsche Abwehr zu werben. Ich hatte dafür einen festen Plan ausgearbeitet, zu dessen Durchführung ich vorher die Zustimmung von Admiral Canaris eingeholt hatte. Ich suchte demgemäß Czerniawski in Frèsnes in seiner Zelle auf und sagte ihm einige ermunternde Worte, lobte auch seine tadellose Arbeit für sein Vaterland. Czerniawski erkundigte sich nach dem Befinden seiner Mitgefangenen. Dies schien mir sehr günstig, um mit ihm ins Gespräch zu kommen und ihm den Vorschlag zur Mitarbeit für die deutsche Abwehr zu machen. Czerniawski erklärte sich schließlich bereit unter der Bedingung, daß die 65 Mitgefangenen, die im Gefängnis in Frèsnes einsaßen, nicht dem Kriegsrichter vorgeführt werden sollten. Es war eine seltsame Szene, daß hier ein Gefangener dem Geheimdienst eines Landes Bedingungen stellte, in dessen Hand er gekommen war.

Im Jahre 1967 treffen sich – zum ersten Mal seit dem Krieg – die einstigen Gegner Hugo Bleicher und Roman Garby-Czerniawski

Ich ging schließlich auf sein Vorhaben ein, und sofort besprachen wir auch die notwendigen Vorbereitungen für seinen Einsatz in England. Vor allen Dingen mußten seine Funkkenntnisse aufgefrischt werden, außerdem mußte er lernen, aus Material, das überall im Handel erhältlich war, selbst ein Funkgerät zu basteln.«

Hugo Bleicher:
»Anfang Juli 1942 erhielt ich einen sonderbaren Auftrag. Ich sollte Armand aus dem Gefängnis in Frèsnes abholen, angeblich zu einer Vernehmung in Paris, ihn aber unterwegs einen Fluchtversuch machen lassen, der gelingen und echt wirken mußte. Am 14. Juli 1942, am französischen Nationalfeiertag, fuhr ich nach Frèsnes, das 20 km von Paris entfernt liegt, und holte Armand ab. Bisher hatte ich nur den Auftrag gehabt, Spione zu fangen. Jetzt hatte ich den Auftrag, dem Chef einer großen Spionageorganisation zur Flucht zu verhelfen.
In schneller Fahrt jagten wir die Straße Frèsnes—Paris entlang. Ich steuerte den Wagen selbst. Etwa auf halbem Wege, auf dem Boulevard Raspail in Höhe des Hotels ›Lutétia‹, passierte dann das bestellte Unglück. In einer scharfen Kurve stand plötzlich ein schwerer Lastzug quer über der Straße vor uns. An ein Ausweichen war nicht mehr zu denken. Laut fluchend sprang ich aus dem Wagen und schnauzte die armen Fahrer fürchterlich an. Dieses Durcheinander machte sich Armand zunutze. Die scheinbar gefesselten Hände auf dem Rücken, rannte er in wilder Flucht davon. Ich gab, um diese Flucht noch echter zu machen, einige Schüsse aus meiner Pistole ab und nahm mit den Soldaten und meinen Agenten die Verfolgung auf. Aber es war schon zu spät. Armand entkam, die Flucht war gelungen.«

Oscar Reile:
»Von August 1942 an stand die Funkstelle der Abwehr zu allen Zeiten, an denen Armand senden sollte, auf Empfang. Aber Woche um Woche verging, ohne daß er sich meldete.
Endlich, Anfang Januar 1943, traf der erste Funkspruch von ihm ein. Ihm folgten in den folgenden Monaten noch viele andere. Die entschlüsselten Funksprüche wurden den hohen Führungsstäben der Wehrmacht zugeleitet und im allgemeinen gut beurteilt. Obwohl ich selbst die Funksprüche nicht so hoch bewertete, sorgte ich dafür, daß die Zusagen, die Armand gegeben worden waren, gehalten wurden. Ich sorgte für die 65 ehemaligen Mitarbeiter Armands so gut ich konnte und habe festgestellt, daß sie alle den Krieg überlebt haben. Dies ist für mich natürlich eine glückliche Fügung.
Aus Anlaß dieser Feststellung möchte ich meines früheren Chefs, des Admirals Canaris, gedenken, in dessen Geist und in

dessen Auftrag ich in diesem Fall nur der Ausführende gewesen bin.«

In London angekommen, informiert Armand selbstverständlich seine englischen Vorgesetzten über den Auftrag der deutschen Abwehr. Der Intelligence Service formuliert daraufhin seine Funksprüche an die Deutschen.

Man übermittelt mit Rücksicht auf die 65 noch inhaftierten ehemaligen Mitarbeiter Armands nur solches Spielmaterial, das die Deutschen für interessant halten müssen. Im April 1967 treffen sich — zum ersten Mal nach dem Krieg — die zwei Gegenspieler von einst, Roman Czerniawski und Hugo Bleicher, im ehemaligen Hauptquartier der Geheimen Feldpolizei, dem Hotel »Edouard VII« in Paris.

Czerniawski erzählt, daß Mathilde Carré zu der Zeit, als er in London eintraf, bereits gefangensaß. Sie wurde nach Kriegsende an die französischen Behörden ausgeliefert, die sie zum Tode verurteilten; die Todesstrafe wurde in lebenslängliche Haft verwandelt, und Mme. Carré wurde schließlich wegen Haftunfähigkeit begnadigt. Czerniawski selbst durfte erst nach der alliierten Invasion wieder der polnischen Exilarmee beitreten.

Das Treffen von Czerniawski und Bleicher verläuft wie das zweier guter, alter Bekannter, die gemeinsame Erinnerungen haben — letzten Endes ist es ihnen gelungen, das Leben von 65 in deutscher Haft befindlichen Agenten zu retten.

S.O.E. —
London schult Saboteure

Die geheimen Agenten kamen aus England herüber — in U-Booten, in Schnellbooten, doch meistens per Flugzeug und Fallschirm.
Der Befehl, mit dem man sie auf den Weg schickte, hieß: Steckt Europa in Brand! Tag und Nacht von den Deutschen gejagt, keine Stunde mehr sicher, oft schon im Augenblick der Landung verraten, hatten sie die tollkühnsten Erlebnisse dieses Krieges.
Ihre Auflehnung gegen die Gewalt Hitlers, ihre Abenteuerlust und ihr Mut, oft auch ihre Vaterlandsliebe, haben die Geschichte der Männer der S. O. E., der Special Operations Executive, geprägt — die Geschichte der britischen Spionage- und Sabotage-Organisation des II. Weltkrieges, die zur Unterstützung des Widerstandes gegen die deutsche Besatzung in den Ländern Europas gegründet und in der deutschen Öffentlichkeit als die ›Gangsterschule‹ zum Begriff wurde.

Frankreich 1943: Von SOE-Agenten in Brand gesteckter deutscher Transport

Dünkirchen, Juni 1940. Für die geschlagenen Truppen der Alliierten sind die Schiffe, die vor der Küste von Dünkirchen auf sie warten, die letzte Chance, dem Feind zu entkommen – hinter ihnen bleibt ein von Hitler besetztes Europa zurück, und ein Vorhang des Schweigens senkt sich über den leidgeprüften Kontinent.

Doch noch bevor die letzten Soldaten von den Gestaden Frankreichs abgeholt werden und die britischen Häfen erreichen, gründen englische Staatsmänner jene Organisation, die ihnen, wie sie hoffen, die Rückkehr auf den Kontinent ermöglichen wird – die S. O. E., Special Operations Executive, die die Aufgabe hat, den Widerstand in den besetzten Ländern Europas zu unterstützen und zu koordinieren.

Der Initiative zu ihrer Entstehung liegen Analysen der bis dahin bekannten Sabotageunternehmen und Guerillakämpfe während der letzten 100 Jahre zugrunde.

Die Gründungsurkunde trägt noch die Unterschrift von *Neville Chamberlain*; die Begründung der SOE ist der letzte wichtige Akt seines Lebens gewesen.

Die SOE wird *Dr. Hugh Dalton*, dem Minister für Wirtschaftskriegführung, unterstellt, und der neue Premier, *Winston Churchill*, begeistert von den Möglichkeiten dieser Organisation, gibt dem Minister die berühmt gewordenen Worte mit auf den Weg: »Und nun stecken Sie Europa in Brand!«

Die SOE richtet in der Londoner Baker Street ihr Hauptquartier ein. Die Chefs von SOE müssen jedoch bald erkennen, daß diese vollständig neue Abteilung bei den regulären Dienstgattungen nur schwerlich Anerkennung finden wird. Kompetenzschwierigkeiten, das Erfordernis völliger Geheimhaltung sowie ein zunächst nur schmales Budget machen das Anfangsstadium der SOE zu einer Zeit der Improvisation, in der Einfallsreichtum und persönliche Beziehungen die wichtigsten Faktoren sind.

Dem Stab von SOE anzugehören ist wie die Mitgliedschaft in einem Club; man muß von einem Mitglied eingeladen werden – und auch dabei zählt nicht so sehr die Tatsache, was man weiß, sondern wen man kennt.

Während die Spitze der SOE sich aus Rechtsanwälten, Journalisten, Geschäftsleuten und Offizieren rekrutiert, die eine Erziehung in Eton oder Cambridge hinter sich haben und derselben sozialen Schicht entstammen, sind die auszubildenden Agenten zusammengewürfelt aus allen Klassen der Gesellschaft: von kleinen und großen Dieben bis zu Diplomatenkindern und Prinzessinnen. Dies entspricht einem der Grundprinzipien der SOE, in dem es heißt: Der ideale Agent pflegt zwar die Stärke eines Supermannes zu haben, seine Tapferkeit und Intelligenz; doch beschäftigen wir weder Supermänner noch Trottel.

General R. H. Barry

Die ersten Executive Chiefs der SOE wechseln in rascher Folge, bis sich der Apparat unter Major General *Sir Colin Bubbins,* einem aus Schottland stammenden Offizier, stabilisiert. Gubbins wählt *R. H. Barry* zu seinem Stellvertreter.

Wir haben General R. H. Barry gebeten, uns die Anfangsschwierigkeiten der SOE zu schildern:

»Ich sollte vielleicht zunächst erklären, warum ich zu Ihnen spreche. Bis zu meiner Pensionierung vor sechs Jahren bin ich mein ganzes Leben lang Berufssoldat gewesen. Ende 1940 war ich im Staff College, und nach Abschluß des Kursus wurde ich dem Kriegswirtschaftsministerium zugewiesen. Aus diesem Anlaß wurde mir von meinen Kommilitonen eine sogenannte ›Professorenbrille‹ verliehen, ›für Professor Barry anläßlich seines Abschiedes von der Armee‹. Es zeigte sich, daß ich der Special Operations Executive, SOE genannt, zugeteilt worden war.

Ich arbeitete für die SOE von Anfang 1941 bis Mitte 1942 und dann von Juni 1943 bis Ende 1944. In der SOE hatten wir mit einem Problem zu tun, für das in Großbritannien vor und auch während der ersten Kriegszeit sehr wenig Vorbereitungen getroffen worden waren. Dieses Problem bestand in der Unterstützung des Widerstandes gegen die Besatzungsmacht. Die britische Regierung sah sich ihm gegenübergestellt, als Deutschland während der ersten sechs Monate 1940 in rascher Folge Dänemark, Norwegen, Holland, Belgien, Luxemburg und Frankreich besetzte. Im Juli 1940 wurde also die SOE gegründet und dem Minister für Wirtschaftskriegführung unterstellt. Zum Nachteil der SOE war dieser Minister kein Mitglied des Kriegskabinetts, ein Umstand, der der SOE eine Reihe von Schwierigkeiten bereitete. Nichtsdestotrotz begann die SOE ihre Arbeit mit großen Hoffnungen. Mr. Churchill hatte Mr. Dalton gesagt, daß es seine Aufgabe sei, Europa in Brand zu setzen; und die Arbeit der SOE begann in der Hoffnung, daß sie in der Lage sein würde, enorme Sabotageorganisationen und geheime Untergrundarmeen zu bilden und Europa in einem Zustand ständiger Revolution zu halten.

So hatte die SOE gegen Ende 1940 weitgreifende Pläne ausgearbeitet, mit Sabotagegruppen und Untergrundarmeen. Die Stabschefs sahen sich nun aber einer Schwierigkeit gegenübergestellt, die darin bestand, daß diese Pläne den Gesamteinsatz der britischen Bomberkräfte für sechs volle Monate in Anspruch nehmen würden. Es war klar, daß wir mit diesen Plänen nicht durchdringen würden. Die SOE mußte ihre Probleme von Anfang an selbst in die Hand nehmen. Man kann sie in drei Kategorien einteilen:

1. festzustellen, ob es einen Widerstand in den besetzten Ländern gab und, wenn dies der Fall war, mit ihm Kontakt aufzunehmen;
2. den Kontakt mit den Angehörigen des Widerstandes aufrechtzuerhalten und schließlich
3. sie mit den angeforderten Dingen zu versorgen, damit sie der Besatzungsmacht schaden konnten.

Was den ersten Punkt anbetrifft, so wußten wir in Großbritannien Ende 1940 und Anfang 1941 sehr wenig über das, was auf dem Kontinent vorging, und mußten deshalb zu einem zunächst wenig bekannten Widerstand Kontakt aufnehmen. Dies geschah auf verschiedene Art und Weise: über die Exilregierungen, neutrale Länder oder herübergeschmuggelte Agentengruppen.

Das zweite Problem bestand darin, die einmal aufgenommenen Verbindungen aufrechtzuerhalten. Dies konnte natürlich nur über Funk geschehen. Es mußten also spezielle Funkgeräte entwickelt werden, die nicht mehr als 40 Pfund wiegen durften und das Aussehen eines gewöhnlichen Weekend-Koffers hatten. Ferner mußten die Funker angeworben und ausgebildet werden, unsere eigenen Empfangsstationen mußten organisiert und eingerichtet werden, und schließlich blieben noch all die technischen Dinge, wie Code, Frequenzen, Erkennungssignal und Sicherheitscode. Es war alles äußerst kompliziert.

Die dritte Aufgabe schließlich war die Beschaffung der notwendigen Dinge. Dies ist ein Problem gewesen, mit dem die SOE fast während der ganzen Zeit ihres Bestehens zu kämpfen hatte. Vor allem in der ersten Zeit herrschte größte Materialknappheit, und es bereitete schon Sorgen, auch die einfachsten Ausrüstungsgegenstände zu bekommen.

Wir standen daneben in direktem Wettbewerb mit den regulären Kampfeinheiten. Verlangten wir Maschinengewehre, Sprengstoff, Gewehre und sonstige Waffen, oder verlangten wir gar ein Flugzeug, das all dies zum Bestimmungsort fliegen sollte, so nahmen wir praktisch der Armee die Ausrüstung und der Royal Air Force das Flugzeug.

Wir mußten deshalb erst einmal den Beweis erbringen, daß das, was wir forderten, von uns besser zur Schädigung des Feindes eingesetzt werden konnte als von den Kampfeinheiten. Und das

war nur schwer zu beweisen; denn wir konnten unserer Truppe nicht sicher sein, wir kannten unsere Truppe nicht, wenn man sie so nennen kann. Wir waren nicht sicher, wenn wir einen Befehl erteilten, daß z. B. in einer Fabrik ein Sabotageakt durchgeführt werden sollte, ob dieser Befehl tatsächlich durchgeführt wurde. Wir hofften es und wir glaubten daran – aber wir konnten es eben nicht garantieren. Und wenn es getan worden war, gab es nur ganz bescheidene Möglichkeiten, es nachzuprüfen. Möglicherweise würde die durch den Sabotageakt erreichte Zerstörung auf einer Luftaufnahme überhaupt nicht zu sehen sein.
Aus all diesen Gründen hatten wir also zu argumentieren, zu diskutieren und zu kämpfen, um alle Ausrüstungsgegenstände und jede kleinste Sache, die wir benötigten.
Die Notwendigkeit von Materialanforderungen ergab sich schon zu Beginn, zur Einrichtung der einfachsten Verbindungswege, bei denen es drei Möglichkeiten gab: erstens Landverbindungen. Die Verbindungen über Land, das wurde schon sehr bald klar, würden unseren Zweck auf die Dauer nicht erfüllen können. Es existierten zwar Wege über Spanien nach Gibraltar und über die neutralen Balkanländer, doch war diese Art von Nachrichtenübermittlung langwierig und auch sehr riskant. Außerdem war klar, daß man auf diesem Wege keine Ausrüstung größeren Gewichts transportieren konnte.
Die zweite Möglichkeit war die See. Hier gab es gewisse Chancen – z. B. liefen über das Mittelmeer hinweg gute Verbindungswege, und zwischen Schottland und Norwegen wurde sehr viel mit Fischerbooten unternommen. Zwischen Cornwall und der Bretagne wurden Motorboote eingesetzt. Letzteres konnte jedoch nur in geringem Maße ausgenutzt werden und war äußerst riskant. Die deutschen U-Boot-Patrouillen im Kanal, die sehr wachsam und überdies auch zahlreich waren, machten uns in dieser Hinsicht viel zu schaffen.
Aus all diesen Gründen war uns klar, daß die Luftverbindung die bei weitem besten Möglichkeiten der Übermittlung bot.
Aber die Vorbereitungen einer Luftoperation hinüber in ein vom Feind besetztes Gebiet sind ein kompliziertes Geschäft. Es dauerte sehr lange, bis wir unseren ersten Agenten abwerfen konnten. Wir warfen diesen Mann, wie wir es nannten, ›blind‹ ab – mit anderen Worten, er war unvorbereitet und wußte niemand, zu dem er nach seiner Landung gehen konnte. Wir hatten einen Punkt auf der Karte ausgewählt, warfen den Mann ab und hofften, daß er in der Lage sein würde, seinen Weg zu machen und dort unten eine Art Widerstandszirkel zu organisieren.«

Die ersten Agenten der SOE, diejenigen, die ›blind‹ abgeworfen werden, springen über Westpolen ab. Die westliche Grenze

Polens überschneidet sich in etwa mit der Reichweite der hierzu benutzten, ziemlich schwerfälligen Bomber vom Typ Whitley bzw. Wellington.
Die in den zahllosen, über England verstreuten Lagern untergebrachten polnischen, belgischen, holländischen, norwegischen und vor allem französischen Exiltruppen, augenblicklich ohne große Hoffnung auf Kampfhandlungen, bilden ein Reservoir potentieller SOE-Agenten.
Außerdem verlassen um diese Zeit, wo immer sich eine Möglichkeit ergibt, viele junge Leute ihre Heimat im besetzten Europa mit der Absicht, an der Seite der Engländer den Kampf gegen Hitler fortzusetzen.
Nach Erreichen der Britischen Insel werden sie zunächst in die Royal Victoria Patriotic School im Londoner Vorort Wandsworth einquartiert, wo sich, abgeschirmt von der Außenwelt, ein Auffanglager für all diejenigen befindet, die sich, manchmal nur das nackte Leben rettend, nach England durchgeschlagen haben. Sie verbringen hier manche karge Woche, ständig verhört von Beamten des britischen Geheimdienstes. Letzten Endes schreibt man 1940, und der deutschen Spionage ist jedes Mittel recht, ihre Agenten nach England einzuschleusen.
Außerdem ist auch der deutschen Abwehr nicht unbekannt, daß die Anwerber der SOE hier tätig sind. In der Royal Victoria Patriotic School werden später aus Gründen der Sicherheit auch alle vom Einsatz zurückkehrenden Agenten untergebracht. Mancher tapfere Agent der SOE nahm es seiner Organisation übel, wenn er nach der Rückkehr – statt mit Dankesworten oder Auszeichnungen überhäuft zu werden oder wenigstens einen wohlverdienten Urlaub zu bekommen – in die Royal Victoria Patriotic School gesperrt wurde und wochenlangen Verhören ausgesetzt war. Diese Sicherheitsmaßnahme diente dem Zweck, herauszubekommen, ob der zurückgekehrte Agent nicht von der Gegenseite umgedreht worden und mit einem neuen Auftrag nach England geschickt worden war.
Viele dieser jungen Leute – sei es aus den verschiedenen Exileinheiten, sei es aus der Royal Victoria Patriotic School – werden eines Tages diskret vorgeladen zu einer Besprechung, die in einem Zimmer des Ministry of Pensions oder in den Clubräumen des Hotels Northumberland stattfindet, wo der Anwerber der SOE auf sie wartet. Er erklärt ihnen Ziel und Aufgabe von SOE und macht ihnen den Vorschlag zur Mitarbeit. Der Rekrut hat einige Tage Bedenkzeit, muß sich jedoch auch für den Fall eines negativen Entscheids zum Stillschweigen verpflichten. Und es gibt viele junge Leute, die sich positiv entscheiden – so viele, daß man für jede Nationalität eine eigene SOE-Abteilung mit besonderen Ausbildungszentren bildet.
Die einzelnen Länderabteilungen lassen sich entlang der Baker

Street nieder, wie z. B. in den Büros des bekannten Londoner Warenhauses Marks & Spencer die gaullistische Abteilung der SOE untergebracht ist, während im Gebäude Chiltern Court die bewegliche norwegische Abteilung ihren Sitz hat.

Zumeist beginnt die Ausbildung eines Agenten mit einem militärisch harten, rein physischen Konditionstraining in einem der zahlreichen, zu diesem Zweck gemieteten Herrenhäuser überall im Land.

Vom ersten Tag der Ausbildung an wird jeder Gruppe von Rekruten ein junger Offizier beigegeben. Dieser sogenannte Conducting Officer hat die Funktion des Beraters in allen Nöten; er steht zwischen Rekrut und Ausbilder und gibt wie ein Beichtvater sehr oft moralische Unterstützung, wo der Rekrut an sich selbst zu zweifeln beginnen sollte. Im übrigen ist es Pflicht des Conducting Officer, wöchentlich Bericht zu erstatten über die Fortschritte seiner Schützlinge.

Der erste Teil der Ausbildung ist jedoch mehr als nur hartes Kommandotraining – er dient gleichzeitig dem Zweck, die Eignung des Aspiranten auch in psychischer Hinsicht festzustellen. Sein Charakter und sein Gesamtverhalten, sowohl dienstlich als auch privat, werden mit größter Sorgfalt beobachtet. Seine Beziehung zu Alkohol und sein Sexualverhalten z. B. sind ebenso ausschlaggebend wie Aufschluß darüber, ob er im Schlaf redet. Auch dient diese erste Zeit der Beobachtung dem Zweck, die richtige Einsatzmöglichkeit für den Agenten zu bestimmen – mancher schnelle, intelligente und brutale Typ, der ein guter Saboteur sein kann, wird nie die Geduld, Sorgfalt und Methodik besitzen, die zermürbende Arbeit der Organisation eines Untergrundzirkels zu übernehmen und auch keineswegs passend sein für die mehr oder weniger langweilige Beschäftigung eines Funkers.

Nach dem ziemlich oberflächlichen Kommandotraining folgt für die meisten Agenten ein längerer Aufenthalt in der rauhen Landschaft Schottlands, der von den Agenten ›Rübenkurs‹ genannt wird und währenddessen sie sich unter härtesten Bedingungen, oft tagelang ohne ein Dach über dem Kopf, durch das Land schlagen, vor imaginären deutschen Patrouillen verstekken, Attrappenbrücken in die Luft jagen und, bepackt mit schweren Rucksäcken, durch Bergströme waten müssen – immer auf der Flucht vor SS-Leuten, die von anderen Gruppen gestellt werden. Im Bemühen um möglichst realistische Übungen trägt ein Teil der Rekruten sogar deutsche Uniformen.

Nach diesen strapaziösen Wochen in Schottland geht es zurück in die Spezial-Trainings-Schulen, die in teilweise romantischen Landhäusern untergebracht sind. Hier werden ihnen nun alle Spielarten des Nahkampfes beigebracht. Diese Ausbildung und selbstverständlich auch ein Training in Judo wird zumeist von

Trainern vermittelt, die aus dem Polizeidienst im Fernen Osten kommen.

Der Rekrut lernt die Prinzipien des Hebelgesetzes und die verwundbarsten Teile des menschlichen Körpers kennen, lernt den Kampf ohne Waffen und das sogenannte Silent Killing, bei dem das Opfer nicht einmal mehr einen Laut von sich geben kann, den Einsatz von Handkantenschlägen und die Tricks, wie man einen Spazierstock oder Regenschirm in eine tödliche Waffe verwandeln kann.

Neben dem Training ohne Waffen laufen Kurse in Industriesabotage, bei denen es darauf ankommt, für jedes Objekt den richtigen Sprengstoff zu verwenden und Perfektion in der Abschätzung der Sprengstoffmenge zu erreichen, d. h. in der Lage zu sein, mit einem Minimum von Explosivmaterial ein Maximum an Zerstörung zu erreichen.

Das Eindringen in schwer zugängliches Industriegelände wird geübt, und ehemalige Einbrecher weihen die SOE-Rekruten in die Geheimnisse des Safeknackens ein.

An stillgelegten Eisenbahnlinien werden Anschläge auf die Verkehrsadern des Feindes geübt. Zunächst an Modellen von Lokomotiven, später auch am Original, das die britische Eisenbahngesellschaft zur Verfügung stellt, wird die Anbringung von Sprengladungen an den empfindlichsten Stellen ausführlich geprobt.

An naturgetreuen Modellen der für den Feind besonders wichtigen, dabei leicht verwundbaren Umspannstationen wird die Ausführung von Sabotage erklärt; ebenso wird der zukünftige Agent aber auch geschult an echten Anlagen, von denen die SOE immer neue für ihre Übungszwecke ausfindig macht.

Ferner wird die besonders komplizierte und gefahrvolle Flugzeugsabotage zunächst ausführlich am Modell demonstriert und später an den von der Royal Air Force zur Verfügung gestellten deutschen Beutemaschinen geübt.

Die Rekruten von SOE werden geschult im Überfall auf deutsche Panzerkolonnen und erlernen die besten Methoden, ihnen Fallen zu stellen. Als Anschauungsmaterial dienen deutsche Beutepanzer, die das Kriegsministerium stellt. Überfälle auf kleinere Feindgruppen, die Liquidierung einzelner Personen in Wohnungen, auf der Straße und in Eisenbahnwaggons wird geübt, und in theoretischen Kursen lernt der Agent Militär- und Polizeiorganisation der Deutschen, die deutschen Verwaltungsmethoden und -gesetze für die besetzten Gebiete sowie die Rangabzeichen von Militär, Polizei und Partei kennen.

Ein weiteres Ziel des Trainings ist es, jeden Agenten zu einem guten Scharfschützen auszubilden und ihn mit allen gebräuchlichen Handfeuerwaffen so weit vertraut zu machen, daß er in der Lage ist, der von ihm zu organisierenden Widerstands-

gruppe Unterricht an diesen Waffen zu erteilen. Mit fortschreitender Entwicklung wird auch dieses Training immer mehr speziell – die Skala der Waffen geht über Gewehre, Revolver, Pistolen, Sten-Gewehre, Bren-Gewehre und Bazookas bis zu den ab 1944 häufig verwendeten Piats, der englischen Panzerfaust.
Daneben muß der Agent mit den beim europäischen Widerstand in gleicher Weise verbreiteten deutschen Beutewaffen umgehen können und in der Lage sein, die zahlreichen deutschen Minentypen zu entschärfen und für seine Zwecke zu nutzen.
Die Ausbildung im Kodifizieren von Meldungen und im Funken selbst erhalten nur diejenigen Agenten, die entweder einer schon vorhandenen Agentengruppe als Funker zugeteilt werden oder die auf sich alleingestellt arbeiten sollen.
Die technische Forschungsabteilung der SOE entwickelt ein für den Agentengebrauch besonders geeignetes Sende- und Empfangsgerät vom Typ B Mark II; es ist in einem kleinen, der kontinentalen Mode entsprechenden Wochenendköfferchen untergebracht, wiegt 30 Pfund und hat eine Reichweite von 2500 km.

Ungewöhnliche Situationen meistern zu lernen, ist eines der Hauptanliegen der SOE-Ausbildung. Ein SOE-Rekrut muß zur Not auch einen Kinderwagen als Schießstand benutzen können

Jedes der Funkgeräte ist auf eine bestimmte Abhörstation in England ausgerichtet, und jeder Funker erhält eine bestimmte Stunde zugeteilt, in der er sich zu melden hat. Um eine gewisse Kontrolle darüber zu haben, ob der Agent frei oder unter feindlichem Druck sendet, hat er zu Beginn und am Ende seiner Sendung ein bestimmtes Signal, den sogenannten Security Check, zu geben, dessen Veränderung für die Heimatstation das Zeichen seiner Freiheit oder Gefangennahme ist.
Im weiteren Verlauf des Krieges werden Kleinstfunkgeräte entwickelt, die dem Funker dank ihrer Winzigkeit mehr Sicherheit bieten. Überdies geht man später dazu über, vor der Abreise eines Funkers Schallplattenaufnahmen von seiner Funkhandschrift zu machen, damit Vergleichsmöglichkeiten für den Fall da sind, daß die Art des Anschlags sich ändern sollte und damit die Verwendung des Senders durch den Feind aufgedeckt werden kann.
In besonderen Kursen wird der Agent nicht nur mit der Verwendung verschiedener Giftstoffe vertraut gemacht, sondern auch mit der Herstellung einfacher Dinge beschäftigt, die zur Unterbringung von Codetexten oder Sprengmaterial verwendet werden können — seiner Phantasie sind bei der Entwicklung neuer Möglichkeiten keine Grenzen gesetzt.
Die SOE bringt eine kleine Infrarot-Taschenlampe heraus, in deren Strahlen die ebenfalls von SOE entwickelte, sonst unsichtbare Infrarot-Tinte sichtbar wird. Auf japanischem Papier, knapp 50 × 50 cm groß, werden Landkarten mit mehr als 70 000 Ortschaften gedruckt. Die Karten können, um eine Mine gewickelt, im Schaft eines Drehbleistiftes untergebracht werden.
Kompasse, in einem Manschettenknopf versteckt, gehören ebenso zur Ausrüstung eines jeden Agenten wie die schallgedämpfte Pistole.
Im Schnürsenkel des Agentenschuhs wird eine Gigli-Säge, die in der Gehirnchirurgie verwendet wird, untergebracht, wodurch der Agent mit jedem Gefängnisgitter fertig wird, und in Zigarettenspitzen werden Fernrohre mit 8facher Vergrößerung eingebaut.
Staubsauger dienen als Versteck für Funkgeräte ebenso wie Schallplattenspieler.
Im ehrwürdigen Science Museum in London ist ein ganzer Stab von Wissenschaftlern mit dem Problem der Ausstattung der Agenten beschäftigt. In jedem von den Deutschen besetzten Landstrich werden von einem braven Bürger die verschiedensten Papiere, wie Ausweis, Aufenthaltsbescheinigung und Arbeitsnachweis, Passierschein usw., verlangt. Die SOE richtet im Keller des Science Museum eine Druckerei ein, die ihre Agenten mit den für das Einsatzgebiet korrekten Papieren ausstattet,

wobei nicht nur der exakt richtige Druck, sondern auch die richtige Papiersorte wichtig ist — neben den tausendfach verschiedenen Unterschriften norwegischer, dänischer, deutscher, niederländischer, französischer, polnischer und griechischer Beamter.
Die auch für die Existenz eines Agenten so wichtigen Lebensmittelkarten werden hier für alle Länder Europas und in allen Varianten hergestellt, während eine andere Abteilung — sie beschäftigt die besten Kräfte Englands — sich um die Herstellung des hundertfach unterschiedlichen Sortiments von Stempeln der Besatzungsbehörden bemüht, die selbst ein Fachmann nicht von den Originalen zu unterscheiden weiß. Das Programm reicht vom Stempel der kleinsten deutschen Ortskommandantur bis hin zu denen der Reichskanzlei.
Die bis 1941 von der SOE in England gefälschten Papiere für die Agenten sind so schlecht gewesen, daß sie beim Vorzeigen sozusagen das Todesurteil bedeuteten. Mit Hilfe von Originalen, die nach England geschleust werden konnten und durch die Unterstützung der Wissenschaftler des Science Museum kommt man ab 1943 dahin, selbst Tintenzusammensetzungen und Stempelfarben nachzuahmen, und es kommt fast nicht mehr vor, daß eine Fälschung entdeckt wird.
Doch neben Personalpapieren und den zahlreichen Bescheinigungen, die der Agent bei sich zu tragen hat, ist seine äußere Erscheinung von großer Bedeutung. Die bestens gefälschten Papiere können da nicht mehr retten, wo der typisch englische Schnitt des Anzugs oder die Schuhe ihn den geschulten Augen des deutschen Abwehrmannes oder Gestapospitzels bereits auf hundert Meter Entfernung als Agenten verraten haben.
In der Margaret Street in der Londoner City hat ein jüdischer Schneider, Emigrant aus Wien, sein Hauptquartier. Er ist der Berater der SOE für kontinentale Moden. In seiner Werkstatt werden die für jedes besetzte Land typischen Kleidungsstücke nachgearbeitet. Fehlt es an Mustern, so macht der Meister einen kurzen Besuch in der Synagoge und kauft seinen emigrierten Glaubensbrüdern Röcke, Hosen, manchmal auch lediglich die Webmarken der Bekleidung ab.
Neben der Synagoge bietet der Caledonian Market, der Londoner Markt für Bekleidung aus zweiter Hand, ein weiteres Reservoir an Mustern.
Die BBC sendet Abend für Abend in ihren Auslandsprogrammen die verschiedensten kodifizierten Meldungen. So belanglose Sätze wie »Jean hat sich heute früh nicht rasiert« können z. B. den Abwurf von Versorgungsmaterial ankündigen oder der Einsatzbefehl für eine ganz bestimmte Operation sein. Praktisch wird jede Aktion der SOE im besetzten Europa durch eine der in allen Sprachen gesendeten Mitteilungen ausgelöst.

Neben seiner Funkverbindung zur Heimatstation sind diese allabendlichen BBC-Mitteilungen von essentieller Bedeutung für den Agenten von SOE und den europäischen Widerstand. Und wie das Erlebnis von Wing Commander *John Nesbitt-Dufort* beweist, nicht nur für sie allein. Wing Commander Nesbitt-Dufort ist der erste der sogenannten Pick-up-Piloten für SOE gewesen; seine Einheit wurde »The Moon Squadron«, das Mondgeschwader, genannt.
Wichtige Agenten der SOE werden von den Flugzeugen dieses Geschwaders aus dem besetzten Gebiet abgeholt. Dank der Stabilität und Wendigkeit der hierzu benutzten Flugzeuge vom Typ Westland Lysander, in denen neben dem Piloten bis zu 3 Passagiere Platz haben, können diese Pick-ups auf kleinsten Feldern und Wiesen verabredet werden.

Wing Commander John Nesbitt-Dufort:
»Dieses Flugzeug, eine Westland Lysander, war ursprünglich für den Army Corporation Service bestimmt. Auf Grund seines sehr kurzen Lande- und Startweges wurde es im Kriege für Landungen zum Aufnehmen von Agenten in feindlich besetzten Gebieten genutzt. Es hat Weitstrecken-Tanks, und auf jeder Seite kann man eine Leiter anbringen, damit die Agenten schneller ein- und aussteigen können. Das Flugzeug ist schnell, beweglich und hat eine Flugdauer von 7 Stunden.
Am 28. Januar 1942 startete ich zu meinem 5. Pick-up-Unternehmen. Das Landungsgebiet lag bei Chatterou in Frankreich, und zwei Agenten sollten von dort abgeholt werden. Ich nahm meine zwei Agenten auf, was gut klappte. Auf dem Rückflug nach England aber gerieten wir in eine Kaltwetterfront über der nördlichen Küste Frankreichs. Es war eine weite Kaltwetterfront, die sich von 400 bis zu 13 000 Fuß Höhe erstreckte, mit gefährlichen Vereisungen. Ich machte drei Versuche, durch diese Wand hindurchzukommen, jedesmal wurde ich schwer zurückgeworfen, und die Vereisungen wurden immer gefährlicher. Nach ungefähr einer Stunde Flug in diesem schweren Wetter waren die Tragflächen mit einer dicken Eisschicht bedeckt. Ich nahm Kurs nach Süden und flog zu dem Feld zurück, auf dem ich ursprünglich gelandet war. Wegen der Eismassen, die auf dem Flugzeug lasteten, verlor ich schnell an Höhe, und kurz vor meinem Ziel ging das Flugzeug in einer Bruchlandung auf ein Feld hinunter. Die Maschine war stark beschädigt, aber meine Leute und ich waren völlig unverletzt. Wir krochen heraus, und die beiden machten sich in westlicher Richtung auf den Weg. Ich versuchte, das Flugzeug in Brand zu setzen. Unglücklicherweise hatte ich fast den gesamten Treibstoff verbraucht, und sogar nachdem ich mit einem Taschenmesser ein Loch in den Reservetank gebohrt hatte, war nicht mehr genügend Benzin

vorhanden, um das Flugzeug völlig zu verbrennen. Nach dem dritten Versuch – ich war etwa 100 Yards weit weggelaufen – fing die Maschine endlich Feuer.
Die zwei Agenten waren inzwischen zurückgekommen, und wir machten uns gemeinsam auf den Weg. Ich glaube, wir waren etwa 25 Kilometer gegangen, bis wir uns, völlig erschöpft, in einem Dorf mit dem Namen Saint-Florent befanden, wo wir uns versteckten. Einer der Agenten ging weiter nach Iseldon, um Hilfe zu holen. Am Morgen kam dann ein Wagen mit einem der Agenten und einem der Männer der Résistance. Sie nahmen uns mit nach Iseldon, wo wir – die zwei Agenten und ich – uns im Bahnhof versteckt halten mußten und wo ich fünf Wochen lang blieb.
Während dieser Zeit gelang es uns aber, mit der BBC in London Kontakt aufzunehmen. Bald wurde ein Flugzeug ausgeschickt. Der Pilot nahm mich selbst, meine zwei Agenten und noch zwei andere Leute auf und flog uns nach London zurück.«

Mit besonderer Sorgfalt werden die Pick-ups geübt. Zur verabredeten Stunde, zumeist in einer Vollmondnacht, finden sich mindestens drei als Angehörige des Widerstandes kostümierte Rekruten auf einem Feld ein. Jeder der drei Leute markiert mit einer Taschenlampe einen der Eckpunkte eines Dreiecks, das als Landeplatz dient. Im Einsatz bleibt es der Geschicklichkeit des Piloten überlassen, den Platz zu finden. Er muß oft stundenlang auf Sicht, tief und langsam fliegen, was bei der Aufmerksamkeit der allgegenwärtigen Deutschen sowohl für ihn als auch für sein Empfangskomitee gefährlich ist.
Gegen Ende 1942 wird das sogenannte S-Phone, ein Vorläufer des Walkie-Talkie, entwickelt, mit dessen Hilfe Funksprechverbindung zwischen dem anfliegenden Flugzeug und dem auf dem Boden wartenden Empfangskomitee aufgenommen werden kann. Später, gegen Mitte des Krieges, tritt neben das S-Phone das sogenannte Eureka-Rebecca-Gerät, ein ebenfalls zweiteiliges Empfangs- und Sendegerät, durch das bis auf 130 km Entfernung Funksprechverbindung mit anfliegenden Maschinen hergestellt werden kann. Doch ist gerade das komplizierte Eureka-Rebecca-Gerät eine in Agentenkreisen verhaßte Einrichtung. Wer wollte sich schon unter den wachsamen Augen der Deutschen mit einem mehrere Kilo schweren Metallkoffer durch das Gelände schlagen und Gefahr laufen, nach mühevollem Aufbau der Apparatur angepeilt zu werden, was gerade bei diesem Gerät ein leichtes ist.
Nicht nur Pick-ups und die Arbeit mit S-Phones und Eureka-Rebecca-Geräten werden geübt, sondern auch die nicht gerade einfache Entgegennahme von abgeworfenen Containern mit Versorgungsmaterial.

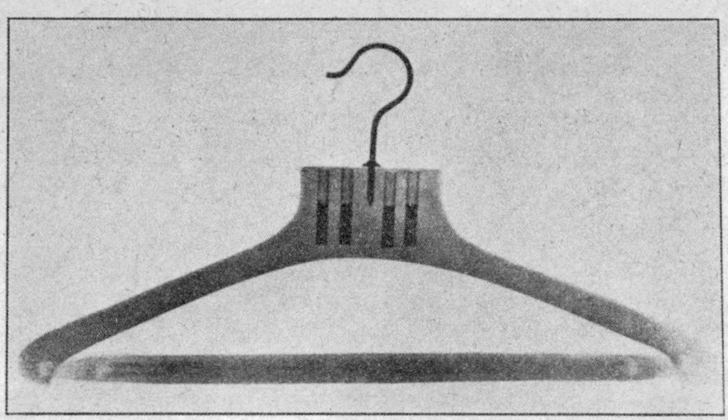

Röntgenaufnahme eines von der SOE angefertigten Kleiderbügels

Im weiteren Verlauf des Krieges wird von Fall zu Fall die einmotorige Lysander von den schwereren, zweimotorigen Boston-Bombern abgelöst. Da die Landeplätze nicht immer sonderlich geeignet sind, wird auch der Fall eines im weichen Boden steckengebliebenen Flugzeugs durchexerziert.
Auf dem Flugplatz von Ringway bei Manchester ist seit 1940 die Fallschirmspringerschule der SOE eingerichtet. Da nur die wenigsten Agenten das Glück haben, per Schnellboot auf den Kontinent geschleust oder von einem Flugzeug abgesetzt zu

Die harmlose Thermosflasche – und ihr Röntgenbild

Frankreich 1943: Tod eines SOE-Agenten

werden, ist der Fallschirmspringerkursus obligatorisch für alle Rekruten der SOE.

Zu Beginn sind es drei professionelle Fallschirmspringer aus einem vor dem Kriege berühmten Luftzirkus, die als Ausbilder fungieren. Nachdem sich ihre Künste als zu unpraktisch erwiesen haben, werden Trainer der Royal Air Force eingestellt. Im Verlauf des Krieges sind Tausende von Agenten der SOE, darunter etwa 1000 Frauen, durch diese Fallschirmspringerschule gegangen. Neben ihnen haben hier etwa 60 000 Angehörige von Luftlandetruppen – u. a. das britische Luftlandekommando Red Berets – die Kunst des Fallschirmspringens erlernt.

Die Krönung der Ausbildung stellt der Schulungskurs an einer der Security Schools, der Sicherheitsschulen, dar.

Das Schloß der Barone Montagu, Beaulieu, ist eine solche Security School. Hier erfährt der angehende Agent etwas über die Psychologie seines zukünftigen Daseins, lernt die Verhaltensweise vertrauenswürdiger Personen kennen, erfährt, welche Merkmale typisch sind für ein sicheres Versteck in einer gut gesinnten Familie. Insbesondere wird ihm zur Wahl eines Versteckes empfohlen, nie ein Haus zu betreten, zu dem eine Telefonleitung führt.

Als Ausbilder fungieren hier soeben aus dem Einsatz auf dem besetzten Kontinent zurückgekehrte Agenten, die den Rekruten eingehend über die momentane Situation in seinem Einsatzgebiet informieren und ihn in alle Schliche des konspirativen

Lebens sowie in die allgemeinen Lebensbedingungen des Menschen auf der Straße einweihen.
Außerdem wird ihm Gelegenheit gegeben, sich in sein zukünftiges Ich hineinzuversetzen – er muß ja nicht nur die Daten seiner falschen Papiere kennen, sondern ebenso sicher die sogenannte Cover Story beherrschen, die seine Vergangenheit plausibel macht. Der Realität entsprechende Gestapoverhöre sind Prüfstein dafür, ob der Agent auch brutalster Behandlung zu widerstehen in der Lage ist und ob er, selbst wenn er aus tiefstem Schlaf gerissen wird, noch an seiner Cover Story festhält. In der Security School vollzieht sich die vollständige Umwandlung der Person des Agenten.
Nach Beendigung des gesamten SOE-Kurses erwartet manchen Agenten die Probe aufs Exempel. Er wird in London abgesetzt und hat dort 3 Tage so zu arbeiten, wie es ein deutscher Agent tun würde. Plötzlich auf sich selbst gestellt, findet sich mancher der braven Rekruten schon nach wenigen Stunden in den Händen der Polizei, und es ist oft sehr problematisch für die Ausbilder der SOE, nachzuweisen, daß der junge Mann ihr Schüler und kein Feindagent ist.
In einem Landhaus in der Nähe von Henley an der Themse befindet sich eines der sogenannten Holding Camps, wo der Agent auf seinen Abflug wartet. Er ist hier angewiesen auf die Gesellschaft der Mädchen des Armeehilfskorps, die für die SOE arbeiten; nur in Begleitung einer dieser jungen Damen darf er für einige Stunden das Lager verlassen.
Da den ganzen Krieg hindurch, trotz der Entwicklung verschiedener Funkhilfsmittel, Agentenabwürfe fast ausschließlich bei Vollmond durchgeführt werden, beträgt die Wartezeit für einige der Agenten bis zu 4 Wochen – manches Mal, wenn der Überflug wegen Beschusses durch deutsche Flak oder Schlechtwettereinfalls abgebrochen werden muß, noch einmal weitere 4 Wochen.
Während dieser Zeit des Wartens wird der Agent beschäftigt mit der Herstellung verschiedenster raffinierter Sprengladungen.
Wahrscheinlich hätte sich jeder deutsche Soldat oder Beamte, wenn er diese rege Produktion gesehen hätte, gefragt, welche Gegenstände des täglichen Lebens überhaupt noch sicher seien. Es gibt Thermosflaschen, die, ohne Aufsehen zu erregen, in ein Gestapobüro gestellt werden können und die in dem Augenblick, wenn der Deckel entfernt wird, explodieren; Brotlaibe, die im Moment des Anschneidens hochgehen, explosive Füllfederhalter, Kleiderbügel, Kohlen und Holzscheite – ja sogar Exkremente von Haustieren zum Auslegen auf den Straßen.
Die laufende Versorgung des Agenten mit Waffen, Munition, neuen Funkgeräten und anderem Material sowie die Funkver-

bindung zu ihm nimmt zu Ende des Krieges den überwiegenden Teil der Arbeit der SOE ein.
Ganze Industriezweige arbeiten auf Hochtouren, um Nachschub für den Widerstand an allen Enden Europas zu beschaffen. Mit der Organisation eines modernen Versandhauses vergleichbar, fließt ab Mitte 1942 ein ununterbrochener Strom von Material auf den Kontinent.
Extrawünsche der Abnehmer, wie z. B. Kristalle für Funkgeräte, Geld, Gift, spezielle Sprengkörper usw., werden von schnellen Mosquito-Flugzeugen im Tiefflug abgeworfen — innerhalb weniger Stunden und zu jeder Tages- und Nachtzeit. Die Containerverpackung wird mit derartiger Sorgfalt entwickelt, daß es für einen Laien unmöglich ist, einen einmal geleerten Container wieder einzupacken.
Neben Waffen, Handgranaten, Sprengladungen, Limpets und Bleistiftzündern wird in jeden der Behälter die wohl meistgejagte Broschüre dieses Krieges gepackt: das Instruktionsheftchen, das in allen in Europa gebräuchlichen Sprachen den sabotagewilligen Leser darüber unterrichtet, wie man auf einfache Art und Weise alle möglichen Dinge in die Luft jagen kann.
Die letzten Abflugvorbereitungen von Agenten, die ›ins Feld‹ gehen, sehen immer gleich aus. Den Damen werden die Knöchel bandagiert, während der Conducting Officer sämtliche Taschen nach Virginia-Tabakresten und sonstwie verdächtigen Utensilien absucht. Der Agent erhält seinen Einsatzbefehl, der entweder auf eßbarem Reispapier oder unsichtbar auf Seidenstreifen geschrieben ist, das irgendwo eingenähte Bargeld — und die Giftpille für alle Fälle.
Diese Abfertigung und den Überflug, eingehüllt in den Schlafsack und die letzte Tasse englischen Tees trinkend, erleben Tausende Agenten von SOE — das Schicksal der meisten von ihnen ist schon im Augenblick des Starts besiegelt. Die Lebensdauer eines Agenten im Einsatz beträgt im Durchschnitt nicht mehr als drei Wochen — jeder Agent weiß, was ihn erwartet.

Alexandria — zwei Männer gegen ein Schlachtschiff

Mittelmeer, Spätherbst 1941. Nach einer ganzen Reihe empfindlicher Verluste sind der britischen Nahostflotte nur noch zwei größere Einheiten geblieben: die Schlachtschiffe »Queen Elizabeth« und »Valiant«, die nun die britische Seemacht im Mittelmeer repräsentieren.
Mit Volldampf steuern sie den Hafen von Alexandria an, um im Schutz der dortigen Verteidigungsanlagen Zuflucht zu suchen. Doch gerade hier sollten sie angegriffen werden.

». . . ein ungewöhnliches Beispiel von Mut und Können«, sagte Churchill, als er hörte, daß diese zwei mächtigen Schlachtschiffe mit zusammen fast 2000 Mann Besatzung von nur vier italienischen Torpedoreitern kampfunfähig gemacht worden waren.

Seit dem Sommer 1941 ist es erklärtes Hauptziel der britischen Mittelmeerflotte, die deutschen und italienischen Konvois zu zerschlagen, die die unter Rommel in Nordafrika kämpfenden Truppen der Achse versorgen. Im Herbst 1941 wird deshalb deutscherseits eine beträchtliche Anzahl U-Boote aus dem Atlantik abgezogen und in das Mittelmeer verlegt. Sie sollen die

Das Schlachtschiff »Barham« kurz vor seiner Explosion, 25. 11. 1941

Das Schlachtschiff »Queen Elizabeth«

Konvois schützen und den Nachschub für die Armeen Rommels garantieren.
Am 13. November 1941 wird der größte britische Flugzeugträger im Mittelmeer, die »Arc Royal«, östlich von Gibraltar von einem deutschen Schiff torpediert. Obwohl die Begleitschiffe sofort Rettungsaktionen einleiten und man versucht, die »Arc Royal« in den in Sichtweite liegenden Hafen von Gibraltar abzuschleppen, sinkt der Flugzeugträger.

Der nächste Schlag fällt 12 Tage später im östlichen Mittelmeer. Am 24. November verläßt der Hauptteil der britischen Mittelmeerflotte seinen Stützpunkt Alexandria. Die drei letzten schweren Großeinheiten im Mittelmeer – das Flaggschiff »Queen Elizabeth« und dessen Schwesterschiffe »Barham« und »Valiant« – sollen die italienischen Nachschubwege blockieren.
Am nächsten Nachmittag erschüttert eine schwere Detonation den Verband: drei Torpedos eines deutschen U-Bootes haben gleichzeitig die »Barham« getroffen. Das schwer beschädigte Schlachtschiff bekommt augenblicklich backbord Schlagseite; die verzweifelte Besatzung unternimmt alles Erdenkliche zur Rettung des Schiffes, obwohl es sich stetig weiter auf die Seite legt. Da zerreißt plötzlich eine gewaltige Explosion die »Barham« – eine riesige, rötlich-graue Wolke steigt auf, während sich der Koloß unter ihr kieloben dreht, sich noch einmal aufbäumt und dann mit fast 900 Mann Besatzung in die Tiefe sinkt.
Den Engländern sind nun im gesamten Mittelmeer noch zwei Schlachtschiffe geblieben; ihnen stehen fünf schwere italienische Einheiten gegenüber, die z. T. als modernste Schlachtschiffe gelten.
Admiral *Sir Andrew B. Cunningham*, der von seinem Flaggschiff »Queen Elizabeth« aus die Mittelmeerflotte befehligt und vor dessen Augen sich die Tragödie der »Barham« abgespielt hat, beordert seinen Verband in Richtung Flottenstützpunkt Alexandria, um einen günstigeren Zeitpunkt für einen erneuten Einsatz abzuwarten. Der Hafen von Alexandria ist gut geschützt und wird scharf bewacht. Schon 30 Seemeilen nordwestlich des Stützpunktes legt die britische Home Fleet ein mehrere Seemeilen langes Minenfeld; 6 Seemeilen vor der Hafeneinfahrt

Das Schlachtschiff »Valiant«

werden in 10 m Tiefe mehrere kreisförmige Minensperren mit Fernzündung ausgelegt. Dicht vor dem Hafen schwimmen die Kabel eines automatischen Alarmsystems. Daneben bilden die zahlreichen Sandbänke um den Hafen ein natürliches Hindernis; sie lassen herankommenden Schiffen keine freie Kurswahl, sondern zwingen sie in eine ganz bestimmte, sorgsam überwachte Fahrrinne.
Das große Hafenbecken – der eigentliche Liegeplatz der Mittelmeerflotte – ist von der offenen See durch die kilometerlange, breite Westmole und eine kürzere Ostmole getrennt. Die knapp 200 m breite Lücke zwischen diesen beiden Molen ist die Hafeneinfahrt, die durch drei dichte Stahlnetze vollständig gesperrt ist. Tag und Nacht patrouillieren außerdem Wachboote vor der Hafeneinfahrt; in unregelmäßigen Abständen werfen sie vor den Netzsperren Wasserbomben. Ein großangelegtes See-, Luft- und Landbeobachtungssystem, Küstenbatterien und Befestigungsanlagen sichern den mehrere Quadratkilometer umfassenden Raum Alexandria. Über das Hafengebiet und besonders die Molen werden zahlreiche Flak-Batterien und Wachttürme verteilt. Nachts wird die Bucht mehrere Kilometer weit ins Meer hinaus vom Licht zahlloser rotierender Scheinwerfer erfaßt.
Nach der Rückkehr von ihrem vorläufig letzten Einsatz gehen die »Queen Elizabeth« und die »Valiant« im Innern des Hafens vor Anker. Sofort werden um jedes der Schiffe Netzkästen ausgelegt, die ihren Mannschaften zusammen mit den Verteidigungs- und Sicherungsanlagen des Stützpunktes das Gefühl vollkommener Geborgenheit vermitteln.
Die Besatzungen sind bemüht, daß die beiden Schiffe während

La Spezia. Das U-Boot »Scire« mit den Behältern für die Torpedos

Rückzug nach Anbringen der Ladung

der Zwangspause nichts an Aussehen und Kampfkraft einbüßen. Es ist inzwischen Mitte Dezember 1941, und die Matrosen der britischen sowie der gegenwärtig hier internierten französischen Flotte rüsten für das Weihnachtsfest.
Das 32 000-Tonnen-Schlachtschiff »Queen Elizabeth« und dessen Schwesterschiff »Valiant«, die den Kern der Mittelmeerflotte bilden, stellen – obwohl schon zu Beginn des I. Weltkrieges in Dienst genommen, dann mehrfach modernisiert – einen erheblichen Machtfaktor dar.
Sie sind seinerzeit die ersten Schiffe mit 380-mm-Kanonen gewesen; als die ersten großen Schiffe überhaupt werden sie mit Öl statt mit Kohle betrieben, und als erste Schlachtschiffe erreichen sie mehr als 24 Knoten pro Stunde. Jedes der Schiffe hat fast 1000 Mann Besatzung. Obgleich um fast ein Drittel leichter als die modernsten deutschen Schlachtschiffe »Bismarck« und »Tirpitz«, verfügen beide Schiffe über das gleiche Geschützkaliber und eine ebenso starke, ja teilweise sogar stärkere Bepanzerung als ihre deutschen Gegenstücke. An Bord der »Queen Elizabeth« ist im Jahre 1918 die Kapitulationsurkunde der deutschen Kriegsmarine unterzeichnet worden. In diesem Dezember 1941 geht für 6 italienische Marineoffiziere, die die in Alexandria liegende Mittelmeerflotte endgültig vernichten sollen, die Sonderausbildung ihrem Ende entgegen.
Zweimal hat die italienische Flotte bisher vergeblich versucht, gegen Alexandria vorzugehen.
Die Waffe, mit der dieses Ziel erreicht werden soll, ist eine italienische Erfindung: ein Torpedo von 5,50 m Länge, mit einem Durchmesser von einem halben Meter, auf dem 2 Mann im

Reitsitz fahren können. Er wird von einem nahezu geräuschlosen Elektromotor angetrieben und erreicht eine Geschwindigkeit von 4 km pro Stunde. Seine Reichweite beträgt etwa 16 km, die Tauchfähigkeit ca. 30 m Tiefe. Der vordere Teil des Torpedos ist abnehmbar: ein 1,40 m langer, etwa 300 kg schwerer Sprengkopf, der sich durch Lösen einer Flügelschraube leicht entfernen läßt.
Mit einem Seil, das durch einen entweder an seiner Spitze oder auf dem Rumpf angebrachten Ring gezogen wird, kann er dann überall befestigt werden.
Der Mittelteil des Torpedos ist ein Ausgleichtank, der das Auf- und Abtauchen ermöglicht. Hinter einer Schutzhaube verbergen sich Steuerungsanlage und Armaturen. Die Akkus und Motoren sind hinter dem Sitz des Steuermannes untergebracht, außerdem ein Sofort-Tauchtank, der mit Preßluft arbeitet.
Die Rücklehne des zweiten Sitzes ist zugleich Werkzeugkasten, der die für die Torpedoreiter so wichtigen Geräte, wie Stahlschere, Klammern zum Befestigen des Sprengkopfes am Schiffsrumpf und einen Preßluft-Netzheber enthält.
Über ihren Tauchanzügen tragen die Torpedoreiter den sogenannten »Davis-Apparat«, ein in England patentiertes Atemgerät, das in Lizenz in Italien gebaut wird. Es reicht für etwa 6 Stunden Aufenthalt unter Wasser.
Für den Transport zum Einsatzgebiet wird man die Torpedos in wasserdichten Behältern auf dem Rumpf eines U-Bootes befestigen.
Dort angekommen, taucht das U-Boot nur so weit auf, daß die Behälter mit den Torpedos noch im Wasser bleiben. Durch das Turmluk steigen dann die Froschmänner aus, schieben die Torpedos aus ihren Behältern direkt ins Wasser und nehmen, sich an ihren Leuchtkompassen orientierend, Kurs auf ihr Ziel. Sie fahren auf »Brillentiefe«, die für Feindfahrten gebräuchlichste Tiefe. Im Moment echter Gefahr können sich die Torpedos dem suchenden Feind innerhalb von Sekunden durch Schnelltauchen entziehen und sich ihrem Ziel tiefer unter Wasser nähern.
Die Überwindung von Netzsperren wird besonders sorgfältig geübt. Zunächst versucht man, entweder unter dem Netz durchzuschlüpfen oder darüber hinwegzufahren. Ist dies unmöglich, läßt man den Torpedo auf den Meeresgrund hinabgleiten, nimmt die Netzschere und bahnt sich so den Weg in das Innere des feindlichen Hafens. Dann geht man wieder auf Brillentiefe bis auf etwa 30 m vor dem Ziel und taucht direkt unter den Rumpf des anzugreifenden Schiffes.
Der zweite Mann, der sogenannte Taucher, befestigt nun eine Klemme an einem der beiden Schlingerkiele, die größere Kriegsschiffe beiderseits des Rumpfs besitzen. An die Klemme knotet er ein Seil, das durch den Ring am Sprengkopf gezogen und mit

einer zweiten Klemme am gegenüberliegenden Schlingerkiel festgemacht wird. Als letztes wird der Zeitzünder des Sprengkopfes eingestellt, die zwei Torpedoreiter suchen das Weite – und können, wenn sie das Glück haben, daß ihr Torpedo noch eine Weile läuft, sogar der Gefangennahme entgehen.

Die Torpedoreiter, die ihre Gefährte »Maiali« – »Schweine« – nennen, sind zusammengefaßt in der sogenannten Kleinkampfmitteleinheit, deren Begründer der Kapitän zur See *Fürst Junio Valerio Borghese* ist.

Borghese hat seine Wahl für den Einsatz gegen Alexandria getroffen. Drei Torpedos werden in den Hafen eindringen. Der erste mit dem 27jährigen Kapitänleutnant *Luigi Durand de la Penne*, der zugleich Anführer des Angriffes ist, und seinem Hintermann, dem Taucherfeldwebel *Emilio Bianchi*, wird die »Valiant« angreifen. Hauptmann *Antonio Marceglia* und Taucherobergefreiter *Spartaco Schergat* werden sich gegen die »Queen Elizabeth« wenden, und Hauptmann *Vincenzo Martellotta* mit Taucherfeldwebel *Mario Marino* werden einen Flugzeugträger angreifen.

Während noch das Training der Torpedoreiter läuft, baut eine Sonderabteilung der italienischen Marine anhand von Karten, Skizzen und Luftaufnahmen ein Modell des Hafens von Alexandria, bei dem alle aus der Perspektive der Torpedoreiter sichtbaren Einzelheiten berücksichtigt sind; insbesondere alle Sicherungsvorkehrungen, wie Unterwasserhindernisse, Patrouillenboote, Position der Geschütze usw. Anhand des Modells ist eine bis auf die Minute exakte Planung des Angriffes möglich.

Die meteorologischen und hydrografischen Berichte werden eingehend studiert, ebenso wie die Berichte der in Alexandria tätigen italienischen Agenten, die den Verkehr im Hafen bereits seit Monaten beobachten. Ihre Informationen über die schwächsten Stellen der Hafensicherung sind vor allem für die Torpedoreiter wichtig, die nach dem Angriff im Hafen an Land gehen und sich verbergen sollen.

Es wird ein besonderer Code ausgearbeitet für die letzten Meldungen der Luftaufklärung, die das U-Boot unmittelbar vor Aussetzen der Torpedos erreichen sollen.

Am Modell eines Schlachtschiffes der Queen-Elizabeth-Klasse werden alle charakteristischen Merkmale dieser Schiffe studiert. Nichts soll dem Zufall überlassen oder improvisiert werden.

Um das Geheimnis des Vorhabens zu wahren, wird das Team mit einer Transportmaschine auf die Insel Leros gebracht, wo es vom U-Boot abgeholt werden soll.

Fregattenkapitän *Ernesto Forza* ist vor einiger Zeit zum Chef der Kleinkampfmitteleinheiten ernannt worden; die Einheiten sind zur Tarnung umbenannt worden in »10. Schnellboot-Flottille«.

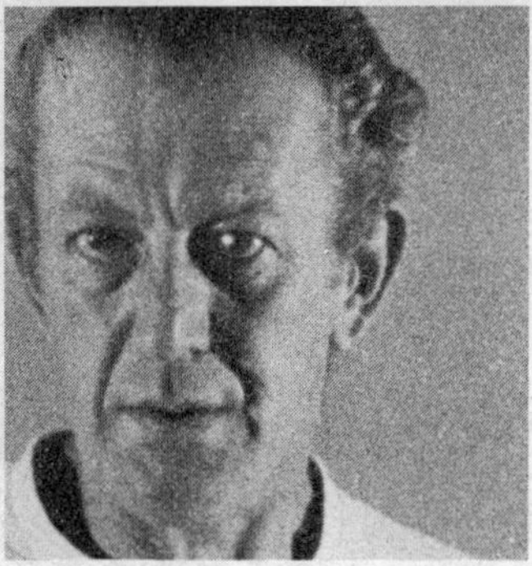

Forzas Amtsvorgänger, Fürst Borghese, übernimmt als Kapitän das U-Boot »Scire«, mit dem er selbst die Torpedoreiter nach Alexandria bringen wird.

Am 3. Dezember 1941 trifft man im Flottenstützpunkt La Spezia die letzten Vorbereitungen, und die »Scire« verläßt mit drei leeren Behältern auf ihrem Rumpf den Hafen. Offiziell verlautet, das Boot laufe zu einer Übungsfahrt aus – die Torpedos werden erst nach Einbruch der Dunkelheit außerhalb des Hafens von einem Fährboot übernommen.

6 Tage später, am 9. Dezember, erreicht die »Scire« die Insel Leros. Die Wettervorhersage ist gut und auch die Mondphase ist günstig. Am 14. Dezember verläßt die »Scire« mit den Torpedoreitern an Bord die Insel Leros und nimmt Kurs auf Alexandria. Überraschend schlägt das Wetter um, und das Boot hat gegen schweren Seegang anzukämpfen. Doch nicht nur dies. Je weiter es sich Alexandria nähert, desto größer wird die Gefahr der zahlreichen Minenfelder.

Am Abend des 18. Dezember 1941 hat die »Scire« ihre Position erreicht. Sie ist jetzt nur noch etwa 2½ km vom

Kapitänleutnant Luigi Durand de la Penne
Taucherfeldwebel Emilio Bianchi
Commandante Luigi Durand de la Penne, 1968

Leuchtturm von Ras-el-Tin, dem Wahrzeichen des Hafens von Alexandria, entfernt. Das Boot liegt in Turmhöhe aufgetaucht.
Ein zweites U-Boot wird einen Tag später vor der Nil-Mündung, gegenüber der Stadt Rosetta, Position beziehen und auf die Torpedoreiter warten, die nach dem Angriff an Land gehen, sich ein Fischerboot beschaffen und sich bis zum 1. Weihnachtstag beim U-Boot einfinden sollen.
Das Wetter ist ideal, die See wieder ruhig — und sogar das Leuchtfeuer auf dem Turm von Ras-el-Tin wird ausgeschaltet.

Luigi Durand de la Penne, Kommandeur des Unternehmens:
»Alexandria, Unterseeboot ›Scire‹, Nacht vom 18. Dezember 1941. Wir waren drei Mannschaften und bereit, aufzubrechen zum Angriff. Es war etwa 8 Uhr abends. Wir bereiteten uns vor, zogen uns an, das U-Boot tauchte auf, und wir stiegen auf das Deck. Das U-Boot tauchte wieder ein wenig ab, wir zogen die Torpedos heraus. Es war kalt, dunkel, und es herrschte Schweigen. Das Meer war ruhig. Und bald befanden wir uns an der Arbeit. Das Meer war schmutzig, da wir starkes Hochwasser gehabt hatten. Während wir die Torpedos aus dem Luk nahmen, blieb das U-Boot noch an der Oberfläche. Ich hatte zu dieser Zeit schon drei Angriffe hinter mir, zwei auf Alexandria, einen auf Gibraltar, und ich wußte, daß es wichtig ist, den Verband nahe beieinanderzuhalten, um jeden psychologisch zu zwingen, alles besser zu tun und überhaupt heiterer zu sein. Und so befanden wir uns an der Oberfläche und starteten nach Alexandria.
Die Navigation war einfach, vor allem durch die Tatsache, daß plötzlich der Leuchtturm von Ras-el-Tin aufleuchtete. Er leuchtete also auf, und ich konnte diesen Punkt ausmachen und unsere Position kontrollieren. Wir näherten uns den Absperrungen. Diese waren einer unserer Hauptgegner.«

Während sich die »Scire« auf Heimatkurs begibt, fahren die Torpedos — so nahe, daß sie die Schatten der Wachtposten wahrnehmen können — die Westmole entlang in Richtung der Fahrrinne zur Hafeneinfahrt. Ein Wachboot patrouilliert dort und wirft ab und zu Wasserbomben. Am Ende der Westmole stoßen sie auf die mächtige Sperre der Einfahrt — ein dreifaches Stahlnetz. Sie tauchen ab, auf der Suche nach einer Öffnung, und sehen, daß an den Netzen Sprengkörper hängen.
Die Preßluft-Netzscheren machen allerdings viel zuviel Lärm, um sie hier zu benutzen. Also taucht man wieder auf, um eventuell über die Netze hinwegzufahren. Es ist Mitternacht, als plötzlich der Leuchtturm der Hafeneinfahrt eingeschaltet wird. Die Sperren öffnen sich, um einen Transporter und drei Zerstö-

rer in den Hafen einzulassen. Die Italiener reihen sich ein und gelangen unbemerkt in das Hafenbecken.
Kurz darauf trennen sich ihre Wege. De la Penne fährt mit dem Taucherfeldwebel Emilio Bianchi nach links in Richtung der »Valiant«, während die beiden anderen einen großen Bogen um die kleine Mole machen und in der Nacht verschwinden. De la Penne fährt zwischen den Einheiten der hier internierten französischen Flotte durch, am Schlachtschiff »Lorraine« vorbei, und nimmt dann Kurs auf die »Valiant«. Wenige Dutzend Meter von der »Valiant« entfernt stößt er auf den Netzkasten des Schlachtschiffes. Die beiden Männer heben ihr Gefährt über das Netz hinweg und fahren dem riesigen Schatten entgegen.

Commandante Luigi Durand de la Penne:
»Ich bin dann bei 4–5 m Tiefe vorwärts gefahren, auf die Mitte des Schiffes zu. An jenem Punkt habe ich einen guten Augenblick lang sogar das Schiff gestreift. Als ich das Schiff streifte, mußte ich den Torpedo anhalten; und um meinen Torpedo anzuhalten, mußte ich eine bestimmte Handbewegung ausführen – doch meine Hände waren eiskalt und steif, so daß ich den Torpedo nicht anhalten konnte. So blieb der Torpedo ein wenig gegen das Schiff gelehnt. Wir haben uns dann aber doch noch davon entfernt. Der Torpedo sackte plötzlich auf den Grund, wobei er gleichzeitig vorwärts fuhr. Er hat sich ein wenig auf dem Grund bewegt, und dann war er blockiert. Ich habe meinen Taucher gebeten nachzusehen, was los sei, und wartete. Ich wartete oben, daß er mir berichten würde, was mit dem Torpedo passiert war. Und während ich so wartete, wurde mir mit einem Mal bewußt, daß eine Stille herrschte, die gar nicht normal war. Also habe ich nachgesehen und festgestellt, daß mein Taucher verschwunden war. Ich habe mir gleich gedacht, daß ihm etwas zugestoßen sein mußte, da wir uns in übermäßiger Tiefe befanden. Und dann sah ich plötzlich ein, daß unsere Mission in diesem Augenblick zu Ende war. Es war nichts mehr zu machen. Ich merkte, daß sich ein Stahlkabel um die Schraube gewickelt hatte und der Torpedo nicht mehr zu bewegen war. Wir waren auf wenige Meter an das Angriffsziel herangekommen, nach Jahren der Arbeit und der Vorbereitungen, und so endete nun all das. Ich habe dann versucht, den ganzen Apparat auf dem Grund fortzubewegen, zu tragen oder besser, ihn zu schleppen. Der Torpedo war 7–8 m lang. Und man muß sich vorstellen, daß er ein ziemliches Gewicht hatte, vor allem aber, daß er eingesunken war in den Schlamm von Alexandria, der beweglich und zäh ist, und einem bis zur Brust reichte. Und nun das Schleppen. Dieses enorme Unternehmen war eine schreckliche Mühe. Aber dann ist es mir gelungen, den Apparat bis unter das Schiff zu ziehen. Mir war dabei nur eines bewußt – zum

Schiff zu kommen. Und dann endlich kam der Augenblick, in dem ich sicher war, unter dem Schiff zu sein. Ich habe den Torpedo losgelassen, noch die Zünder eingestellt und die Instrumente mit Schlamm bedeckt — und dann bin ich praktisch ohnmächtig geworden. Ich fand mich an der Oberfläche wieder. Zuerst wurde auf mich geschossen, dann bin ich auf eine der Bojen gestiegen, an denen das Schlachtschiff festgemacht war. Und hier, hinter der Boje, fand ich auch meinen Taucher wieder. Ich gab ihm zu verstehen, daß die Mission gelungen war und daß die Zünder angebracht waren. Wir haben dann gewartet, bis die Engländer uns holen kamen und uns an Bord brachten. Ich war doch noch sehr besorgt, denn ich wußte, daß ich ja die Ladung unter dem Munitionslager des Schiffes angebracht hatte. Es war daher auch keine angenehme Sache für uns, die wir schließlich Gegner waren und nun plötzlich Gäste an Bord gerade dieses Schiffes.

Zunächst haben wir uns überlegt, daß es besser sei, zu fliehen. An Bord hat man mich zwar gefragt, was wir angestellt hätten, und ich habe natürlich nicht geantwortet. So setzte man uns denn in ein Boot und brachte uns in Richtung Land. Hier wurden wir von einem Mann mit Pistole in der Hand verhört. Er sagte mir, daß er sehr nervös sei, da wir ihn so früh geweckt hätten, daß er aber sehr gut wisse, was wir angerichtet hätten, auch wenn ich es ihm nicht sagen würde. Ich selbst würde ihm auch wohl nie gesagt haben, was wir getan hatten und wo wir die Ladung angebracht hatten.
Dann packte man uns und brachte uns an Bord des Schiffes zurück, wo wir in das Munitionslager eingesperrt wurden, unter dem ich die Ladung angebracht hatte. Dort unten waren wir zusammen mit einigen englischen Seeleuten, die sehr freundlich zu uns waren. Sie waren allerdings ein wenig blaß, wahrscheinlich waren wir selbst aber wohl auch blaß, weil wir wußten, wie die Wirklichkeit war, sie ja sicherlich viel weniger.«

Marceglia und sein Taucher Spartaco Schergat fahren im großen Bogen um die kleine Mole herum; dann nimmt Marceglia Kurs auf die etwa 300 Meter von der »Valiant« entfernt liegende »Queen Elizabeth«. Sie sind nun schon seit 8 Stunden im Wasser, ermüdet und vor Kälte zitternd. Marceglia taucht; sie schleichen unter dem Stahlnetz durch, das die »Queen Elizabeth« umgibt, und fahren direkt unter den Rumpf des Schlachtschiffes. Innerhalb weniger Minuten ist die Ladung von 300 kg Sprengstoff angebracht; sie tauchen mit dem Torpedo dicht neben dem Schlachtschiff auf und fahren unbemerkt in Richtung des Kais im Handelshafen, wo es nach ihren Informationen möglich ist, unbehelligt an Land zu gehen. Unterwegs legen sie noch kleine Brandbomben auf der Wasseroberfläche aus, die das nach der Explosion des Schiffes auslaufende Öl entzünden sollen. Nahe beim Ufer versenken sie ihr »Maiale«, das mit einem Mechanismus zur Selbstzerstörung versehen ist. Nach 8stündiger Wasserfahrt kriechen sie dann an Land, verstecken ihre Taucherausrüstung, und es gelingt ihnen, das Hafengebiet zu verlassen.

Das dritte Team, Martellotta und Marino, fährt zwischen den Netzkästen der beiden Schlachtschiffe durch. Die zwei kurven im Hafeninneren umher und halten nach der Silhouette des Flugzeugträgers Ausschau, den sie angreifen sollen. Das Schiff ist jedoch vor genau 24 Stunden in den Pazifik beordert worden. Die Männer machen den 7750-Tonnen-Flottentanker »Sagona« aus und befestigen ihren Sprengkopf dicht unter der Wasserlinie am Heck des Schiffes. Dann legen auch sie auf der Wasseroberfläche Brandbomben aus und fahren in Richtung Handelshafen, um dort an Land zu gehen. Doch am Hafenausgang werden sie von den Wachtposten festgenommen.

Die Sprengladungen sind nun sämtlich angebracht. Unter der »Queen Elizabeth« hängt die Ladung dicht unter dem Kesselraum, während auf dem Grund des Hafens, direkt unter der Munitionskammer der »Valiant«, in der de la Penne und Bianchi eingeschlossen sitzen, der Zeitzünder der zweiten Ladung läuft. Es ist kurz vor 6 Uhr morgens, um 6.05 Uhr wird die Ladung hochgehen. Für die Engländer ist es zu spät, Abwehrmaßnahmen zu treffen:

Commandante Luigi Durand de la Penne:

»Als noch etwa zehn bis zwanzig Minuten bis zur Explosion übriggeblieben waren, habe ich verlangt, mit dem Kommandanten sprechen zu dürfen. Sie brachten mich zum Kommandanten, und ich habe ihm gesagt, daß nichts mehr zu retten sei, daß das Schiff explodieren würde, und daß er, wenn er wolle, die Mannschaft in Sicherheit bringen könne. Der Kommandant fragte mich noch einmal, wo ich die Ladung angebracht hätte. Ich habe es ihm nicht gesagt. Und dann ließ mich der Kommandant zurückbringen in das Munitionslager. Dieses Mal war ich allein. Noch während ich die Treppe zu diesem Lager hinunterstieg, sah ich, daß die englischen Seeleute nicht mehr da waren. Auch mein Taucher war nicht mehr da. Zum Glück – heute weiß ich das – bin ich dort geblieben und habe die letzten Minuten abgewartet, schwere lange Minuten.

Ich habe es getan, ja mit Gewalt und Kraft tun müssen – es ist nicht einfach gewesen, sich zu überwinden in einem solchen Moment und zu entscheiden, ob man sich von seiner eigenen Ladung vernichten lassen soll oder nicht. Aber ich habe durchgehalten – besonders auch, weil ich den englischen Seeleuten

einmal zeigen wollte, daß die italienischen Seeleute nicht weniger wert sind als sie.
Und dann, in einem bestimmten Augenblick, als ich mir mehr oder weniger noch ausrechnete, daß die Ladung jetzt explodieren müsse, habe ich eine Explosion gespürt; ich habe vielmehr vielleicht ihren Beginn gespürt. Und dann fand ich mich im Wasser wieder, aus einer Besinnungslosigkeit erwachend. Das Schiff war geborsten und auch ein Stück von dem Oberbau, in dem ich mich befunden hatte, war geborsten. Ich kam also heraus, kletterte dann wieder auf das Schiff und ging auf dem berstenden Schiff entlang. Es waren noch Leute an Bord, die, während ich vorbeiging, aufstanden und mich grüßten. Ich bin zum Heck gegangen und sah den Kommandanten. Ich sehe den Kommandanten, der mich, während sein Schiff sank, anstarrte, ich weiß nicht wie, noch heute vor mir. Er war sicherlich ein starker Mann und ein guter Seemann. Und während ich so wartete, betrachtete ich das Heck. Die Sonne ging über dem Heck der ›Queen Elizabeth‹ auf. Und in jenem Augenblick, während ich das betrachtete, explodierte auch die ›Queen Elizabeth‹.«

Der Matrose A. J. Wilkins, Kanonier auf der »Queen Elizabeth«

Um diese Zeit tut der britische Kanonier *A. J. Wilkins* Dienst:
»Am 19. Dezember 1941 war ich Kanonier an Bord von ›HMS Queen Elizabeth‹ auf der Befehlsstelle der leichten Flakgeschütze. Um etwa 2 Uhr morgens wurde Alarm gegeben, daß feindliche Unterwasserfahrzeuge in den Hafen eingedrungen seien, als die Sperren geöffnet waren, um eigene Schiffe in den Hafen einzulassen.
Der Alarm wurde also gegeben – die ganze Schiffsmannschaft mußte das untere Deck räumen und wurde auf die oberen Decks genommen. Ich hatte oben Dienst am Flakgeschütz, bis nach ungefähr 2 Stunden Befehl gegeben wurde, auf die unteren Decks zurückzukehren, da alles in Ordnung sei. Unglücklicherweise weigerten sich die beiden italienischen Froschmänner, die gefangen und an Bord der ›Valiant‹ gebracht worden waren, auszusagen, wo sie ihre Minen ausgelegt hatten. Man brachte sie hinunter in die unteren Schiffsräume.
Kurz vor 6 Uhr morgens unterrichteten die Italiener dann den

kommandierenden Offizier, daß sie Minen unterhalb der ›Valiant‹ und auch der ›Queen Elizabeth‹ ausgelegt hatten.
Um 6 Uhr explodierten die Minen in einer furchtbaren Detonation. Ich war mittlerweile zu meiner Messe gegangen, die sich unterhalb der Wasserlinie befand. Die Explosion war so furchtbar, daß im Moment der Strom ausfiel und die Messen-Decks in ihrer ganzen Tiefe überflutet waren. Das Schiff war vollkommen dunkel, die Männer suchten Schutz, und wir mußten den Weg aus dem Schiff herausfinden, um zu den oberen Decks zu gelangen. Ich schaffte es, und als ich oben ankam, sah ich, daß der Bug der ›Valiant‹ abgesunken war und die ›Queen Elizabeth‹ noch sank, da ihre Stahlisolierung weggerissen war.«

Im Moment der Explosion schlägt eine gewaltige Ölfontäne aus dem Schornstein der »Queen Elizabeth«, mit ihr sogar einzelne Maschinenteile. Die »Queen Elizabeth« und auch die »Valiant« setzen auf dem Hafenboden auf. Und dann reißt eine dritte Explosion dem Flottentanker »Sagona« das Heck samt Schraube weg. Der Zerstörer »Jervis« liegt direkt neben der »Sagona«, um Treibstoff zu übernehmen. Auch er wird beschädigt und verbringt die nächsten Wochen im Dock.

Zum Glück explodiert keine der auf dem Wasser ausgelegten Brandbomben – sie hätten durch Entzünden des ausgelaufenen Öls den größten Schaden angerichtet.

Die Luftaufnahmen, die italienische Fernaufklärer am nächsten Tag bringen, beweisen, daß der Angriff der Torpedoreiter gelungen ist: die »Valiant« liegt inmitten eines riesigen Ölfleckes und hat Schlagseite.

Der Maschinenraum der »Queen Elizabeth« ist vollständig überflutet, die zwei beiderseits des Schlachtschiffes festgemachten U-Boote stellen behelfsmäßig seine Stromversorgung sicher – und halten es auch im Gleichgewicht.

Die »Queen Elizabeth«, das Flaggschiff der Mittelmeerflotte, erfüllt während der Zwangspause im Stützpunkt Alexandria vor allem repräsentative Zwecke: An Bord werden Empfänge gegeben, Besichtigungsführungen gemacht für die in Alexandria und Umgebung stationierten Truppen, und insbesondere während der Weihnachts- und Neujahrsfeiertage werden Bordkonzerte und Tanzabende veranstaltet. Der englische Geheimdienst ist nämlich dahintergekommen, daß die Italiener nur das Schlachtschiff »Valiant« für beschädigt halten.

Admiral Sir Andrew B. Cunningham, der sich gern den Kameras von Kriegsberichterstattern stellt, sorgt mit Einfallsreichtum dafür, daß keiner der zahlreichen Besucher auch nur auf die Idee kommt, daß unter der Wasseroberfläche, im Rumpf der »Queen Elizabeth«, Tag und Nacht gearbeitet wird, um eine wenigstens provisorische Abdichtung des gut 12 m großen Loches zu erreichen.

Die Beschädigung der »Valiant« läßt sich – obgleich nicht größer als die der »Queen Elizabeth« – nicht so gut tarnen. Das Schlachtschiff muß für mehrere Monate auf die Werft.
Inzwischen wartet vor der Nil-Mündung gegenüber Rosetta das italienische U-Boot, das die Torpedoreiter abholen soll, vergeblich. Denn auch Marceglia und Schergat werden vier Tage nach dem Angriff in der Nähe von Rosetta an der Mündung des Nils festgenommen. Die englischen Banknoten, die man ihnen als Fluchtgeld mitgegeben hat, sind in Ägypten nicht gültig und haben sie in Schwierigkeiten gebracht. Die britische Mittelmeerflotte ist durch diesen wirkungsvollen Anschlag für längere Zeit nicht mehr existent – nur das Kreuzergeschwader von Admiral *Philipp Vian* und ein paar Zerstörer schwimmen noch.
Doch erst vier Monate später, im März 1942, klärt Churchill das Parlament in einer Geheimsitzung über das Schicksal der beiden Schlachtschiffe auf.
Nach dem Waffenstillstand Italiens 1943 wird *de la Penne* aus der englischen Kriegsgefangenschaft entlassen.
Er meldet sich zu den italienischen Kleinkampfeinheiten, die jetzt auf alliierter Seite weiterkämpfen, und nimmt teil an einem kombinierten englisch-italienischen Angriff gegen den Flottenstützpunkt La Spezia, der die Zerstörung des Hafens durch die zurückweichenden Deutschen verhindern soll. Der Einsatz de la Pennes und seiner Leute vereitelt die Blockierung des Hafeneinganges.
Anfang 1945 soll Luigi Durand de la Penne in Tarent von Kronprinz Umberto mit der höchsten italienischen Kriegsauszeichnung, der Medaglia d'Oro, dekoriert werden. Plötzlich tritt ein hoher britischer Marineoffizier vor – Vizeadmiral *Sir Charles Morgan*, der frühere Kapitän der »Valiant«. Er wendet sich an den Kronprinzen und fragt: »Darf ich um die Ehre bitten, diesem tapferen Gentleman die Goldmedaille an die Brust zu heften?«

Reparaturarbeiten am Rumpf der »Queen Elizabeth«

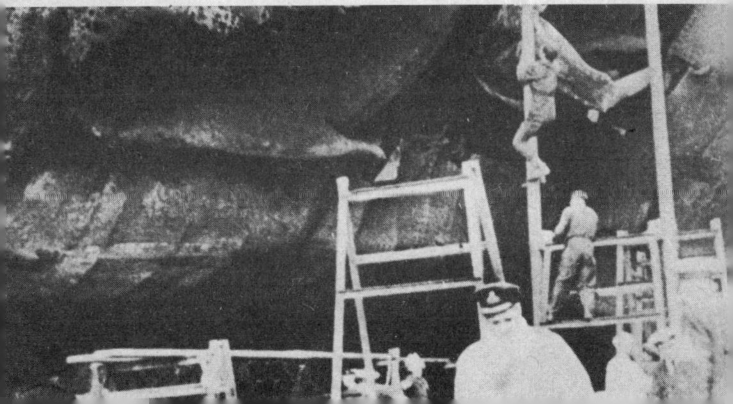

Handstreich auf Radarstation

Nach dem deutschen Bombenangriff auf Rotterdam im Mai 1940 haben die Engländer endgültig begonnen, größere Bomberverbände gegen Deutschland zu schicken. Die Abschußraten — gerade bei den schwerfälligen Bombern — sind bedrohlich hoch. Das britische Oberkommando ist fieberhaft bemüht, der Ursache dieser auffallenden Verluste auf die Spur zu kommen. Da die Abschüsse in der Hauptsache über feindlichem Gebiet vorkommen, erscheinen die Nachforschungen wenig aussichtsvoll.

Großbritannien 1936. An der Südküste der Britischen Insel wird ein mächtiger Stahlturm nach dem anderen aufgestellt. Beweggrund für diese Aktivität ist die Erkenntnis des Physikers *Robert Watson-Watt*, daß ein Flugzeug durch Radiomethoden geortet werden kann — eine Erkenntnis, die die englische Regierung angesichts der bedrohlichen Entwicklung in Deutschland dankbar auswertet.

Innerhalb von 2 Jahren werden 18 dieser Radartürme aufgestellt, deren Bereiche sich so überlappen, daß an der gesamten Südostküste Englands kein Flugzeug unentdeckt bleibt. Der Initiator für ihre Erstellung, Watson-Watt, wird später zum Retter des Vaterlandes erklärt, nachdem sich die Schlacht um England an dieser Radarkette entschieden hat.

Im Sommer 1937 erhält der britische Geheimdienst eine Meldung, wonach die Deutschen westlich Tilsit, in der Umgebung des Dorfes Neukirchen, mehrere Masten aufgestellt haben, deren Bedeutung unbekannt sei. Da man in London gleich an Radar denkt, reist Watson-Watt selbst unter falschem Namen als Urlauber in diese weitab gelegene Gegend. Seine Vermutungen über deutsches Radar bestätigen sich nicht, und er kehrt befriedigt nach England zurück.

Er kann nicht wissen, daß das, wonach er mit soviel Mühe vergeblich Ausschau gehalten hat, nicht in Ostpreußen, sondern in der Lübecker Bucht, bei Pelzerhaken, zu finden ist, wo die deutsche Marine seit einiger Zeit Funkortungsversuche unternimmt.

Die deutsche Radar-Entwicklung hatte schon 1934 begonnen. Während in England der Bau der Türme vorangetrieben wird, entwickelt die Firma Telefunken ein Funkortungsgerät, das sie unter dem Namen »Würzburg« im Juli 1939 den Spitzen der Luftwaffe vorführt. Das Gerät zeigt neben der Entfernung und

Flugrichtung auch die Flughöhe eines georteten Flugzeuges an. Göring bestellt sofort 5000 dieser Geräte.
Um herauszufinden, ob die Engländer Radar besitzen und die hohen Stahltürme an der Küste bei Dover möglicherweise damit im Zusammenhang stehen, machen sich deutsche Wissenschaftler am 3. August 1939, 4 Wochen vor Kriegsausbruch, auf den Weg. In der Gondel eines Luftschiffes, die vollgepackt ist mit Meßgeräten, schweben sie den ganzen Tag lang in Sichtweite der englischen Küste dahin. Erleichtert kehren sie nach Deutschland zurück. Ihre Geräte haben keine Impulse aufgenommen, und nichts deutet auf eine englische Rückstrahltechnik hin. Wie seinerzeit Watson-Watt, sind dieses Mal die Deutschen überlistet – angesichts des Luftschiffes waren die Radareinrichtungen Englands ausgeschaltet worden.

Sir Robert Watson-Watt

Norwegen, Oktober 1939. Dem Marine-Attaché der britischen Botschaft in Oslo wird in einem anonymen Brief ein Bericht über die letzten technischen Entwicklungen in Deutschland angeboten. Der Bericht, der dann am 4. November 1939 in Oslo ankommt, ist eine detaillierte Liste mit Skizzen derjenigen technischen Neuheiten, mit deren Entwicklung sich die Deutschen nach Angaben des bis heute unbekannten Autors zu dieser Zeit befassen.
Nach Durchsicht des Berichtes erklären britische Geheimdienst-Offiziere, daß er zu vielseitig sei, um von einem einzelnen Mann geschrieben worden zu sein. Neben präzisen Angaben und Zeichnungen sämtlicher im Verlauf des Krieges eingesetzten deutschen Geheimwaffen (u. a. einer ferngelenkten Bombe sowie der V 1 und der V 2) enthält er auch genaue Informationen über zwei verschiedene deutsche Radar-Systeme unter den Decknamen »Freya« und »Würzburg«. Man hält den Bericht ganz einfach für einen Täuschungsversuch, und er verschwindet für Jahre in britischen Geheimarchiven.
Im Dezember 1939 sinkt dann in der Mündung des Rio de la Plata vor Montevideo das deutsche Panzerschiff »Graf Spee«. Im Kampf mit britischen Kriegsschiffen schwer beschädigt, wird das Schiff von der eigenen Besatzung versenkt; es sinkt jedoch nur wenige Meter tief ab. Dem britischen Geheimdienst fallen sofort mysteriöse Aufbauten am Hauptmast auf. Schleunigst

Einer der Radartürme an der englischen Südküste

wird aus London ein Radarexperte herangeholt. Er berichtet, daß die seltsame Einrichtung zu einem Radargerät gehören muß, das wahrscheinlich die Schiffskanonen in Zielrichtung lenkt.
In London wird mit Bestürzung entdeckt, daß schon auf 1938 aufgenommenen Fotos der »Graf Spee« dieselbe Einrichtung sichtbar ist — damals ist sie nur von einem Segeltuchbezug überspannt gewesen. Die britische Marine besitzt zu Beginn des Krieges kein Äquivalent für diese von den Deutschen »Seetakt« genannte Einrichtung, und für die nächsten zwei Jahre ist auch nicht mit ähnlichen Einrichtungen zu rechnen. Der Bericht des Geheimdienstes wird zu den Akten gelegt.
Andererseits bemüht sich der Intelligence Service inzwischen fieberhaft, hinter das Geheimnis der deutschen Flugortungstechnik zu kommen, damit Gegenmaßnahmen getroffen werden können.
Wissenschaftlich ausgebildete Offiziere schalten sich in deutsche Radarpeilungen ein; Unterhaltungen deutscher Piloten während der Luftangriffe werden aufgezeichnet und analysiert, und zurückkehrende englische Flieger werden gründlich vernommen. Aufklärungsflugzeuge machen Luftaufnahmen von den deutschen Funkmeßstellen, und die französische und belgische Untergrundbewegung erhält Auftrag, möglichst genaue Beschreibungen dieser Einrichtungen zu liefern. Die Vernehmungen abgeschossener deutscher Flieger bringen die Bestätigung dafür, daß gerade das »Würzburg«-Gerät für die nächtliche Luftverteidigung von großem Wert ist. *Prof. Dr. V. Jones*, Radarexperte und wissenschaftlicher Berater des Kriegsministeriums, wird mit der Aufgabe betraut, das deutsche Radargeheimnis so schnell wie möglich zu lüften und geeignete Gegenmaßnahmen zu entwickeln.
Es wird veranlaßt, daß die Bomber der Royal Air Force während ihrer Flüge über Belgien, Holland und Nordfrankreich Brieftauben abwerfen. An den Beinen der Tiere hängen Schildchen, die den Finder bitten, kurz Bericht zu geben, ob er runde, flache und drehbare Konstruktionen in seiner Umgebung gesehen habe. Wenn ja, möge er diese Apparate kurz beschreiben und die Taube mit seiner Notiz wieder fliegen lassen.
Prof. Jones verdankt dieser Übermittlungsmethode die Kenntnis über viele neue deutsche Radarstationen im besetzten Gebiet, und es wird klar, daß eine deutsche Radarkette sich vom Nordkap bis hinunter zum Golf von Biskaya zieht.
Ende November 1941 wird dann ein aus größerer Höhe aufgenommenes Foto einer in der Nähe von Bruneval bei Le Havre gelegenen »Freya«-Station untersucht, das gegenüber den bisher bekannten Bildern einige Besonderheiten aufweist. Vom Freya-Gerät, das nicht weit von einem einsamen Haus entfernt

Die englische Luftaufnahme der »Würzburg«-Station von Bruneval bei Fécamp

steht, läuft ein schmaler Pfad statt zum Haus zu einem Punkt weiter vorn am Felsrand.
Prof. Jones bittet *Tony Hill*, einen ihm als besonders mutig bekannten Piloten der R. A. F., aus dem Tiefflug Aufnahmen dieser Station zu machen und dabei ganz besonders auf den kleinen Punkt am Felsrand zu achten.
Die Fotos zeigen ein neues Gerät, das aus der Luft wie eine Heizsonne aussieht. Es scheint das Gerät zu sein, das im November 1939 im Oslo-Bericht beschrieben worden ist und das auch bei den Vernehmungen der deutschen Piloten immer wieder genannt wird.

Nahe den Felsen der Kanalküste, 20 km nordöstlich von Le Havre, liegt das Dorf Bruneval. Eine der vielen deutschen Radarstationen befindet sich hier, Tag und Nacht von mehreren Posten bewacht. Alle Sicherungsmaßnahmen gelten dem geheimnisumwitterten »Würzburg«-Gerät, das hier untergebracht ist.
Das »Würzburg«-Gerät vereinigt als erstes seiner Art überhaupt Sender, Empfänger, Anzeige-Gerät und Bedienungssitze auf einer Lafette. Sein Parabolspiegel ist gleichzeitig Sende- und Empfangsantenne, und der rotierende Dipol erlaubt erstmalig eine genaue Seiten- und Höhenpeilung von Flugzeugen. Der Dipol, der die Sendeenergie ausstrahlt, ist im Brennpunkt des Antennenspiegels untergebracht und dreht sich um die eige-

ne Achse — etwa 25mal in der Sekunde. Drei Beobachter sitzen am Gerät, die ihre Werte — Entfernung, Höhen- und Seitenwinkel der herankommenden Flugzeuge — direkt an ihre Flak- und Flugjagd-Zentrale weitergeben.
Der Meßbereich des »Würzburg« ist auf 40 km begrenzt; neben dem weiter reichenden, dafür aber nicht so exakt messenden »Freya«-Gerät, das sozusagen die »Voranmeldung« eines anfliegenden Verbandes gibt, ist das »Würzburg« den ganzen Krieg hindurch das Standard-Gerät der deutschen Funkmeßtechnik. Unter keinen Umständen darf ein »Würzburg« in Feindeshand fallen; für den Notfall liegen an jedem Gerät Sprengladungen bereit.

Das »Würzburg«-Gerät von Bruneval

Colonel André Neufinck,
Bruneval 1967

Major J. D. Frost

Bei näherer Betrachtung der Umgebung von Bruneval kommen die Engländer zu dem Schluß, daß sie sich nahezu anbietet, einen Handstreich auf die Radarstellung zu unternehmen. Es ist schwierig, heute festzustellen, wer zuerst auf die Idee kam, daß es gut sein würde, die »Heizsonne« von Bruneval einfach zu stehlen. Der Entschluß ist schnell gefaßt.
Die französische Résistance erhält Auftrag, Einzelheiten über die Sicherung der Station, wie z. B. Position von MG-Stellungen, Bunkern usw. festzustellen. Colonel *André Neufinck* fährt nach Bruneval.

»Anfang Februar 1942 bat mich mein Chef, Kommandant *Roger Dumont*, mich bei meinen Beobachtungen ganz besonders auf die deutschen Radarinstallationen bei Bruneval zu konzentrieren. Nachdem ich ihm alle möglichen Informationen gegeben hatte, kam er auf Weisung aus England selbst her, und wir trafen uns in Le Havre mit einem Freund, der ein Auto hatte. Am nächsten Morgen, einem Sonntag, zogen wir unsere besten Anzüge an und fuhren nach Bruneval, wo wir uns zu Fuß zum Meeresufer begaben. Wir waren noch etwa einen Kilometer vom Strand entfernt, als wir die von Stacheldraht eingezäunte Villa sehen konnten. Aus dem Erdwall nahe bei ihr ragte ein grünbemaltes rundes Ding, das wie eine große Schüssel aussah.
Wir gingen weiter, und plötzlich stoppte uns ein deutscher Soldat. ›Was suchen Sie hier‹, fragte er uns. ›Mein Freund ist gerade aus Paris gekommen, und, stellen Sie sich vor‹ – ich sprach mein bestes Deutsch –, ›er hat noch nie das Meer gesehen, und ich möchte es ihm gern zeigen.‹ Der Soldat überlegte einen Moment lang, und dann sagte er: ›Na gut, kommen Sie mal hierher.‹ Wir gingen brav hinter ihm einen steilen Pfad hin-

unter zum Meeresufer. Zu beiden Seiten des Pfades – etwa 200 m von uns entfernt – sahen wir von oben gut getarnte Maschinengewehrstellungen. Wir blieben ein paar Minuten lang am Strand, rauchten mit dem Soldaten einige Zigaretten und gingen dann zurück.«
Etwa um die gleiche Zeit erhält Major *J. D. Frost* Auftrag, den Handstreich auf Bruneval – das erste britische Fallschirmunternehmen – durchzuführen.

»Anfang Januar 1942 wurde mir mitgeteilt, daß eine Kompanie für ein Spezial-Fallschirmspringer-Training ausgesucht werden sollte. Ich war seinerzeit 24 Jahre alt und Major eines Parachute-Regiments. Die Wahl fiel auf meine Kompanie, und daraufhin wurden mir Einzelheiten bekanntgegeben.
Es war vorgesehen, daß Teile einer deutschen Radarstation nach England herübergeholt werden sollten. Man hatte aufgrund von Luftaufnahmen bereits ein Modell der in Frage stehenden Station und ihrer Umgebung gebaut, an dem ich instruiert wurde und anhand dessen ich die Operation planen sollte. Das Radargerät selbst stand in einem Erdloch unweit der Felsenküste, in unmittelbarer Nähe davon befand sich ein frei stehendes Landhaus, in dem man ca. 20 Mann deutsche Bewachung oder auch Funker vermutete. Etwa 500 m vom Landhaus entfernt, auf der Farm ›La Presbytère‹, wähnte man weitere deutsche Mannschaften.
Da der Platz von der See her keine Angriffsmöglichkeit bot, sollten wir – weit genug, um uns unbemerkt zu formieren – zusammen mit 7 Radarexperten hinter der Stellung landen, dann gegen sie vorstoßen, das Radargerät fotografieren und zerlegen und uns schließlich zum Strand hinabkämpfen, von wo uns nach getaner Arbeit die Navy nach England zurückbringen würde. Unsere Streitmacht würde aus 119 Männern aller Ränge bestehen. Ich teilte sie in drei Hauptgruppen unterschiedlicher Stärke auf:
Die erste Gruppe mit 50 Mann würde sich trennen, und ein Teil dieser Gruppe, unter ihnen die Radarspezialisten, würde das Gerät erbeuten, während ich selbst mit dem Rest der Gruppe das abgelegene Haus angreifen würde.
Die zweite Hauptgruppe mit 40 Mann – sie erhielt den Decknamen ›Nelson‹ – sollte etwas später als die erste abspringen; sie hatte die Aufgabe, unseren Rückzugsweg zum Strand freizukämpfen, ihn zu halten und unsere Einschiffung in die Landungsboote zu decken.
Die dritte Hauptgruppe (30 Mann) sollte noch etwas später als Gruppe zwei abspringen. Sie mußte den zu erwartenden deutschen Gegenangriff abschlagen oder würde als Reserve dienen.
Starke deutsche Gegenwehr erwarteten wir aus Richtung der

Farm ›La Presbytère‹. Eine weitere Bedrohung bildeten die MG-Stellungen und mehrere Bunker, die unseren Einschiffungsstrand beiderseits beherrschten. Die flachen Felder ringsum, die gute Beobachtungs- und Abwehrmöglichkeiten boten, waren von Minen übersät und von Stacheldrahtverhauen durchzogen.
Wir kannten die genauen Positionen der Verteidigung, ihre Stärke, die Waffen, die Unterkünfte und die Stimmung der deutschen Soldaten – ja sogar einige ihrer Namen.
Um den größtmöglichen Überraschungseffekt zu erzielen, wollten wir aus der mindest erforderlichen Höhe von 70 Metern abspringen; außerdem sollte sich jeder Mann meiner Gruppe schon an seinem Platz befinden, bevor der eigentliche Angriff begann. Ich selbst würde mit der Trillerpfeife das Signal zum Angriff geben, während ich in das einsame Haus eindringen würde. Wichtig war vor allem die Einhaltung des Zeitplanes. Unsere kleine Streitmacht begab sich mit diesem Überfall an die äußeren Verteidigungslinien des Feindes, der gerade hier in kürzester Zeit gewaltige Kräfte zusammenziehen konnte. Sie durfte dieser Gefahr nur für die dringendst erforderliche Zeitspanne ausgesetzt sein.
Da es Aufgabe unserer Truppe war, mit diesem Überfall den Radarexperten ihre Arbeit zu ermöglichen, hing die Gesamtplanung ab von der Zeitspanne, die sie für ihre Arbeit am Gerät benötigen würden. Es wurden dafür 30 Minuten eingeplant, und die Radarleute wurden an englischen Geräten trainiert, um in diesen 30 Minuten ein ihnen fremdes Gerät auseinanderzubauen, die nicht transportablen Reste zu fotografieren und sie anschließend in die Luft zu sprengen.
Dr. Jones persönlich hatte sich bei uns sogar Gefangene bestellt, sie sollten dazu noch Funker sein. Wenn alle Stricke reißen würden und das Auseinandernehmen und Wegschaffen des ›Würzburg‹ uns nicht gelingen würde, so sollten wir wenigstens die Bedienungsanleitungen und die Typenschilder vom Gerät nach Hause mitbringen.
Obwohl uns allen viele Details des Angriffs bekannt waren, blieb die eigentliche Aufgabe der Operation und der Name des Bestimmungsortes für die Truppe streng geheim – erst in der Luft, kurz vor dem Absprung, wurde er bekanntgegeben. Hätte der Feind auch nur die leiseste Ahnung von diesem Plan gehabt, so hätte es für uns keine Rückkehr gegeben.
Für die Operation mußten Vollmond und Flut zusammenfallen: Vollmond für uns und Flut für die Navy. Es kamen daher nur 4 Nächte der Woche nach dem 24. Februar 1942 in Frage.«
Die Luftaufnahmen, die der Pilot Tony Hill Ende 1941 gemacht hat, spielen weiterhin eine große Rolle bei der Planung des Bruneval-Überfalles. Zusammen mit den Skizzen der Agenten

aus Frankreich dienen sie der Geheimen Modellbau-Abteilung auch als Unterlage für den Bau eines Modells des Landhauses, an dem die erste Angriffsgruppe unter Major Frost ausgebildet wird.

Um den Truppen die bestmögliche Kenntnis der Umgebung zu vermitteln, besorgt der Geheimdienst sogar einen Film und Fotos aus Frankreich, die Prof. J. Gosset, ein bekannter Pariser Arzt, der Besitzer dieses Hauses und des Gutshofes »La Presbytère«, lange vor dem Krieg aufgenommen hat. Es sollten die letzten Aufnahmen des Landhauses überhaupt sein. Einige Monate nach dem Überfall wird es von den deutschen Truppen dem Erdboden gleichgemacht. Die verbleibenden Kellerräume werden zu einem Bunker umgebaut.

Eines Tages meldet sich der Ingenieur *C. W. H. Cox*, ein ausgezeichneter Radarspezialist, zur Teilnahme an der Operation. Cox wird zum Ausbildungslager geschickt, wo er zusammen mit den Truppen das Fallschirmspringen lernt; und dann wird ihm die Aufgabe gestellt, ein Radargerät auseinanderzubauen. Daß dieses Radargerät auf dem Kontinent steht, wohin er zum erstenmal in seinem Leben reisen wird, weiß er noch nicht; ebensowenig wie er ahnt, daß die Ausbildung der Kompanie um ihn herum nur den Zweck hat, ihn bei seiner späteren Arbeit zu schützen.

Um den Sinn des außergewöhnlichen Trainings zu tarnen, wird offiziell bekanntgegeben, daß ein Manöver vor versammeltem Kriegskabinett stattfinden wird und daß, falls diese Demonstration überzeugend und gut genug ausfallen werde, die Fallschirmtruppen irgendwann später einen wirklichen Überfall auf die Küste Frankreichs machen sollen. Daß das Manöver vor dem Kriegskabinett nur zur Tarnung abrollt, erfahren die Truppen erst lange nach dem Überfall.

Nach beendetem Fallschirmspringer-Training erhalten alle Soldaten das begehrte Fallschirmspringer-Abzeichen. Wahrscheinlich aus Gründen der Geheimhaltung wird es ihnen jedoch wieder abgenommen, als sie an die schottische Küste verlegt werden, wo Anfang Februar die Übungen mit den Landungsfahrzeugen, die sie nach England zurückbringen werden, beginnen. Die Erkenntnis, daß die Einschiffung bei Dunkelheit doch nicht ganz so einfach sein wird, entmutigt die Männer ein wenig. Nur wenige von ihnen zweifeln zwar daran, daß sie den Bestimmungsort erreichen werden — ob sie aber in der Lage sein werden, nach beendeter Mission den Strand Frankreichs wieder zu verlassen, scheint ihnen jetzt weit weniger sicher. Am Abend des 27. Februar 1942 starten dann 12 Whitley-Bomber vom Flughafen Thruxton mit den Truppen. Jeweils 10 Soldaten hokken, die Fallschirme schon angeschnallt, in den Flugzeugen und beginnen, sich die Gesichter mit Tarnfett zu schwärzen.

Nach $1^{1}/_{2}$ Stunden Flug ist die französische Küste erreicht: Major Frost springt als erster. Noch schwebend, sieht er alle jene Umrisse, die ihm durch das Modell schon vertraut sind. Es herrscht Ruhe — nur hier und da hört man die dumpfen Aufschläge der landenden Container. Das Brummen der abfliegenden Whitley-Bomber wird leiser, dann herrscht wieder Stille.
Major Frosts Gruppe landet programmgemäß und am richtigen Platz. Sie benötigt 10 Minuten, um die Waffen zu sammeln und sich zu formieren. Aus der Farm »La Presbytère« und dem Landhaus gibt es keine Alarmzeichen.
Langsam nähern sich Frost und seine Leute dem Haus und dem Radargerät und umstellen beide. Entsprechend dem Plan läuft Frost auf die Tür der Villa zu. Sie ist offen, und er vergißt fast, das Pfeifsignal zu geben, bevor er hineinstürmt. Nach dem Ertönen der Pfeife unterbrechen Explosionen, Schreie und das Rattern von Maschinenpistolen die Ruhe der Nacht. An der Spitze von 4 Männern rast Frost, Hände hoch! schreiend, durch das Haus. Im obersten Stockwerk finden sie einen deutschen Soldaten, der zum Fenster hinaus auf die übrigen Engländer feuert, die unten inzwischen das Gerät umkreist haben.
Die deutsche Bedienung am Gerät, die sich tapfer verteidigt, versucht vergeblich, den Apparat laut Vorschrift zu sprengen. Das Sprengmaterial ist zwar da — Sprengstoff und Zünder sind jedoch aus Sicherheitsgründen getrennt gelagert, und es gelingt nicht mehr rechtzeitig, sie zusammenzufügen.
Frost läßt zwei Mann Bewachung in der Villa zurück, und die übrigen Männer machen sich auf, den Kameraden am Gerät zu helfen. Die Bedienungsmannschaft des »Würzburg« ist bereits

Bruneval, Nacht vom 27. 2. 1942: Blitzlichtaufnahme des »Würzburg«-Gerätes

Beim englischen Luftangriff auf Hamburg in der Nacht des 24. Juli 1943 wurden zur Störung der deutschen Flugabwehr zum erstenmal Stanniol-Streifen verwendet

tot, bis auf einen Funker, der zu fliehen versucht, aber in der Aufregung über das Kliff hinabstürzt. Er bleibt auf einem Felsvorsprung hängen und wird von den Engländern gerettet. Sie erhalten von ihm die Bestätigung dessen, was ihnen bereits bekannt ist: In der Umgebung von Bruneval liegen nicht mehr als 100 deutsche Soldaten.

Ingenieur Cox hat inzwischen die »Würzburg«-Anlage fotografiert und bereits mit dem Abbau des Gerätes begonnen. In der Hast und Aufregung sägen die Radarspezialisten verschiedene Teile ab, die sich mit ein paar Handgriffen hätten abschrauben lassen. Doch finden sie das erst in England heraus, als sie feststellen, daß sich das »Würzburg« zum Transport und zur Vereinfachung von Reparaturen in kleine Teile, die jederzeit auswechselbar sind, zerlegen läßt. Jetzt ist nicht die Zeit für solche Überlegungen. Die einzelnen Elemente werden aus ihren Halterungen gerissen, und die Techniker haben gerade 10 Minuten der geplanten halben Stunde gearbeitet, als Major Frost drei Lkw auf die Stellung zukommen sieht. Die deutsche Sicherungskompanie hat nicht früher kommen können, weil die Munition ausgewechselt werden mußte — wegen einer Nachtübung hatte der größte Teil der Einheit nur Platzpatronen bei sich gehabt. Während die Deutschen das Gelände vor der Villa unter Mörserfeuer nehmen, zieht Major Frost seine Leute aus der Villa

zurück und formiert einen Verteidigungsring um das Radargerät. Cox und seine Leute arbeiten in größter Eile weiter, während die feindlichen Geschosse durch die Luft sausen und über ihren Köpfen explodieren. Der tödliche Hagel findet schließlich seinen Weg zu ihnen in die Grube, und zwei Kugeln treffen und zerstören ein Stück der Funkausrüstung, das Cox gerade in der Hand hält.
Einen Augenblick später ist Cox mit der Demontage der Teile fertig. Der Rest der Station wird gesprengt — der Feind soll annehmen, bei dem Angriff sei es nur um die Zerstörung des Gerätes gegangen und nicht um die Entführung von Geräteteilen. Inzwischen ist das mitgebrachte zerlegbare Wägelchen bereit, auf das die Teile verladen werden, und die Männer rollen das schwer bepackte Vehikel den hartgefrorenen Pfad von der Radarstellung zum Strand hinunter. Die Deutschen haben inzwischen das Landhaus wieder eingenommen und gehen zum Gegenangriff über. Auch aus den Unterständen am Rande des Kliffs wird noch gefeuert — der Strand ist wider alles Erwarten noch in deutscher Hand.
Von den 40 Leuten der »Nelson«-Gruppe, die den Rückzugweg und den Strand freihalten sollten, ist die Hälfte 3 km von der geplanten Absprungzone entfernt gelandet. In schnellem Marsch ist sie noch unterwegs in Richtung Kampflärm. Sie trifft in dem Augenblick ein, als Frost gerade dabei ist, seine Streitmacht zu formieren, um den Strand zu stürmen. Der massierte Angriff beider Gruppen überrollt die deutsche Verteidigung.
Der Strand ist nun in britischer Hand; die Verwundeten, die deutschen Gefangenen und die Teile des Radargerätes bedecken ihn. Es vergehen lange Minuten — die Schiffe kommen nicht! Ein leichter Nebel liegt auf dem Wasser, und die Signalmänner bekommen keine Verbindung zu den Schiffen. An den Felsen zu beiden Seiten machen sich die Deutschen immer aufdringlicher bemerkbar. Von den Bunkern, die über dem Strand liegen, geht starkes MG-Feuer nieder. Den Engländern scheint es, als seien sie auf dem trocknen zurückgelassen, im wahrsten Sinne des Wortes.
In der Aussichtslosigkeit der Lage hat Frost gerade Befehl gegeben, Verteidigungsposition einzunehmen und sich auf das Schlimmste gefaßt zu machen, als ein Schrei ertönt: »Sir, die Boote kommen, die Boote sind da!!« Unter schwerem MG-Feuer und in einem Hagel deutscher Handgranaten besteigen die Engländer die Landungsboote. Sie lassen einen toten Fallschirmspringer zurück und sieben andere, denen es nicht gelungen ist, den Strand rechtzeitig zu erreichen.
Sicher an Bord, erfährt Major Frost den Grund für die Verzögerung der Landungsboote. Während er noch seine Zeichen gegeben hat, sind ein deutscher Zerstörer und zwei U-Boote weniger

als eine Meile entfernt an der kleinen Flottille vorbeigefahren. Glücklicherweise haben sie nichts bemerkt.
Nachdem die Truppen für den letzten Teil der Rückfahrt auf einen Zerstörer umgestiegen sind, wird die Beute von Bruneval übergeben: der gewünschte deutsche Funker und sogar noch weitere Gefangene – und das Wichtigste: der Dipol sowie die frequenzbestimmenden Teile des »Würzburg«. Es sind jene Teile, die Dr. Jones bei den späteren Untersuchungen nicht nur verraten, auf welcher Wellenlänge das Gerät arbeitet, sondern überdies beweisen, daß sich das Gerät nicht auf andere Wellenlängen umschalten läßt. Einmal durch Störungen auf seiner Frequenz außer Aktion gesetzt, kann das Gerät nicht auf eine andere Frequenz ausweichen.
Und eine Störmöglichkeit kennen sowohl Engländer als auch Deutsche. Simple Stanniolstreifen reflektieren elektromagnetische Impulse auf Radarschirme – ihre Störwirkung ist am besten, wenn die Streifen auf die halbe Wellenlänge des Radargerätes geschnitten sind, das sie täuschen sollen.
Beide Seiten haben ihre Wirkung fast gleichzeitig erkannt – aus Furcht, der Gegner könne sie ebenfalls anwenden, halten beide diese Erkenntnis lange Zeit streng geheim.
Als dann die Luftherrschaft endgültig in den Händen der Alliierten liegt, wird in der Nacht vom 24. auf den 25. Juli 1943 der Luftangriff auf Hamburg durchgeführt – einer der schrecklichsten dieses Krieges, dem die deutsche Flugabwehr tatenlos zusehen muß. Die kleinen Stanniolstreifen haben ihre Arbeit getan.

Prag, 27. Mai 1942

Berlin, 8. Juni 1942. In einem demonstrativen Trauerakt nimmt die Naziprominenz Abschied von einem Freund, vor dem doch alle gebangt haben: Reinhard Tristan Eugen Heydrich, stellvertretender »Reichsprotektor« von Böhmen und Mähren, Chef des Sicherheitsdienstes, SS-Obergruppenführer und General der Polizei, der dritte Mann des Reiches.
Heydrich, Sohn des Wagnersängers und Konservatoriumsdirektors Bruno Heydrich aus Halle, hatte eine Karriere ohnegleichen hinter sich.
1931 wird Heydrich – er hat es bei der Reichsmarine bis zum Oberleutnant gebracht – wegen einer Affäre vor das Offiziers-Ehrengericht gestellt, aus der Marine ausgestoßen und degradiert. Er tritt der SS bei, bekommt durch die Familie seiner Frau Verbindung zu Himmler und wird mit 29 Jahren Chef des Sicherheitsdienstes des SS.
Schon 3 Jahre später ist er Chef der deutschen Sicherheitspolizei. Intelligent und von skrupelloser Grausamkeit, dabei ein Liebhaber von Kammermusikabenden und selbst brillanter Violinspieler, passionierter Fechter, verheiratet und Vater von 3 Kindern, ist Heydrich einer der raffiniertesten Organisatoren der Liquidierung politischer Gegner, der Massaker an Polen, Juden und Russen und schließlich der »Endlösung« des Schicksals von Millionen Juden Europas gewesen.

Seit dem Fall Frankreichs ist die Britische Insel Zufluchtstätte für Regierungen und Militärs nahezu aller Länder des Kontinents. Neben freiwilligen Polen, Norwegern, Holländern, Belgiern und Franzosen bereitet die S.O.E. (Spezial Operations Executive) in einem schottischen Ausbildungscamp auch eine Gruppe freiwilliger Tschechen für ihre Rückkehr in die Heimat vor.
Zwei dieser jungen Leute werden im Herbst 1941 einer Spezialschulung unterzogen: *Jan Kubiš*, ein Bauernsohn aus Mähren, und *Josef Gabčik*, ein Schlosser aus der Slowakei, beide ehemals Feldwebel in der tschechischen Armee. Diese zwei unkomplizierten jungen Männer – engverbundene Freunde, seit sie sich in England kennenlernten – sind dazu ausersehen, Schicksal für Tausende Tschechen zu werden.
Nach der dem Münchener Abkommen folgenden Annexion des Sudetenlandes hat Hitler im März 1939 auch die übrige Tsche-

Soldbücher der SOE-Rekruten Jan Kubiš (links) und Josef Gabčik (rechts)

choslowakei besetzt. In der Hauptstadt Prag residiert von nun an nicht mehr die Marionettenregierung *Hacha*, die Macht im Lande liegt in den Händen des deutschen »Reichsprotektors« *von Neurath* und dessen Staatssekretärs, SS-Gruppenführer *Karl-Hermann Frank*. Die Bevölkerung des Protektorats hat ihre demokratische Freiheit verloren. Ihre Wirtschaft wird für die deutschen Kriegsziele eingespannt: Pläne zur restlosen Eingliederung in das Großdeutsche Reich und der »Füllung des Raumes« mit deutschen Menschen werden entwickelt.

Doch dem sudetendeutschen SS-General Frank geht die Entrechtung der Tschechen nicht schnell genug. Nicht zuletzt seine Intrigen sind Anlaß für die Abberufung des Reichsprotektors von Neurath, der abgelöst wird von SS-Obergruppenführer und General der Polizei *Reinhard Heydrich*, damals 37 Jahre alt.

Am 27. September 1941 trifft Heydrich mit einem Stab von 62 Spezialisten seines Reichssicherheits-Hauptamtes in Prag ein, um das Amt des stellvertretenden Reichsprotektors zu übernehmen. Drei Tage nach seinem Amtsantritt, am 2. Oktober, ruft Heydrich die Spitzen der deutschen Verwaltung zu sich und erläutert ihnen die Prinzipien und Absichten der Reichspolitik in diesem Land.

Es ist nicht nur die Rede von einer »Sendung des Reiches, die auf dem Wege über das Großdeutsche zum Großgermanischen Reich« geht; er spricht auch von Dingen, deren absolute Geheimhaltung von den Zuhörern unterschriftlich zu bestätigen ist: von »der Einteilung des neuen Europa, von Osträumen und den zukünftigen Aufgaben in diesem Raum, in dem der Tsche-

SS-Obergruppenführer Reinhard Heydrich als stellv. Reichsprotektor von Böhmen und Mähren in Prag mit SS-Gruppenführer Karl-Hermann Frank

che nichts zu suchen« hat. Der »rassisch wertvolle Teil der Tschechen kann germanisiert« werden, während der Rest »sterilisiert oder einfach an die Wand gestellt« werden soll.
Doch das sind Fernziele. Die Nahziele sind vorläufig darauf gerichtet, den tschechischen Arbeiter, der in der Rüstungsindustrie notwendig ist, bei Laune zu halten. Durch Erhöhung von Lebensmittelrationen und Löhnen sucht die Protektoratsregierung sich als Wohltäter der arbeitenden Bevölkerung zu bestätigen.
Dieser Mission bewußt, stürzt sich Heydrich in seine Aufgabe – schon nach gut 2 Wochen meldet er fast 200 Hinrichtungen.

Zu dieser Zeit wird in England das Training für Jan Kubiš und Josef Gabčik schon spezieller. Sie werden ausgebildet im Umgang mit panzerbrechenden Handgranaten und als Scharfschützen. Dann ist es soweit.
Am 28. Dezember 1941 startet ein britischer Langstreckenbomber von einem Flughafen bei London. Nach gefahrvollem Flug über das besetzte Europa springen Jan Kubiš und Josef Gabčik in der Nähe des Dorfes Nehvizdy, 20 km von Prag entfernt, ab. Ihr Auftrag ist klar formuliert: Attentat auf Reinhard Heydrich, Codewort »Anthropoid«.
Nach einigem Umherirren finden sie ein ideales Versteck: die Höhle eines stillgelegten Steinbruches. Doch schon am nächsten Tag werden sie aufgeschreckt von einem Mann, der, wie er sagt, das Flugzeug gehört hat und ihre Fallschirme vom Himmel herabschweben sah. Da er die Gegend kenne, wisse er, daß der Steinbruch weit und breit das einzig brauchbare Versteck sei.
Beim Anblick des Fremden haben Kubiš und Gabčik bereits automatisch zu ihren Waffen gegriffen. Doch sie haben Glück. Der Fremde, er nennt sich *Baumann,* klärt sie auf, daß sie nur 20 km von Prag entfernt sind, und er verspricht ihnen, sie in Prag mit dem Widerstand in Verbindung zu bringen. Er selbst ist Mitglied der Sokolbewegung, eines jetzt verbotenen patriotischen Vereins. Baumann sorgt dafür, daß Kubiš und Gabčik schon nach vier Tagen Aufenthalt im Steinbruch in einer Prager Familie untergebracht werden und Verbindung zu den Führern der Widerstandsbewegung bekommen.
Professor der Chemie *Vladislav Vanek,* Deckname *Jindra,* Führer der Sokolbewegung und in dieser Eigenschaft Chef des tschechoslowakischen Widerstandes, erinnert sich an seine erste Begegnung mit Jan Kubiš:

»Daß ein Attentat auf Heydrich geplant war, erfuhr ich Anfang 1942 in meiner Eigenschaft als Leiter der tschechoslowakischen Widerstandsgruppe *Jindra.* Die Sokolbewegung ist seit 1939 Kernstück des tschechischen Widerstandskampfes gewesen. Einer unserer Leute hatte beim Steinbruch von Nehvizdy zwei Männer entdeckt, die ihm erklärten, sie kämen aus England und wollten nach Prag, um einen wichtigen Sonderauftrag zu erledigen. Die zwei jungen Männer befanden sich schon eine Woche lang in Prag, als ich sie zu mir bitten ließ.
Nur einer von ihnen kam. Bis dahin wußten wir nichts weiter, als daß die zwei Männer aus einem Flugzeug abgesprungen waren – es konnte ein deutsches Flugzeug gewesen sein. Selbst wenn es tatsächlich ein englisches Flugzeug war, konnte es auch sein, daß die Agenten verhaftet und deutsche Spitzel untergeschoben waren – man mußte sehr vorsichtig sein zu jener Zeit.

Prof. Vladislav Vanek, Deckname »Jindra«, Führer des tschechoslowakischen Widerstandes in Prag.

Ich ließ mir also erst einmal die natürlich gefälschten Papiere zeigen, ließ mir Namen tschechischer Offiziere in England sagen und den jungen Mann seinen Heimatort beschreiben. Der Mann, Jan Kubiš war sein richtiger Name, war irgendwie erbost über meine Zurückhaltung. Wahrscheinlich hatte er mit einem anderen Empfang gerechnet. Aber schließlich waren die zwei die ersten Fallschirmspringer, die bei uns ankamen, und da wir in letzter Zeit sehr unregelmäßige und unsichere Verbindungen nach London gehabt hatten, waren wir von ihrer Ankunft nicht unterrichtet worden. Im Verlauf der Unterhaltung, die mehr ein Verhör war – die schußbereiten Pistolen lagen auf dem Tisch – gewann ich den Eindruck, daß die Leute in Ordnung waren. Ich fragte Kubiš, was er und sein Kamerad hier zu tun gedächten. Er sprach zuerst von einem Sonderauftrag und sagte schließlich nach einigem Hin und Her, daß sie gekommen seien, um Heydrich umzubringen. So etwas hatte ich geahnt, besonders als ich ihr Kodewort ›Anthropoid‹ gehört hatte.
Ich muß gestehen, daß ich von diesem Plan nicht sehr begeistert war. Der Effekt eines Attentats ist zwar immer sehr groß, doch würde ein Attentat gerade auf diesen Mann, der eine Säule der Nazi-Hierarchie darstellte, unabsehbare Repressalien nach sich ziehen.
Dieses Problem hatten sich die beiden jedoch offensichtlich nie vor Augen geführt und taten es auch in der Folge nicht. Ich klärte Kubiš sofort über meine Vorbehalte auf, was aber sichtlich keinen Eindruck auf ihn machte. Sie hatten ihren Befehl aus London, und wir als bodenständige Widerstandsorganisation waren verpflichtet, sie bei der Durchführung des Attentats nach besten Kräften zu unterstützen. Vorläufig gab ich sie in die Obhut eines meiner besten Männer: *Jan Zelenka*, allgemein *›Onkel Hajski‹* genannt. Jan Zelenka alias Onkel Hajski besorgte den beiden als erstes ein neues Quartier, ganz in der Nähe seiner eigenen Wohnung, bei der Familie *Moravec.*«

Frau Moravec, sie wird nur einfach »*Tante Maria*« genannt, ist eine resolute Widerstandskämpferin. Ihr ältester Sohn dient in

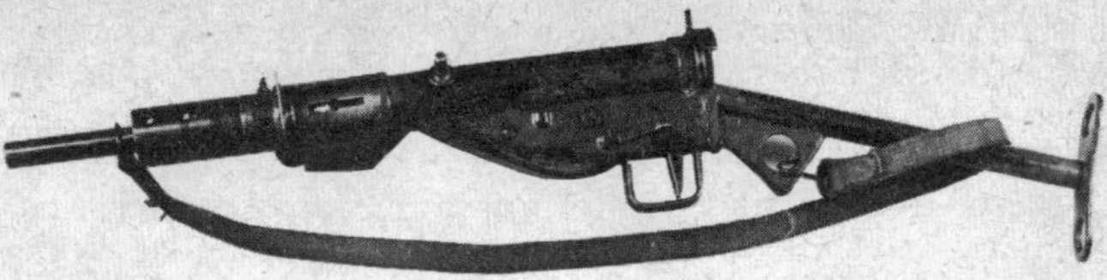

Gabčiks Waffe für das Attentat: die englische Maschinenpistole vom Typ Sten, Fabrik-Nr. 450 416

der Royal Air Force, während der Jüngste, Ata, jetzt stolz darauf ist, mit richtigen Fallschirmspringern zusammenzusein. Onkel Hajski ist es, der ihnen einen erfolgversprechenden Kontakt verschafft. Herr *František Šafařik*, der 40 Jahre lang auf der Prager Burg als Tischler arbeitete, erinnert sich:

»Ich kannte Herrn Zelenka von der Schule her, wo er mein Lehrer war. Seit Jahren hatte ich ihn nicht gesehen. Ich war nach Prag gegangen, hatte Tischler gelernt und arbeitete auf dem Hradschin, wo ich alte und neue Möbel reparierte.

Eines Tages, es war im Herbst 1941, ging ich so über den Schloßhof, da sah ich plötzlich Zelenka auf mich zukommen. Er hatte mich sofort erkannt und fragte mich, was ich denn hier täte. Na, ich erzählte ihm, und er fragte mich aus — genau wie in der Schule —, was ich denn von den neuen Verhältnissen hielte. Ich sagte ihm, daß ich die Deutschen nicht leiden kann, daß die Zeiten schlecht sind und was man sonst so sagt.

Er lud mich zu einem Pils ein und bot mir an, ihn zu duzen. Danach kam er immer wieder zu mir auf die Burg, erkundigte sich

Eine von 9 Sprengladungen, die die beiden Attentäter aus England mitgebracht haben

nach allen möglichen Sachen, und schließlich fragte er mich ganz offen, ob ich nicht etwas für den Widerstand tun wolle. Ich habe es mir ein paar Tage überlegt und ihm dann ja gesagt.
Im Frühjahr 1942 schickte er mir dann zwei junge Burschen, die mir anvertrauten, daß sie Fallschirmspringer aus England seien. Sie hätten einen Sonderauftrag, und ich solle ihnen Heydrichs Auto zeigen und alles berichten, was sie sonst noch von mir wissen wollten. Ich habe ihnen den Mercedes gezeigt und auch den Wagen von der Begleitmannschaft.
Die beiden kamen dann öfter zu mir auf die Burg. Manchmal brachten sie sogar ihre Freundinnen mit. Eines Tages sagten sie mir dann, daß sie Heydrich umlegen wollten.«

Frühjahr 1942. Kubiš und Gabčik – inzwischen mit den erforderlichen Papieren und Fahrrädern versehen – bekommen nach und nach die Fahrtroute Heydrichs heraus und suchen nach einer günstigen Stelle, sich ihres Sonderauftrages zu entledigen. Die dichte Kastanienallee, die Heydrich täglich zweimal passiert, scheint das richtige zu sein.
Sie werden ein Drahtseil von einer Seite zur anderen spannen und hoffen so, entweder den Wagen anzuhalten und Heydrich samt Fahrer zu erschießen oder – Heydrich liebt es, die gerade Strecke in Höchstgeschwindigkeit entlangzubrausen – den zwei Wageninsassen mit diesem Drahtseil die Köpfe abzuschneiden.
Doch hat der Plan auch seine Mängel: es gibt keine Fluchtmöglichkeit beim eventuellen Mißlingen – und an den Märtyrertod denken Kubiš und Gabčik nicht.
Enttäuscht radeln sie nach Prag zurück, finden aber im Vorort Libeň den gesuchten Platz: eine Haarnadelkurve, die man nehmen muß, um von der Ausfallstraße zur Trojabrücke und in Richtung Stadtzentrum zu kommen. Die Kurve in Libeň ist der ideale Platz für einen Anschlag. Wie jeder andere, muß auch Heydrichs Wagen vor der Kurve scharf abgebremst werden, um fast im Schrittempo um die Ecke zu rollen. Einige Sekunden lang wird der Reichsprotektor zur idealen Zielscheibe für einen schußbereit stehenden Schützen. Ein Freund, *Josef Valčik* – wie Kubiš und Gabčik ist auch er in England ausgebildet worden – wird in den Plan eingeweiht. Pünktlich um 9 Uhr früh werden Kubiš, Gabčik und Valčik sich an der Straßenbahnhaltestelle direkt an der Kurve in Libeň treffen, wo Kubiš und Gabčik stehenbleiben werden, als ob sie auf eine Straßenbahn warten. Kubiš wird in seiner Aktentasche eine 40 cm lange, speziell konstruierte, panzerbrechende Granate bei sich tragen – für alle Fälle, während Gabčik die Maschinenpistole schon schußbereit im Arm hält, über den er ganz unauffällig seinen Regenmantel gehängt hat. Valčik soll sich an einer Straßenecke, 250 m entfernt, aufstellen, von wo man die herankommenden Fahr-

zeuge früher sichtet als unten an der Kurve. Er wird, sobald er Heydrichs Wagen kommen sieht, mit einem Spiegel signalisieren. Dieses Signal ist für Kubiš und Gabčik das Zeichen, von der Haltestelle weg um die Ecke zu laufen, wo sie dann noch Zeit genug haben werden, die Waffen schußbereit zu machen, bis Heydrichs Wagen um die Ecke gefahren kommt.
Für die Flucht stehen die Fahrräder bereit. Der Plan wird mit Jindra besprochen.

Professor Vladislav Vaněk alias Jindra:
»Eine komplizierte Situation war entstanden. Kubiš und Gabčik wollten partout ihr Attentat durchführen, obwohl unsere Organisation seit Ende März 1942 durch die Festnahme eines Funkers und mehrerer Leute sowieso schon ziemlich gefährdet war. Jedesmal, wenn ich ihnen die Gefahr, die sie durch das Attentat heraufbeschwören würden, klarzumachen versuchte, antworteten sie mir stur, daß sie einen Befehl hätten und ihn früher oder später durchführen würden. Ich habe diese Probleme damals sehr oft mit Leutnant *Bartoš* durchgesprochen; auch er war aus England nach hier zurückgekommen und hielt zusammen mit Valčik aus Ležaky bei Pardubice Funkverbindung mit London. Wir kamen überein, nach London zu funken, um von dort zu hören, ob der Anschlag tatsächlich in dieser Zeit durchgeführt werden sollte oder nicht.
Die Antwort aus London lautete: Ja, unbedingt!
Unserer Londoner Regierung ging es ganz offensichtlich darum, den Nachweis zu führen, daß das tschechoslowakische Volk nicht identisch war mit der Marionettenregierung Hachas, und zu zeigen, daß ein schlagkräftiger Widerstand im Lande vorhanden war, der ihre eigene Existenzberechtigung bestärkte.
Andererseits hoffte man, durch die dem Attentat ganz sicher folgenden Repressalien den Widerstand herauszufordern und damit zu aktivieren – was sich ja dann letzten Endes auch bestätigt hat.
Mitte Mai 1942 informierten Kubiš und Gabčik mich, daß sie einen Platz für das Attentat gefunden hätten, und schilderten mir ihren Plan. Es war ein guter Plan.
Einige Tage später hörte ich von einem Kontaktmann, den ich zu jener Zeit auf dem Hradschin hatte, daß Heydrich am 27. Mai 1942 nach Berlin fliegen und man nicht sicher sei, ob er nicht überhaupt aus Prag abberufen würde.
Also teilte ich Kubiš und Gabčik mit, daß der 27. Mai 1942 der beste Termin für das Attentat wäre, da Heydrich dann ganz sicher ohne Eskorte fahren würde.«

Der 27. Mai 1942 ist ein sonniger Frühlingstag. Kurz nach 10 Uhr verabschiedet sich Heydrich von seiner Frau und den

Kindern. Der Chauffeur, SS-Oberscharführer *Klein*, steht mit dem Wagen bereit, und Heydrich besteigt das Cabriolet, um sich zum Flughafen fahren zu lassen – wie so oft in letzter Zeit ohne Eskorte und demonstrativ im offenen Wagen.

In Prag-Libeň lassen um diese Zeit zwei junge Männer an der Haltestelle Straßenbahn um Straßenbahn vorbeifahren, ohne einzusteigen. Soweit sie wissen, soll Heydrich um 9 Uhr von Panenské Břežany abfahren. Die Minuten vergehen. Nervös und ungeduldig schauen die Wartenden immer wieder zur nahen Turmuhr. Alles ist so gut vorbereitet – nur Heydrich kommt nicht ! Inzwischen ist es halb elf geworden. Da – endlich der Spiegelblitz von Valčik. Im Weglaufen sieht Gabčik, daß von oben eine Straßenbahn herankommt. Kubiš ist ebenfalls an seinem Platz. Mit hoher Geschwindigkeit prescht das dunkelgrüne Cabriolet den Berg hinab. Vor der Kurve bremst der Fahrer ab und schaltete in den 2. Gang hinunter.

Die Maschinenpistole im Anschlag, hört Gabčik den Wagen heranbrummen – sieht Heydrich – zielt – doch es löst sich kein Schuß!!

Der Sicherungsbügel klemmt! Gabčik steht wie gelähmt, starrt auf die MP – Kubiš schreit entsetzt: »Josef!« Nichts! Heydrich und Klein sehen den Schützen. Klein bremst scharf ab, beide reißen ihre Pistolen aus den Hüfttaschen. Da fällt Kubiš die Granate ein. Er zerrt sie aus der Tasche, entsichert sie im Laufen und wirft sie von hinten gegen den Wagen. Die Detonation ist gewaltig. Metallteile und Fetzen der Polsterung fliegen durch die Luft. Heydrich und Klein springen – scheinbar unverletzt –

Der Wagen Heydrichs kurz nach dem Attentat

Die am Schauplatz des Überfalls liegengebliebenen Gegenstände werden öffentlich ausgestellt

aus dem Wagen. Die Straßenbahnen bleiben stehen. Kubiš greift das Fahrrad und saust die Straße in Richtung Trojabrücke hinunter. Heydrich taumelt zu seinem Wagen und bricht über dem Kühler zusammen. Klein rennt schießend und schreiend hinter Gabčik her, der in einer Nebenstraße in einen offenstehenden Laden springt, von wo aus er Klein niederschießt, als dieser um die Ecke kommt. Gabčik rennt die Straße weiter hinunter und erwischt gerade noch eine Straßenbahn, die in Richtung Stadt fährt.
Niemand bemerkt seine Aufregung. Auf der Fahrt zum Wenzelsplatz fällt ihm dann ein, was er am Tatort zurückgelassen hat: Maschinenpistole, Aktentasche, Mantel und Fahrrad. Das Fahrrad gehört ›Tante Maria‹! Er weiß nicht, daß auch Kubiš Aktentasche und Mütze liegengelassen hat und überdies am Auge verletzt ist.
Inzwischen sind tschechische Polizisten an der Kurve in Libeň angelangt, die einen Lieferwagen anhalten. Heydrich schleppt sich mit letzter Kraft auf die Ladepritsche und wird ins Krankenhaus gebracht: ein tödlich verletzter Mann — mit den Splittern der Bombe sind ihm Stoffteilchen der Wagenpolsterung in die Milz gedrungen. Zu den inneren Verletzungen kommt eine Blutvergiftung.
Die in Libeň zurückgelassenen Gegenstände werden in einem Schaufenster am Wenzelsplatz ausgestellt und in den Zeitungen abgebildet. Über Rundfunk und Lautsprecher wird das Attentat und eine ungefähre Beschreibung der Attentäter bekanntgegeben. »Jeder, der die Attentäter schützt oder ihnen Unterschlupf gewährt, soll mit seiner ganzen Familie erschossen werden.« Die Bevölkerung wird zur Mitfahndung aufgerufen, wobei eine Belohnung von 10 Millionen Kronen ausgesetzt wird.

Das Versteck der Widerstandskämpfer: die tschechisch-orthodoxe St.-Cyrill-und-Methodius-Kirche in Prag

Diese Belohnung wird nach wenigen Tagen verdoppelt auf 20 Millionen, was 2 Millionen Reichsmark entspricht.
Gabčik hat in der Wohnung der Familie *Fafek* im Vorort Žižkov Unterschlupf gefunden. Kubiš hält sich bei »Tante Maria« versteckt, was natürlich schon wegen des Fahrrades sehr gefährlich ist.
Ab sofort wird der Ausnahmezustand über Prag verhängt. Gaststätten, Kinos und Theater werden geschlossen. Ab 9 Uhr abends herrscht Ausgangssperre. Die Stadt Prag wird abgeriegelt, während jede Nacht Sonderkommandos der Gestapo Haus für Haus durchkämmen. Sie sperren Straßen und Brücken, filzen Fußgänger und Autos, stöbern in Büros, Kellern, Heuschobern und Ställen. An der Fahndung, die am nächsten Tag auf ganz Böhmen und Mähren ausgedehnt wird, sind insgesamt 450 000 Deutsche aller möglichen Formationen beteiligt. 5000 Ortschaften werden zum Teil mehrmals durchsucht. Fast 5 Millionen

Menschen werden überprüft. Es ist die größte Fahndung aller Zeiten.
Doch die Attentäter bleiben unentdeckt – ihre ständig wechselnden Schlupfwinkel sind jedoch nicht mehr sicher genug; denn nicht nur die Attentäter, sondern auch ihre Helfer sind gefährdet. Immer neue Hiobsbotschaften tönen aus dem Radio. Hunderte von Tschechen sind bereits festgenommen oder hingerichtet worden.
Helfer in der Not wird *Dr. Vladimir Petřek*, Kaplan an der tschechisch-orthodoxen St.-Cyrill-und-Methodius-Kirche im Zentrum von Prag. Petřek bietet an, die Fallschirmspringer in seiner Kirche unterzubringen.
Kubiš, Gabčik und Valčik, zusammen mit vier anderen Fallschirmspringern, siedeln einer nach dem andern in die Kirche über, wo sie allerdings fast nur übernachten. Tagsüber kann man sich in der Stadt noch verhältnismäßig frei bewegen.
Am 4. Juni 1942 stirbt Heydrich. Die besten Chirurgen Deutschlands haben ihm nicht helfen können. Sein Tod ist langsam und qualvoll gewesen, wie der vieler seiner Opfer.
Am 11. Juni 1942 melden die Nachrichten, daß gegen den Ort *Lidice* »strenge Maßnahmen ergriffen« worden seien: »die männlichen Einwohner sind erschossen, die Frauen in Konzentrationslager überführt, die Kinder einer geeigneten Erziehung zugeführt worden. Die Gebäude des Ortes sind dem Erdboden gleichgemacht; der Name der Gemeinde ist ausgelöscht worden.«
Wenige Wochen später erleidet das Dorf *Ležaky* das gleiche Schicksal.
Die Fahndung nach den Attentätern läuft weiter – immer noch ergebnislos. Die Gefängnisse sind überfüllt. In einer Zelle wurden zu jener Zeit bis zu 17 Menschen zusammengepfercht.
Im Pendelverkehr rollen die Mannschaftswagen zum Erschießungsstand, und die Guillotine im Prager Gefängnis »Pankrac« versieht täglich ihren grausigen Dienst. Mehr als 1000 Menschen sind hier allein auf der Guillotine umgekommen – ungezählt sind diejenigen, die hier erhängt wurden.
Das Ultimatum, das zur Festnahme der Täter gestellt ist, soll am 18. Juni ablaufen. Niemand weiß, was dann kommen wird. Lidice hat es gezeigt; die Deutschen sind zu allem fähig. *Karel Čurda*, Teilnehmer an der Ausbildung in England, verliert die Nerven. Am 16. Juni 1942 meldet er sich im Peček-Palais, dem Hauptquartier der Gestapo in Prag. Nachdem er die Aktentasche mit dem Fleck über dem Schloß als die von Josef Gabčik identifiziert hat, darf er seine Geschichte erzählen.
Gegen alle Regeln hat er nach seinem Absprung in der Tschechoslowakei nicht bei Fremden Unterkunft gesucht, sondern ist auf dem elterlichen Bauernhof untergetaucht. Er ist ein Freund

Karel Curda (Pfeil) wird zur Identifizierung seiner Kameraden herangeholt

von Kubiš und Gabčik, ist in alles eingeweiht, kennt alle Beteiligten und Helfer. Aber er kann nicht aussagen, wo sich die Attentäter und die übrigen Fallschirmspringer zur Zeit versteckt halten.
Gestapo und SS sind dennoch zufrieden. Der Bann des Schweigens ist gebrochen. Die Fahndungsbeamten hasten mit Namen und Adressen los. Zuerst zu ›Onkel Hajski‹ – er schluckt eine Zyankali-Kapsel. In aller Frühe dringt bei ›Tante Maria‹ ein Gestapohaufen ein und durchwühlt die Wohnung. Tante Maria nimmt währenddessen unbemerkt eine Gifttablette. Vor den Augen ihres Sohnes Ata bricht sie zusammen.
Herr Moravec und Ata werden ins Peček-Palais gebracht, mit anderen Widerstandskämpfern konfrontiert und ins Kreuzverhör genommen. Die Gestapoleute vermuten, daß außer seiner Mutter nur Ata weiß, wo die Attentäter sich zur Zeit aufhalten. Daß sie in einer Kirche versteckt sind, wissen sie bereits. Aber Prag hat viele Kirchen. Man schreibt den 17. Juni, und morgen, am 18., läuft das Ultimatum ab. Ata muß sprechen.
Der Siebzehnjährige weigert sich hartnäckig, erträgt tapfer die Gestapoverhöre – bis ihm nach fast 24 Stunden pausenloser Grausamkeiten der Kopf seiner toten Mutter gezeigt wird. Man sagt ihm, wenn er vermeiden wolle, auch den Kopf seines jetzt noch lebenden Vaters so zu sehen, solle er die Kirche nennen. Kurz vor Mitternacht bricht Ata zusammen und gibt den Namen der Kirche preis.
SS-Gruppenführer Frank wird sofort unterrichtet und ruft SS-

Die tschechische Feuerwehr wird herangezogen, um die Krypta zu überfluten

General *von Treuenfeld* zu sich. Schon 3 Stunden später, um 3.45 Uhr, erteilt Treuenfeld seiner Truppe den Befehl zur Abriegelung des Häuserblocks Karlsplatz-Westseite, Resslowa, Am Sderas, Karlsplatz-Westseite in einen äußeren und einen inneren Sperriegel. Er vermerkt ausdrücklich: »Bei Angriffen oder Fluchtversuchen ist anzustreben, die Flüchtlinge lebend zu verhaften.« Jan Kubiš, Leutnant *Opalka* und Rottmeister *Šwarc* halten in dieser Nacht abwechselnd Wache im oberen Kirchenraum, während Josef Gabčik und Valčik mit zwei anderen Fallschirmspringern in der Krypta unter der Kirche schlafen.

Es ist ihre letzte Nacht hier. Morgen sollen sie aufs Land transportiert werden, wo ein neues Versteck auf sie wartet.

Man nimmt an, daß die drei oben in der Kirche gehört haben, wie sich Soldaten um die Kirche scharten, da sie sofort das Feuer eröffneten, als die ersten Gestapoleute durch die kleine Seitentür in den Kirchenraum geschlichen kamen.

Der Bericht von SS-General von Treuenfeld gibt die Ereignisse der nächsten Stunden folgendermaßen wieder:

»Unmittelbar nach Beendigung der Aufstellung des inneren Sperriegels erhielten SD-Beamte, die sich von den abgestellten 25 SS-Männern einige mitgenommen hatten, Feuer in der Kirche. Es entstand ein Feuergefecht mit den Verbrechern, bei dem von deutscher Seite auch Handgranaten geworfen worden sind. Gleichzeitig schoß der SD aus Maschinenpistolen von den gegenüberliegenden Häusern durch die großen Kirchenfenster in das Innere der Kirche. Durch letztere Maßnahme wurden die eigenen Männer in der Kirche gefährdet. Da sich im übrigen herausgestellt hatte, daß es sich beim Kampf mit den Verbrechern um ein regelrechtes Stoßtruppunternehmen handelte und da Gefahr im Verzug war, daß durch ein nicht planmäßig geregeltes Feuergefecht womöglich SS-Männer erschossen würden, hat der Befehlshaber der Waffen-SS eingegriffen und befohlen:

a) daß das Feuer von den gegenüberliegenden Häusern nach dem Innern der Kirche sofort einzustellen sei;
b) daß der SD und die ihm beigegebenen SS-Männer vom SS-Wachbataillon Prag zunächst unverzüglich das Innere der Kirche zu räumen hätten;
c) daß ein Stoßtrupp der SS-Division Deutschland unter einem fronterfahrenen Stoßtruppführer den Kampf mit den sich verbissen wehrenden Verbrechern und deren Festnahme durchzuführen habe. Zahl der Verbrecher und ihr genauer Aufenthalt waren unbekannt.

Nach etwa zweistündigem Kampf, gegen 7 Uhr, waren die drei sich im oberen Kirchenteil aufhaltenden Verbrecher gestellt und gefangen. Einer von ihnen tot, die anderen zwei lebend, jedoch schwer verwundet.«

Leutnant Opalka hat sich das Leben genommen. Šwarc und

Kubiš sind durch Handgranaten so schwer verletzt, daß sie einige Minuten später sterben.
Zu ihrer Enttäuschung hören die Gestapoleute von Čurda, den sie zur Gegenüberstellung gleich mitgebracht haben, daß unter den drei Toten nur einer der Attentäter ist: Jan Kubiš.
Inzwischen haben die Deutschen einen vierten Anzug in der Kirche gefunden – es muß also zumindest noch ein vierter Mann irgendwo versteckt sein. Bei der Suche nach ihm stoßen sie auf den Eingang zur Krypta.
»In der Nähe des Westeingangs der Kirche wurde eine abhebbare Platte entdeckt, von der aus eine Holzleiter in den dunklen Keller hinunterführte. Außerdem befand sich in der Nähe des Altars eine vor nicht allzu langer Zeit eingemauerte Steinplatte. Der Leiter der tschechischen Feuerwehr, der als Sachverständiger vom SD herangezogen war, gab auf Befragen die Auskunft, die Beseitigung dieser Platte würde mindestens 3 bis 4 Stunden beanspruchen. Von dem Keller führte ein Lichtschacht nach einer waagerecht-rechteckigen Lichtscharte. Der Pfaffe erhielt den Befehl, die Verbrecher einige Male aufzufordern, sich zu ergeben. Letztere antworteten: ›Niemals!‹ Daraufhin wurde das Kellerloch geschlossen und mit Reizgas und Wasser gegen die Verbrecher vorgegangen. Nach verhältnismäßig kurzer Zeit mußte festgestellt werden, daß sich der Wasserspiegel im Keller nur sehr langsam hob. Man befürchtete deshalb, daß das Wasser irgendwo einen Abfluß haben könnte, sowie ferner, daß die Verbrecher durch Abflußkanäle und unterirdische Gänge einen Weg zur Flucht benutzen könnten.
Infolgedessen befahl der Befehlshaber der Waffen-SS, das Fluten des Kellers einzustellen und einen Stoßtrupp von SS-Deutschland durch das erwähnte Kellerloch einzusetzen. Auf kürzeste Entfernung erhielt der Stoßtrupp Feuer. Er antwortete sofort mit Handgranaten und Maschinenpistolen und trieb die Verbrecher zurück.
Um die Arbeit des Stoßtrupps zu erleichtern, wurde der tschechischen Feuerwehr trotz ihrer eingangs erwähnten Auskunft der Befehl erteilt, die zugemauerte Steinplatte einzuschlagen. Dies geschah in genau 10 Minuten! Es zeigte sich nunmehr, daß eine breite Steintreppe von der Altarseite der Kirche in die Kellerkatakomben hinunterführte.
Kurz bevor die Steinplatte eingeschlagen wurde, fand im Keller ein lebhafter Schußwechsel statt, dabei auch Handgranatenwürfe. Vier Verbrecher wurden im Keller tot aufgefunden. Einige von ihnen zeigten neben schweren Verwundungen Kopfschüsse, die sie sich beim Aufbrechen des Kellerverschlusses wohl selbst beigebracht hatten.«
Stolz stellt sich der siegreiche SS-Trupp dem Fotografen. Erst aus späteren Berichten geht hervor, daß auf deutscher Seite

14 SS-Männer fielen und 21 zum Teil schwer verwundet wurden und daß 350 Mann an dem mehr als sechsstündigen Kampf beteiligt waren.
Die Leichen der 7 Fallschirmspringer werden auf den Bürgersteig vor der Kirche geschleppt. Karel Čurda wird zur Identifizierung herangezogen.
Für die Gestapo ist die Aktion jedoch noch nicht zu Ende. Kaplan Petřek, sein Bischof und andere Angehörige der tschechisch-orthodoxen Kirche werden in einem Schauprozeß zum Tode verurteilt. Die Familien der 7 Fallschirmspringer fallen der deutschen Blutrache als nächste zum Opfer.
Insgesamt werden als Folge des Attentats mehr als zehntausend Menschen in Konzentrationslager gebracht und fast 1500 hingerichtet. Auch Jindra wird gefangengenommen; doch kommt es nie zu einem Prozeß gegen ihn. Er überlebt und kann nach dem Kriege gegen Čurda aussagen, der bis dahin von seinem Judaslohn recht gut gelebt hatte. Karel Čurda wird im Jahre 1946 zum Tod durch den Strang verurteilt – ebenso wie SS-Gruppenführer Karl-Hermann Frank.

Der Hafen von Bordeaux 1942

Operation »Frankton«

Diese Geschichte, die Geschichte des wohl außergewöhnlichsten Kommandounternehmens des II. Weltkrieges, begann mit einem Brief.
Lord Selborne, britischer Minister für Wirtschaftskriegführung, schrieb am 9. Mai 1942 an Churchill. Das Schreiben, dem noch weitere folgten, wies auf eine Lücke in der englischen Seeblockade gegen Deutschland hin.
Trotz der Blockade des Kanals gelingt es Schiffen der Achse, zwischen Japan und Europa einen regen Austausch kriegswichtiger Güter zu pflegen – Rohstoffe wie Gummi, Zinn, Öl und auch Lebensmittel werden statt in Bremen oder Hamburg, wohin der Weg gefährlicher ist, in den deutsch besetzten Häfen Südwesteuropas gelöscht.
Hauptumschlagplatz ist der Hafen von Bordeaux, von wo in den letzten 12 Monaten allein ca. 25 000 Tonnen Rohgummi nach Deutschland bzw. Italien gegangen sind. Bleibt diese Rate auch nur in etwa bestehen, so ist an ein Kriegsende noch lange nicht zu denken.

Major H. G. Hasler

Im September 1942 werden Matrosen englischer Kriegsschiffe, die in den Gewässern vor Southampton Wache halten, Augenzeugen seltsamer Übungen. Diese Männer sollen den Hafen von Bordeaux, einen der größten französischen Häfen, der sich in deutscher Hand befindet, lahmlegen.

Der Hafen von Bordeaux liegt etwa 80 km landeinwärts vom Golf von Biskaya; er ist von der See her durch die von vielen Inseln übersäte Gironde-Mündung und dann durch die engen Gewässer der Garonne zu erreichen.

Das Gebiet ist so schon durch die Natur selbst gegen feindliche Angriffe geschützt, was die Deutschen durch Patrouillen von Marine- und Luftstreitkräften noch unterstützen. Küstenbatterien und Flakkanonen halten ständig Wache und bilden ein schwer überwindbares Hindernis.

Eine kombinierte Operation im üblichen Sinne gegen Bordeaux würde, so glaubt *Churchill*, mindestens 3 Divisionen Landetruppen und eine entsprechend große Streitmacht erfordern. Eine solche Riesenoperation kommt gegenwärtig – Deutschland steht 1942 auf dem Höhepunkt seiner Macht – nicht in Frage; Luftangriffe auf das besetzte Frankreich sind aus politischen Rücksichten nicht angebracht. Die einzige Möglichkeit, trotzdem etwas auszurichten, ist, daß man einen Kommandotrupp gegen Bordeaux ansetzt. Im Juli 1942 wird in Southsea bei Southampton eine Gruppe junger Männer zu einer Einheit zusammengezogen, die die Tarnbezeichnung »Royal Marine Boom Patrol Detachment« – »Sperr-Patrouillen-Einheit« erhält.

Kommandeur der Einheit ist Major *H. G. Hasler*, begeisterter Wassersportler, Kapitän mit 10 Jahren Dienstzeit, Träger einer Auszeichnung für seine Tapferkeit im Kampf um Norwegen 1940. Hasler – seit frühester Jugend hat er eine Vorliebe für Paddelboote gehabt und auch schon einige selbst konstruiert – hatte der britischen Marine schon 1941 den Vorschlag gemacht, Kanus für spezielle und geheime Klein-Unternehmungen gegen den Feind einzusetzen.

Der Gedanke ist weiterverfolgt worden, und Hasler hat ein neues Kanu, das sogenannte Cockle-Mark-II-Kanu, entworfen. Es ist gerade stabil genug, sowohl zwei Männer als auch 75 kg Ausrüstung tragen zu können. Neben leinenverstärkten Gum-

mi-Seitenwänden hat das Kanu einen flachen, hölzernen Boden; man kann es voll beladen über Matsch oder Strandkies schleifen und es bei rauhem Wetter vom Strand direkt starten. Es ist trotz allem schmal genug, daß man es durch die Torpedoluke eines U-Bootes schieben kann.
Mit diesen Booten wird nun die neue Einheit ausgerüstet. Keiner der jungen Männer hat je ein Paddelboot gehandhabt; sie alle sind unter 25 Jahre alt und haben sich freiwillig für den Kriegsdienst bei der Marine gemeldet.
Hasler bildet die Leute nicht nur selbst aus, er entwirft auch den wasserdichten Anzug, den sie zu tragen haben. Die Jacken haben einen elastischen Bund, der zum Schutz gegen das Wasser über den Rand der Kanusitze gezogen werden kann. Zur Ausrüstung gehört neben einem 45er Colt und einem Kampfmesser eine Pfeife, mit der der Schrei einer Seemöwe nachgeahmt werden kann und die zum Signalisieren dienen wird.
Das Abzeichen der Combined Operations, einer Abteilung der Royal Marines, weist den Träger des Anzugs als Angehörigen einer regulären Armee aus, was den Männern nach der Genfer Konvention eine gewisse Garantie zu sein scheint.
Die Waffe, die die Männer in der Operation benutzen werden, ist das sogenannte Magnet-Limpet, eine schwere Sprengladung mit Zeitzünder, die mittels eines Magneten an dem zu sprengenden Schiff angebracht wird. Um die Limpets vom Boot aus anzubringen, hält der hintere Mann das Boot im Gleichgewicht, indem er sich mit einem Magneten an der Schiffswand festhält,

Die Ausbildung der Einheit unter Major Hasler

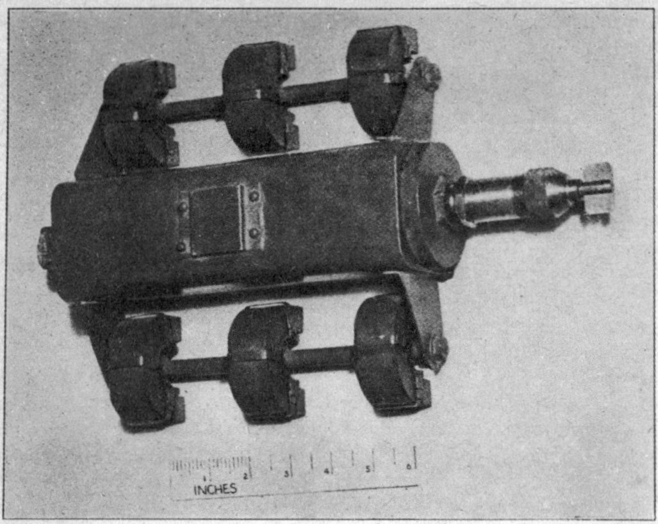

Das Limpet, eine Haftmine zur Schiffssprengung

während der Vordermann, das Limpet an einer ausschiebbaren Stange, den Sprengkörper so tief wie möglich unter der Wasserfläche am Schiffsrumpf anbringt.

Haslers Ausbildungstechnik ist mehr als hart. Ein scharfes Konditionstraining mit Nachtmärschen, Tauch- und Kletterübungen läuft neben dem Üben im Kartenlesen bei Dunkelheit, Navigationsübungen und dem Training im Paddeln selbst. Es ist ebenso wichtig, korrekt und im Takt mit dem Vordermann zu paddeln, wie auch umkippen und das Boot wieder in die richtige Lage schwenken zu können, ohne dabei auszusteigen. Danach wird das Training spezieller. Das möglichst unsichtbare und vor allen Dingen unhörbare Heranschleichen an größere und gutbewachte Schiffe ist bei völliger Dunkelheit eine Sache, die neben der perfekten Beherrschung von Boot und Element ein Höchstmaß an Kaltblütigkeit erfordert.

Im September 1942, nach etwa 4 Monaten Training, hat Hasler das Gefühl, daß es Zeit wird, das Können seiner Leute in einer Feindoperation auf die Probe zu stellen, und er macht dem Hauptquartier entsprechende Meldung. Schon einige Tage später wird er mit dem Plan für die »Operation Frankton«, dem Kommandoüberfall auf Bordeaux, bekannt gemacht. Hasler erbittet eine Bedenkzeit von 24 Stunden und sagt dann, nach Prüfung aller gerade erreichbaren Informationen über das Zielgebiet, zu.

Im Verlauf der nächsten Wochen läuft dann vor Southampton

ein verstärktes und auf die Operation Frankton zugeschnittenes Training an. Es wird allmählich klar, daß es bald irgendwohin losgehen wird. Nur das Angriffsziel bleibt bis zur Überfahrt geheim. Ebenfalls wird den Männern jetzt noch nicht gesagt, daß sie nach erledigtem Auftrag nicht von einem U-Boot abgeholt werden, sondern daß sie nach dem Angriff ihre Kanus versenken und dann, jeder für sich, versuchen sollen, nach Spanien und Gibraltar zu entkommen — man weiß, daß nach dem Angriff deutsche Suchtrupps die Küstenlinien durchkämmen werden; darüber hinaus werden die Deutschen bestimmt auch nach einem Abholschiff Ausschau halten.

Als schließlich 6 Kanus mit je 2 Mann für die Operation bestimmt werden, ist allen klar, daß ihnen ein gefährliches Abenteuer bevorsteht, das sie nur in einer Gemeinschaft, in der jeder sein Bestes gibt, bestehen werden. Hasler wählt den Marinesoldaten *Bill Sparks* als Hintermann für sein Kanu. Am 30. November 1942 ist es soweit. Die Soldaten sind bei bester Kondition, das Wasser ist ihr Element geworden, und die Moral der kleinen, in so kurzer Zeit zusammengeschmiedeten Einheit ist hervorragend.

Die 12 Männer werden mit ihren Kanus in das U-Boot »Tuna« eingeschifft. Wäh-

Der Marine-Soldat Willy E. Sparks, den Major Hasler als seinen Bootshintermann auswählt

Das U-Boot »Tuna«

rend der Überfahrt wird ihnen der Operationsplan in vollem Umfang bekanntgeben. Ein exakter Stundenplan für jede Nacht wird ausgearbeitet – sie werden die Strecke von der Girondemündung bis nach Bordeaux hinein in drei nächtlichen Fahrten zu bewältigen haben; tagsüber sollen sie sich im Schilf des Ufers versteckt halten und abwechselnd schlafen. Daneben versucht man, ihnen einige Brocken Französisch beizubringen, was sich als unmöglich herausstellt. Die meisten der Leute verlassen sich auf die Fingersprache, ihr Glück und die mitgegebene Fluchtausrüstung.

Während der 7tägigen Überfahrt wird alles immer wieder durchgesprochen, und jede Kanubesatzung kennt ihr Ziel im Hafen von Bordeaux, als die »Tuna« am 6. Dezember 1942 abends etwa 5 Meilen vor der Küste Frankreichs auftaucht. Daß sie zu dieser Zeit bereits vom deutschen Küstenradar entdeckt worden ist, ahnt niemand.

Die Torpedoluken werden geöffnet.

Das erste Kanu wird durch die Torpedoluke gebracht – es streift den Rand der Luke, wird aufgeschlitzt, und für seine Besatzung ist das Abenteuer schon hier zu Ende.

Etwa 30 Minuten später befinden sich die übrigen 5 Kanus auf dem Wasser und entfernen sich allmählich vom wieder abtauchenden U-Boot.

Die Nacht ist klar; und es ist außerordentlich kalt.

Major Hasler und sein damaliger Hintermann Bill Sparks haben die abenteuerliche Fahrt heute, 25 Jahre später, noch einmal unternommen – dieses Mal jedoch in einem Motorboot.

H. G. Hasler:

»In der Ruhe der Nacht hörten wir plötzlich ein Dröhnen vor uns – wir näherten uns einer Brandung, die in Richtung der Flut über die Felsen hinwegzischte. Nichts in den Karten hatte uns auf dieses Hindernis aufmerksam gemacht.

Wir sicherten die Cockpit-Decken dicht um unsere Körper und stießen in die Brandung; die Kanus unter uns erzitterten und gerieten in den Sog hinein.

Als wir durchgekommen waren, hielt ich an. Wieder beisammen, bemerkten wir, daß eines der Boote fehlte. Wir hielten Ausschau in alle Richtungen – nichts. Sparks hinter mir im Kanu schickte den verabredeten Möwenschrei aus – aber kein Gegenstand durchbrach die Außenlinien des weißen Schaums, und kein Kopf tauchte aus dem Sog auf.

Schweren Herzens nahmen wir unseren Kurs wieder auf. Von ursprünglich 6 Kanus waren jetzt nur noch 4 übrig.

Wir paddelten schnell weiter. Die Silhouette des Leuchtturms von Pointe-de-Grave wurde sichtbar. In diesem Augenblick hörten wir mit Schrecken wieder den dröhnenden Lärm, diesmal jedoch näher und schärfer – eine zweite Brandung. Sie war schlimmer als die erste. Die Kanus wurden wie Streichhölzer von der Flut hin und her geworfen. In all dem Lärm hörten wir plötzlich einen Schrei und ein Splittern. Eines der Kanus war umgekippt, und seine Besatzung befand sich im Wasser. Die zwei hielten sich verzweifelt an ihrem Kanu fest und kamen so durch die Brandung hindurch.

Wir prüften, ob das Kanu wieder flottgemacht werden konnte. Die Wellen wuschen immer wieder darüber hinweg und füllten es jedesmal aufs neue mit Wasser. Die Brandung trug uns mit hoher Geschwindigkeit weiter, und wir wurden in die Enge zwischen dem Festland und der Insel Cordouan getrieben.

Plötzlich wurde der Leuchtturm vom Pointe-de-Grave eingeschaltet. Es war inzwischen 2 Uhr morgens geworden. Ich stand vor einer schweren Entscheidung. Die einzige Möglichkeit, das Kanu zu leeren, war, es auf den Strand zu ziehen – aber der war von feindlichen Posten bewacht. ›Versucht, es zu versenken‹, sagte ich und befahl den Männern, sich jeder an eines der noch intakten Kanus anzuhängen; einer der Männer hing nun an unserem Boot. Wir waren jetzt auf 3 Boote reduziert. Das Gewicht der beiden Männer im Schlepp zog furchtbar, und wir kamen nur ganz langsam voran. Immer noch im vollen Strahl der Leuchtturmlichter, wurden wir allmählich von der Flut um den Pointe-de-Grave herumgetragen, in die Gironde hinein.

Es war etwa 3 Uhr, und wir waren nach den fast 7 Stunden Paddeln ziemlich müde. Die beiden Männer hinter den Kanus waren nun schon eine ganze Stunde in das eisige Wasser eingetaucht und sehr erschöpft.

Da sah ich endlich, eine Meile vor uns, die schwache Linie des Piers von Le Verdon, und ich bemerkte, daß die Gezeitenströmung uns direkt dorthin drängte. Ich entschloß mich, die zwei Männer ohne Boot sofort zu verlassen. Es würde unmöglich sein, mit ihrer Last im Schlepp gegen die Strömung anzukämpfen.

Beide zitterten vor Kälte, als sie mich aus dem Wasser anschauten. Einer von ihnen sagte: ›In Ordnung, Sir, wir verstehen schon; danke, daß Sie uns so weit mitgenommen haben‹, bevor sie zurückblieben.

Einige hundert Meter entfernt konnten wir die Silhouetten dreier deutscher Zerstörer sehen, die in einer Linie vor uns verankert lagen.

Die Gesichter fast auf der Cockpit-Bedeckung, fuhren wir los und schlichen an ihnen vorbei. Nachdem wir sie halbwegs passiert hatten, begann die Signallampe eines der Schiffe in Richtung Pier zu blinken. Aber wir kamen sicher vorbei, und sofort schloß sich uns das zweite Kanu an. Wir warteten nun auf das

dritte Boot. Einmal glaubten wir, in der ruhigen Luft einen schwachen Schrei zu hören, der mehrfach wiederholt wurde; dann herrschte wieder Stille. Es war bitter kalt. Wir imitierten den verabredeten Möwenschrei – nichts geschah.
Überrascht und enttäuscht, jedoch nicht entmutigt, innerhalb von einigen Stunden nun auf 2 Kanus reduziert, paddelten wir weiter. Unsere Befehle waren in diesem Punkt ganz klar. Selbst wenn auch nur ein einziges Boot übrigbliebe, so war es gehalten, allein weiterzumachen.
Wir hatten keine Zeit zu verlieren und mußten nach einem ersten Versteck Ausschau halten. Um 6.30 Uhr morgens machten wir den ersten Landeversuch. Wir krochen gut eine Stunde lang am Strand entlang, ohne ein brauchbares Versteck für den Tag zu finden. Erst bei Tagesanbruch hatten wir Glück. Wir fanden einen kleinen sandigen Platz, der den Namen Point aux Oiseaux trägt. Mit steifen, verkrampften Gliedern zogen wir die Boote auf den Strand – wir waren in den letzten 11 Stunden etwa 26 Meilen weit gekommen. Unser Versteck befand sich in der Nähe einer kleinen Schlucht, etwas abseits des Dorfes St.-Vivien. Nach einer kleinen Mahlzeit übernahm ich die erste Wache, und Sparks und die andere Besatzung hockten sich in den Booten zum Schlafen nieder.«

Zu dieser Zeit ist den Deutschen der Küstenwache bereits klar, daß etwas im Gange ist. Nachdem die Radarstation festgestellt hat, daß das U-Boot wieder abtauchte, sind ein paar Stunden später zwei Engländer festgenommen worden, die ganz offensichtlich aus dem Wasser kamen. Die Reste ihres Kanus, das bei der zweiten Brandung zersplittert ist, werden im Laufe des folgenden Tages gefunden. Doch die Deutschen bekommen kein Wort über die Kameraden aus diesen zwei Männern heraus.

Nacht vom 6. zum 7. Dezember 1942: Am Leuchtturm von Pointe de Grave

Das letzte Versteck vor dem Angriff: den 12. Dezember 1942 verbringen die zwei Kanu-Besatzungen im hohen Schilf des Ufers der Garonne im Bereich des Hafens von Bordeaux

Als Major Hasler die erste Tagespause einlegt, haben die Deutschen für die Küstenwachen bereits Alarmbereitschaft und Patrouillen von Aufklärungsflugzeugen befohlen und geben bekannt, daß am 8. Dezember eine kleine britische Sabotagegruppe in der Gironde-Mündung zerschlagen worden ist.
Die nächste Nachtfahrt startet Hasler gegen Mitternacht; er muß warten, bis der Strom mit der Flut in Richtung Bordeaux zu laufen beginnt. Dieses Mal ist die Navigation einfach dank der Hafenbojen in der Fahrrinne des Flusses. Alles, was sie zu tun haben, ist, sich parallel zu diesen Bojen zu halten. Nach 6 Stunden nehmen sie das östliche Ufer hinter der kleinen Porte de Calonge und folgen ihm, bis der Tagesanbruch die Suche nach einem neuen Versteck notwendig macht.

H. G. Hasler:
»Unser zweites Versteck befand sich hier. Wir brauten uns etwas Tee und schliefen dann wieder abwechselnd. Doch schon nach kurzer Zeit wurden wir aufgeschreckt durch ein deutsches Patrouillenflugzeug. Es flog so niedrig, daß wir den Piloten in der Kanzel sehen konnten.
Bei der Planung der dritten Nachtfahrt stellte ich fest, daß wir, wenn wir auf völlige Dunkelheit warten würden, nur 3 Stunden guter Ebbe zum Paddeln haben würden. Deshalb entschlossen wir uns, früh zu starten. Es war noch ziemlich früh am Abend, und am Strand waren noch viele Leute unterwegs. Wir erreichten die Ile de Cazeau trotzdem in der vorgesehenen Zeit.

Die Ufer der Insel waren bewachsen mit dem undurchdringlichen Dickicht riesiger Schilfrohre; und nach vielen vergeblichen Landeversuchen fanden wir endlich eine kleine Schneise, trugen die Boote in die Mitte eines Feldes von langem, matschigem Gras, nahmen die Tarnnetze und verkrochen uns in die Kanus.
Dies wurde der unbequemste und spannendste Tag – wir konnten nicht kochen und nicht rauchen, und ein dünner kalter Regen nieselte den ganzen Tag herunter. Nur eine kleine Baumgruppe trennte uns von einer deutschen Flak-Stellung.«

Alle fühlen nun die physische und nervliche Anstrengung – in drei Nächten sind sie 80 km weit gepaddelt.
Erst nach dem Krieg wird bekannt, daß die Besatzung des dritten, bei den Zerstörern verschwundenen Kanus noch nicht verloren ist. Die zwei Männer haben, als sie die anderen nicht finden, sich allein auf den Weg gemacht, und verbringen diesen Tag auf derselben Insel, einige hundert Meter von den übrigen entfernt.
Sie haben die Gironde hinter sich gelassen und befinden sich jetzt in den Gewässern der Garonne, an der Bordeaux selbst liegt. Bordeaux ist nur noch 15 km entfernt.
Ursprünglich hatte Hasler beabsichtigt, den Angriff in der Nacht vom 10. zum 11. Dezember durchzuführen – sie sind aber noch nicht weit genug vorwärtsgekommen.

H. G. Hasler:
»In der letzten Nacht, der Nacht vom 10. auf den 11. Dezember, war das Wetter zum erstenmal ideal – eine mäßige Brise und ein wolkiger Himmel mit Regen. Während der ersten zwei Meilen hielten wir uns mitten auf dem Fluß, dann folgten wir dem vom Schilfrohr begrenzten westlichen Ufer. Etwa um 22 Uhr bogen wir in eine Kurve der Garonne ein und sahen das, weshalb wir so weit hergekommen waren. Mehrere schwere Schiffe lagen am östlichen Kai im Bassin Sud, einem unserer Zielgebiete. Wir konnten die Stimmen ihrer Besatzungen hören.
Um 23 Uhr landeten wir und blieben in den Kanus. Die Flut ebbte ab, und die Kanus setzten im Schlamm auf. Wir blieben hier für den Rest der Nacht und den ganzen nächsten Tag über – es war ein ideales Versteck. Das Schilf über unseren Köpfen war etwa 1 m hoch, und wir konnten ab und zu in den Kanus aufstehen und Ausschau halten. Der Schilfrohrstreifen war etwa 10 m breit, doch wußten wir durch die Luftaufnahmen, daß das Gebiet ringsum ziemlich dicht besiedelt war.«

Major Hasler entschließt sich, mit Sparks zum westlichen Ufer des Hafens zu paddeln. Dem anderen Kanu erteilt er den Befehl, die zwei Schiffe, die sie den ganzen Tag über beobachtet hatten, anzugreifen.

H. G. Hasler:
»Während des Tages hatten wir die gesamte Fluchtausrüstung in zwei Säcken verpackt, und am frühen Abend gab ich Befehl, die Limpets herauszunehmen und ihre Sicherungen zu entfernen. Wir brauchten mehr als eine Stunde, um alle 16 Limpets zu entsichern. Zuletzt schwärzten wir unsere Gesichter noch einmal, wir schüttelten uns die Hände und wünschten einander viel Glück. Um 21.15 Uhr schlüpften wir mit den Kanus durch das Schilfrohr, und es konnte losgehen. Auf dem Wasser der Garonne lag tiefe Ruhe. Die Gezeiten hatten den Hochwasserpunkt erreicht und begannen, sich nun bald in entgegengesetzter Richtung zu wenden. Dann sahen wir schließlich eine lange Reihe von Schiffen. Wir brachten unsere Kanus parallel zum Kai und zogen die Tarnkapuzen hoch. Von nun an mußten wir uns entweder im Schatten eines Schiffes oder der Kaimauer halten. Nachdem wir die Reihe der Schiffe passiert hatten – wir befanden uns in Höhe des Stadtzentrums von Bordeaux – wendeten wir die Boote und ließen uns von der Ebbe zurück in Richtung der ersten vor uns aufragenden Schiffswand treiben.
Als erstes kam ein großes Handelsschiff. Gleich hinter seinem Bug verstaute ich die Paddel. Sparks hielt sich mit dem Magnet

Hafen von Bordeaux, 13. Dezember 1942

an der Schiffswand fest, während ich das erste Limpet an der Seite des Schiffes anbrachte. Durch das Brummen der Hilfsmotoren konnten wir bei den Schiffen den Maschinenraum ausmachen; die Stimmen von Männern und herüberklingende Musikfetzen zeigten uns an, wo sich die Mannschaftsquartiere befanden.
Dann lag ein dicker Blockadebrecher vor uns. Ich beschloß, daß er zwei Limpets haben sollte. Mit einigen Paddelschlägen waren wir unter seinem Bug. Ich stoppte in der Nähe des Maschinenraumes, und Sparks befestigte dort die zwei Limpets.
Plötzlich hörten wir Geräusche auf dem Deck des Schiffes. Eine Taschenlampe leuchtete auf uns herab. Der Wachtposten hatte uns gesehen. Sein Schatten stand ganz klar gegen den Himmel. Mit einem vorsichtigen Treiben der Paddel schlüpften wir bis an die Wand des Schiffes. Die Wache, mit der Taschenlampe in der Hand, folgte uns, und wir konnten die eisenbeschlagenen Stiefel auf dem Eisendeck auftreten hören. Ein Jahrhundert verging. Wir konnten nicht ewig warten — ohne zu paddeln, ließen wir uns einfach unter dem Bug wegtreiben.
Ich führte das Kanu mitten in den Strom, wo die Ebbe am stärksten war, und wir schossen stromabwärts an den schlafenden Dörfern vorbei.
Erst nach dem Kriege sollten wir erfahren, daß, während wir die Limpets an den Schiffswänden angebracht hatten, zwei unserer Kameraden von den Deutschen erschossen wurden.
Von diesem Ereignis nichts ahnend, blieben wir an der Ile de Cazeau mitten im Strom liegen, um uns ein wenig auszuruhen. Wir hörten Geräusche hinter uns und sahen das zweite Kanu aus der Dunkelheit auftauchen. Seine Besatzung — *Laver* und *Mills* — hatte die zwei Schiffe im Bassin Sud angegriffen.«

Wieder zusammen, machen die zwei Kanus ihre letzte Fahrt gemeinsam durch die engen Gewässer zwischen der Ile de Cazeau und dem Festland. Ein wenig nördlich von Blaye hält die Gruppe an. Hasler erteilt seinen letzten Befehl an die zweite Kanu-Besatzung: »Gehen Sie hier an Land und verhalten Sie sich im Sinne unserer Fluchtinstruktionen.« Dann führen sie ihre Kanus auseinander und trennen sich. Hasler schaut noch einmal hinüber auf das andere Kanu — es wirkt plötzlich so klein und hilflos.
Die Deutschen sind völlig überrascht, als am Morgen des 12. Dezember 1942 im Hafen von Bordeaux ein Schiff nach dem anderen hochgeht. Vier Schiffe, von mehreren Limpets durchlöchert, sinken bis auf den Boden des Hafens. Ein Blockadebrecher und ein Tanker werden schwer beschädigt.
Nachdem Laver und Mills in den frühen Morgenstunden des 12. Dezember nördlich von Blaye gelandet sind, kommen sie

zwei Tage lang gut vorwärts. Sie haben aber nicht das Glück, sich Zivilkleider besorgen zu können. Sie sind mehr als 30 km durch das schwierige Land gelaufen, als sie, noch immer in Uniform, festgenommen werden. Am zweiten Tag nach dem Angriff ist außer der Besatzung des Haslerschen Kanus nur noch eine Kanumannschaft in Freiheit. Es ist die Besatzung, die schon in der ersten Nacht bei den Zerstörern von Le Verdon vermißt wurde. Nachdem sie die anderen aus den Augen verloren haben, machen sich die zwei Männer, *Mackinnon* und *Conway*, mit ihrem Kanu allein auf. Eine Tagespause verbringen sie, ohne es zu wissen, ganz in der Nähe der übrigen zwei Kanus. Doch während der letzten Nachtfahrt zum Ziel streift ihr Kanu ein Unterwasserhindernis und wird vollständig zerstört. Sie retten nur das nackte Leben und müssen sich nun, ohne Fluchtausrüstung und Rationen, dazu ohne sonderliche Sprachkenntnisse, auf den Weg nach Gibraltar machen.
In einem kleinen Dorf, etwa 30 km südöstlich von Bordeaux, fanden wir Mme. *Jaubert*, die sich an die beiden erinnert:

»Zwei Tage vor Weihnachten 1942 sahen wir aus dem Fenster unseres kleinen Hauses unseren Nachbarn, Monsieur *Cheyreau*, die Schienen entlangkommen. Hinter ihm zwei Fremde. Monsieur Cheyreau sagte uns, daß die zwei Engländer seien, die aus Bordeaux kämen. Ich fühlte mich den jungen Männern sehr zugetan. Wir vergewisserten uns aber, ob sie auch keine deutschen Polizeispitzel waren. Während der Nacht wusch ich die Anzüge der beiden. Mackinnon hatte einen blauen Futterstoffanzug, und beim Waschen der Unterwäsche sah ich zu meiner Beruhigung, daß sie englische Handelsmarken trug. Trotz seines verletzten Knies war Mackinnon bemüht, wegzukommen — vor allen Dingen wohl, weil die zwei wußten, in welch schreckliche Gefahr sie uns durch ihre Anwesenheit brachten. Mackinnon erzählte mir, daß sie in Richtung Bilbao in Nordspanien weiterfliehen wollten. Am dritten Tag ihres Aufenthaltes bei uns fanden wir dann einen Franzosen, der sie bei Nacht über die Demarkationslinie nach Südfrankreich bringen wollte. Alles wurde verabredet, und wir trennten uns von ihnen mit Tränen in den Augen. Wir umarmten sie, wie unsere Kinder — sie waren solch nette Jungen.
Einige Zeit später hörten wir dann zu unserem Entsetzen, daß die zwei doch noch in die Hände der Deutschen gefallen sind.«

Nur Major Hasler und Bill Sparks, der uns die Erlebnisse der Flucht schildert, haben das gewagte Unternehmen überlebt.

Bill Sparks:
»Nach dem Angriff verließen wir den Hafen Bordeaux; es war

6 Uhr morgens, und wir mußten nun überlegen, wieder nach England zurückzukommen. Es wurde eine Reise von fast 6 Monaten.
Hasler und ich gingen an Land, wir versenkten unser Boot und machten uns auf den Weg quer durch das Land. Während der ersten Zeit marschierten wir zu Fuß und nur nachts. Tagsüber hielten wir uns versteckt. Am zweiten Abend des Marsches versuchten wir, Zivilkleider zu bekommen. Wir klopften wie Bettler an die Türen einsamer Bauernhäuser, und erst nach vielen vergeblichen Versuchen bekamen wir etwas. Die Sachen waren alt, und obwohl wir wie Strolche darin aussahen, waren wir sehr dankbar. Von jetzt an konnten wir endlich tagsüber weiterlaufen, so, als seien wir Bauern auf dem Weg zum Feld. Sehr oft klopften wir um ein Stück Brot an mehreren Türen vergeblich – die Leute hatten einfach Angst, wir könnten deutsche Spitzel sein.«

Die Umgebung von Bordeaux wird bis hin zum Golf von Biskaya inzwischen von deutschen Suchtrupps durchkämmt. Alle gefangengenommenen Männer des Kommandos werden – einige nach kurzem Verhör, andere nach ein paar Tagen Gefangenschaft – erschossen. Die Deutschen berufen sich dabei auf den neuen Geheimbefehl Hitlers, der bestimmt, daß Angehörige feindlicher Kommandostoßtrupps zu erschießen sind.
Erst am sechsten Tag ihrer Flucht stoßen Major Hasler und Bill Sparks in einer verschmutzten Kneipe auf Mitglieder einer französischen Fluchtorganisation. Sie werden über die auch zu dieser Zeit noch scharf bewachte Demarkationslinie und von dort nach Lyon geschmuggelt.
Im alten Arbeiterviertel von Lyon werden sie in einer Wohnung untergebracht, die ein Sammelquartier für Flüchtlinge nach Spanien ist. Die zwei müssen hier warten, bis sich die Gelegenheit ergibt, sie nach Marseille und von dort zu den Pyrenäen zu bringen.
Erst Anfang März 1943 ist es soweit. Sie erfahren, daß zwei bisherige Fluchtrouten über die Pyrenäen verraten worden sind und man während ihrer Wartezeit in Lyon eine neue Route ausfindig gemacht hat. Hasler und Sparks, geschwächt und ohne geeignete Kleidung und Ausrüstung, riskieren ihr letztes großes Abenteuer: den in dieser Jahreszeit besonders gefährlichen Pyrenäen-Übergang.
Erst im April 1943 werden Hasler und Sparks von Gibraltar aus nach England zurückgebracht, wo sie die traurige Pflicht haben, den Angehörigen ihrer Kameraden über deren Schicksal zu berichten.
Nach dem Kriege ist bekanntgeworden, daß eine der SOE unterstellte Gruppe der Résistance vom November 1942 an

eine ganze Serie von Limpet-Anschlägen gegen die im Hafen von Bordeaux liegenden Frachtschiffe vorbereitet hatte, deren Beginn auf die Nacht vom 12. auf den 13. Dezember 1942 festgelegt worden war.
Die in den Plan eingeweihten Dockarbeiter von Bordeaux waren nicht wenig erstaunt, als am Morgen des 12. Dezember mehrere mysteriöse Explosionen den Hafen erschütterten und die Schiffe bereits 24 Stunden vor dem von ihnen geplanten Anschlag eines nach dem anderen im Hafenbecken versanken.

Nach uns die Sintflut

Guy Gibson, Kommandeur des 617. Bombengeschwaders der Royal Air Force, hat königliche Visite.
Am 27. Mai 1943 besuchen König Georg VI. und Königin Elisabeth von England das 617. Bombengeschwader, das fortan den Beinamen »Dambusters-Squadron« – Dammbrecher-Geschwader – tragen wird.
Die Vernichtung der Staudämme des Ruhrgebietes ist einer der am besten vorbereiteten Luftangriffe gewesen und hat Gibson und sein Geschwader über Nacht zur populärsten Einheit der Royal Air Force werden lassen.
Der verheerende Angriff auf die deutschen Talsperren an Möhne, Eder und Sorpe liegt gerade 10 Tage zurück, und man ist in England der Hoffnung, die entscheidende Wende des Krieges herbeigeführt zu haben, da durch diesen Angriff die Kriegsindustrie des Ruhrgebietes ausgeschaltet sein würde.
Das 617. Bombengeschwader erhält nach diesem Angriff ein Wappen, das als seinen Wahlspruch die Worte der Mme. Pompadour führt:
»Après moi le déluge« – Nach mir die Sintflut.

27. Mai 1943. König Georg VI. (Mitte) und Guy Gibson, Kommandeur des 617. Bombengeschwaders (2. von links) am Modell der Möhnetalsperre

Die Mauer der Möhnetalsperre mit dem Kraftwerk (Foto 1930)

Juli 1913. Der größte Staudamm Europas, die Möhnetalsperre, wird eingeweiht. Der Bau des gigantischen Dammes (Höhe der Mauer 40 m, größte Sohlenbreite 34 m, Länge 640 m) und der dazugehörigen Pump- und Kraftwerke hat 5 Jahre in Anspruch genommen. Aus einem Quelleneinzugsgebiet von 416 qkm wird hier Wasser bis zu einer Menge von 130 Millionen cbm gesammelt, das bei Bedarf abgelassen wird, um die Energieversorgung des Industriegebietes sicherzustellen und den Wasserstand der Ruhr für den Schiffsverkehr konstant zu halten.

Die 2 Jahre später fertiggestellte Edertalsperre, die in ähnlicher Weise für den Mittellandkanal genutzt wird und die das Industriegebiet um Kassel mit Energie versorgt, übertrifft in ihren Ausmaßen die Möhnetalsperre noch um etwa ein Drittel.

Der Erbauer der Möhnetalsperre, *Dr.-Ing. Link*, bringt im Juli 1932 einen Artikel heraus, in dem er Einzelheiten über die Konstruktion der Talsperren und deren Bedeutsamkeit herausstellt.

Im Oktober 1939, einen Monat nach Ausbruch des II. Weltkrieges, zieht ein englischer Wissenschaftler gerade diesen Artikel zu Rate: *Prof. Dr. Barnes Wallis*, der sich seit langem mit dem Problem der Zerstörung der deutschen Dämme beschäftigt. Prof. Dr. Wallis hat schon während des I. Weltkrieges Luftschiffe gebaut, und der Standard-Bomber Englands während des II. Weltkrieges, der Wellington-Bomber, ist von ihm konstruiert worden.

Aufgrund des deutschen Artikels verfaßt Wallis eine Studie, in der er die außerordentliche Wichtigkeit der Talsperrenzerstö-

Prof. Dr. Barnes Wallis

rung bekräftigt und die dem Kriegsministerium wichtig genug erscheint, ihm ein Komitee zur Vorbereitung eines Luftangriffes auf die Dämme zur Seite zu stellen.

Dieses Komitee, dem neben Militärs auch namhafte Wissenschaftler angehören, ermöglicht Wallis den Bau eines Modelldammes, an dem er schon bald die ersten Versuche unternimmt.

In langwierigen Proben am Modell des Möhnedammes stellt er zu seiner Enttäuschung fest, daß zu seiner Zerstörung eine Bombe von 40 Tonnen erforderlich ist. Der größte britische Bomber, der zu dieser Zeit noch auf dem Papier existiert, wird ganze 10 Tonnen tragen können!

Doch Prof. Wallis gibt nicht auf. Nach zahlreichen Versuchen mit Unterwasserexplosionen kommt er schließlich zu dem Ergebnis, daß er sich die Wirkung der Schockwellen zunutze machen muß, die bei einer Explosion im Wasser viel größer ist, als wenn eine Bombe auf dem Grund des Sees explodiert. Andererseits ist ihm bewußt, daß es unnütz ist, einen Torpedo gegen die Talsperrendämme abzuschießen, da Torpedonetze die Mauern schützen. Und dann kommt ihm die Idee. Wenn man einen Kieselstein im richtigen Winkel aufs Wasser wirft, hüpft er eine Weile über die Oberfläche hinweg, bevor er versinkt. In einem Riesentank der Marineversuchsanstalt Teddington beginnen nun die mühseligen Versuche, die das Verhalten einer kugelförmigen Bombe untersuchen sollen.

Prof. Dr. Wallis stellt fest, daß eine kugelförmige Bombe, wenn sie mit entsprechender Geschwindigkeit abgeworfen wird und sich entgegen ihrer Flugrichtung dreht, imstande ist, die auf dem Wasser befindlichen Hindernisse zu überspringen und, nachdem sie gegen die steile Mauer trifft, sich durch die Zentrifugalkraft daranschmiegend, langsam versinken wird. Stellt man den Zünder der Bombe so, daß er erst auf dem Dammsockel anspricht, kann sie bei entsprechender Größe unter Ausnutzung der hervorgerufenen Schockwellen in die breiteste Dammwand eine Bresche schlagen. Doch sind diese Erkenntnisse so neu, daß man Wallis, selbst nachdem er seine Theorie der Unterstützung einer Detonation durch Schockwellen an

einem nicht mehr benutzten Staudamm bewiesen hat, nicht so recht Glauben schenkt.
Auf ähnliches Unverständnis für diese neue Theorie trifft zu dieser Zeit ein Mann in Deutschland: *Justus Dillgardt*, der Oberbürgermeister von Essen. Seit 1939 kämpft Dillgardt gegen die Sturheit der Wehrmachtsbehörden in Münster an, die auf seine Warnungen lediglich reagieren, um ihn zu beruhigen.
Zwar werden im Frühjahr 1940 schwere Flak und Scheinwerfer an der Möhne- und Edertalsperre postiert und Torpedonetze um die Staudämme ausgelegt, doch schon nach wenigen Monaten wieder abgezogen. Es bleiben lediglich leichte Flak und die Torpedonetze da. Dillgardt ist der Meinung, daß mit einem Angriff im Mai gerechnet werden müsse, wenn die Stauseen bis an den Rand gefüllt sind, und nach seinen Überlegungen kann eine Bombe, die im Wasser explodiert, allein durch die Schockwellen eine Staumauer zum Einsturz bringen.
Am Nachmittag des 4. Dezember 1942 startet eine umgebaute Wellington mit der ersten Bombe an Bord und mit Prof. Wallis auf dem Sitz des Bombenschützen. Nach einem Jahr von Experimenten, Proben und Kampf mit den mißtrauischen Behörden hat Wallis die Erlaubnis erhalten, sechs seiner Kugelbomben im Maßstab 1:2 bauen zu lassen. Die Bombenschotten der Maschine mußten entfernt werden, um die seltsame Bombe anzubringen.
Unterwegs können selbst die Flakkanoniere der englischen Küstenwache die Wellington nicht wiedererkennen, und um Haaresbreite entgeht Wallis dem Abschuß. Über der See drückt Wallis auf den Knopf und beobachtet dann, wie seine Bombe auf das Wasser hinabfällt. Doch ist ihr Stahlmantel zu schwach, und sie zerplatzt nach einigen Aufschlägen.
Am 12. Dezember startet er wiederum, diesmal mit einer stabileren Bombe, und er macht einen großen Bogen um die Flakposten. Die Bombe hüpft in weitem, elegantem Schwung über die See, bis sie versinkt. Mit den Filmaufnahmen als klarem Beweis für die Tauglichkeit seiner Bombe überzeugt er mehrere mißtrauische Herren des Scientific Tribunal des Ministry of Supply, die ihm nun so weit Glauben schenken, daß sie sich bereit finden, einem Probeabwurf beizuwohnen, von dem es abhängen wird, ob ihm die Erlaubnis erteilt wird, mit der Konstruktion einer Bombe im richtigen Maßstab zu beginnen und ob der Auftrag für den Umbau von Lancaster-Bombern für weitere Proben erteilt werden kann.
Die am Strand versammelte Kommission, von der auf den Wellen dahinhüpfenden Bombe sichtlich beeindruckt, entscheidet positiv. Selbst eine außer Kontrolle geratene Bombe, die in wenigen Metern Entfernung an den Herren vorbeidonnert, beeinträchtigt deren Urteil nicht.

Erste Proben: Abwurf von einem Wellington-Bomber aus

Berichte über die Versuche mit der Wallis-Bombe dringen bis zu Churchill, der dem Projekt enthusiastisch zustimmt.

Prof. Dr. Wallis:
»Wir wußten, daß zur Herstellung von einer Tonne Stahl ungefähr 150 t Wasser nötig sind. Wir wußten auch, daß während des Krieges das Wasser im Ruhrgebiet sehr knapp war.
Es wurde in mehreren Talsperren, von denen die Möhne- und die Sorpetalsperre die größten waren, gesammelt. So beschlossen wir, die Dämme zu sprengen. Uns war gesagt worden, daß es unmöglich sei, die Dämme mit gewöhnlichen Bomben zu zerstören. Sie wurden durch Sperren aus Stahltonnen geschützt, an denen dicke Stahldrahtnetze hingen, so daß sie durch keinen Torpedo, wie groß er auch gewesen sei, zu erreichen waren. Zahlreiche Experimente mit kleinen Dämmen, die nur 1 m hoch waren, hatten gezeigt, daß der Möhnedamm nur mit einer Sprengladung zerstört werden konnte, die dicht vor der Mauer und auf der Oberfläche des Sockels explodierte. Folglich mußten wir eine Bombe konstruieren, die die Stahlabsperrungen, die den Damm an der Oberfläche schützten, unterqueren und die über die Netze, die als Schutz unter der Oberfläche angebracht waren, springen mußte. Dann sollte sie auf das, was wir den freien Rand des Dammes nennen, nämlich die über der Wasseroberfläche liegende Mauerkrone, treffen.
Experimente zeigten, daß eine hochexplosive Ladung von etwa 3500 kg bei einer Tiefe von 30 Fuß unter der Oberfläche das

Mauerwerk zerstören konnte. Am Anfang führten wir, wie gesagt, eine große Anzahl von Experimenten an 1 m hohen Dämmen durch. Dann entdeckten wir in den Bergen von Wales einen Damm, der ein Fünftel von der Größe des Möhnedammes hatte. Dieser Damm war außer Funktion. Wir erhielten daher von der Wasserverwaltung die Erlaubnis, den Damm für unsere Versuchsreihe zu sprengen. Der Versuch wurde erfolgreich durchgeführt, und nach vielen Diskussionen wurde beschlossen, daß wir das Unternehmen fortführen und einen Angriff großen Stils gegen die Dämme an der Möhne und Sorpe unternehmen würden; und um das Kanalsystem des großen Mittellandkanals zu unterbrechen, beschlossen wir, auch den Ederdamm zu sprengen, der den Kanal über ein Pumpwerk an der Weser mit Wasser versorgt.

Wieder wurden zahlreiche Experimente mit der Bombe durchgeführt, und wir stellten fest, daß die Bombe über die Wasseroberfläche sprang, wenn wir sie mit einer Rückwärtsdrehung versahen.

Beim Auftreffen auf die Mauerkrone über dem Wasser sank die Bombe, drehte sich bis dahin jedoch immer. Bei einer Tiefe von 30 Fuß (10 m) wurde die Bombe durch eine hydraulische Pistole zur Explosion gebracht, die durch einen bestimmten Wasserdruck exakt ausgelöst wird.

Das Resultat kennen Sie nur zu gut. Wir waren der Meinung, daß dies der schnellste und wirksamste Weg war, den Krieg zu beenden. Wir hatten keine Ahnung davon, daß jemand in Bunkern im Tal ertrinken könne; wir glaubten natürlich, daß die Luftschutzbunker außerhalb des Wasserstromes gebaut waren, der bei der Zerstörung des Dammes das Tal überfluten würde.

Die Konstruktion der Bombe brachte viele Schwierigkeiten mit sich. Wir in England besaßen auch sehr wenig Stahl, und man

Ein 2-cm-Flakgeschütz auf der Staumauer

sagte mir, daß es zwei Jahre dauern würde, bis ich den notwendigen Stahl geliefert bekommen könne, um die Bomben herzustellen. Wir hatten eine große Anzahl von Experimenten in der William-Flowd-Schiffstestanlage im Nationalen Physikalischen Labor in England durchgeführt, durch die bewiesen wurde, daß kugelförmige Bomben viel schneller und viel weiter flogen als jede andere Bombenform. Da ich jedoch keinen Stahl zur Herstellung von runden Bomben bekommen konnte, war ich gezwungen, aus verfügbaren Teilen zylinderförmige Bomben herzustellen, die nicht so weit fliegen und die, wenn das Flugzeug etwas schwankt, im Zickzack schwirren.
Als wir die endgültige Größe der Bombe festgelegt hatten, stellte sich heraus, daß es in England nur ein einziges Flugzeug gab, das groß genug war, die Bombe bis zur Möhne- und Edertalsperre zu transportieren. Dies war die Lancaster, der große viermotorige Bomber, der eben erst in Betrieb genommen worden war. Unglücklicherweise war jedoch die Bombenöffnung der Lancaster nicht groß genug, um die Bombe aufzunehmen. Wir mußten also die Bombentore vollständig entfernen und ersetzten sie durch zwei Greifer, zwischen denen die Bombe aufgehängt wurde.
Die Bombe selbst hatte einen Durchmesser von 1,5 m und war etwa 2,5 m lang. Die Greifer waren mit Rollenlagern versehen, so daß die Bombe durch einen Treibriemen angetrieben werden konnte, der die Rückwärtsdrehung der Bombe bewirkte, durch die sie auf der Wasseroberfläche vorwärtsflog. Der Treibriemen wurde durch einen hydraulischen Motor angetrieben, den wir von der Steuerung eines britischen U-Bootes nahmen. Dies war einer der wenigen Apparate, die wir nicht neu herstellen mußten.
Andererseits mußten wir alle Arbeiten innerhalb von 6 Wochen fertigstellen, und dies konnte nur geschehen, indem wir Tag und Nacht arbeiteten, während Wing Commander *Guy Gibson* sein Geschwader, dem die Nr. 617 gegeben wurde, formierte, um den Angriff durchzuführen.«

Wing Commander Guy Gibson ist zu dieser Zeit einer der erfolgreichsten jungen Bomberpiloten der Royal Air Force. Anfang März 1943 wird Gibson mit der Aufgabe betraut, für ein Spezialunternehmen ein neues Bombengeschwader zusammenzustellen.
Innerhalb von 2 Tagen hat er das Geschwader beisammen: die Elite des Bomberkommandos — 21 Mannschaften insgesamt. Keiner der Piloten ist älter als 23 Jahre. Es dauert einige Tage, bis sich die neue Einheit mit Flugzeugen, Bodenmannschaften und Werkstätten auf dem Flugplatz Scampton in Lincolnshire etabliert hat und ihr die Geschwadernummer 617 erteilt wird.

In einer ersten Ansprache erklärt Gibson den Piloten, daß die Operation, die sie durchführen sollen, vielleicht sogar den Krieg beenden werde. Er kenne zwar das Angriffsziel nicht, wisse nur, daß es in Deutschland liege und daß ganze 2 Monate zum Training zur Verfügung stünden. Er verlangt absolutes Stillschweigen gegenüber jedermann.

Während die Mannschaften mit dem Training des Tieffluges über Land beginnen, trifft Gibson mit Prof. Wallis zusammen. Wallis zeigt ihm seine Filme von den Versuchen und klärt ihn auf, daß der Angriff im Tiefflug über Wasser geflogen und daß die Bombe aus genau 18 m Höhe abgeworfen werden müsse.

Für Gibson liegt das Problem jetzt klar auf der Hand. Man wird eine Bombe, von der noch nicht einmal ein Prototyp existiert und von der man noch nicht weiß, wie sie sich beim Aufprall auf das Wasser verhalten wird, bei einer Geschwindigkeit von 355 km aus 18 m Höhe, und das bei Nacht an einer ganz bestimmten Stelle, abwerfen müssen.

Die Kanzelverglasung der Bomber wird blau bestrichen, und so kann man auch die Tage für das Nachttraining nutzen, da der Angriff in einer mondhellen Nacht geflogen werden soll. Es würden nur ganz wenige Trainingsstunden bleiben, wollte man schließlich während der in England seltenen mondhellen Nächte trainieren. Die Schwierigkeiten beim Anvisieren des Zieles und des Abwurfs in der richtigen Entfernung werden behoben durch ein einfaches Holzvisier; ein kleines Sperrholz-Dreieck mit einem Loch an einem der Winkel und je einem Nagel an den zwei übrigen Ecken.

Sieht man durch das Loch die zwei Türme der Talsperre in einer Linie mit den Nägeln, so ist die richtige Entfernung für den Abwurf erreicht.

Für das weitere Training werden auf der Mauer eines schottischen Stausees zwei Türme aufgebaut, und jeder Bombenschütze erhält eines der Holzvisiere.

Schon nach wenigen Tagen sind die Bombenschützen in der Lage, die Exerzierbomben im richtigen Moment auszulösen.

Tag für Tag, Nacht für Nacht, 6 Wochen lang, donnern nun die schweren Bomber des 617. Geschwaders über die stillen Täler und Seen Schottlands.

Doch haben die Männer des 617. Geschwaders ein Problem zunächst noch immer nicht gelöst: die exakte Flughöhe abzumessen, die ja während des Angriffs eine ganze Weile konstant bleiben muß. Die üblichen Höhenmesser zeigen 50 m nicht mehr an, und die neuen elektrischen Höhenmesser arbeiten zwar auf offener See, nicht jedoch in einem von Bergen umschlossenen Tal.

Nicht wenige der Bomber kommen mit dem Wasser in Berührung. Dann aber ist eines Tages auch dieses Problem gelöst.

Start zum letzten Probeabwurf

Zwei Punktscheinwerfer werden an Bug und Heck unter der Maschine angebracht, und zwar so, daß, wenn sie auf dem Wasser zu einer 8 zusammenlaufen, die Höhe von 18 m erreicht ist.
Die AVRO-Werke haben die ersten Lancaster-Bomber umgebaut, und inzwischen sind auch die ersten zwei Prototypen der Bombe fertiggestellt.
Wallis bittet Gibson, den Abwürfen, die bei Flut am Strand von Reculver stattfinden sollen, zuzusehen. Am Vormittag des 15. April 1943 wird die erste der Bomben aus der umgebauten Lancaster abgeworfen; doch ist die Höhe nicht ganz richtig, und der Stahlmantel platzt weg, während das Innere vorschriftsmäßig weiterhüpft.
Bis zum Angriff bleiben noch 3 Wochen, und wenn die nächste Bombe, die erst 6 Tage später fertig sein kann, nicht arbeitet, wird man die Operation für 1 Jahr verschieben, wenn nicht gar aufgeben müssen. Am 29. April ist nun die Bombe fertig: 4,2 Tonnen Gewicht, Länge 2,5 m. Der letzte Probeabwurf vom 29. April, der mit einer scharfen Bombe, der gleichen, wie sie für den Angriff bestimmt ist, durchgeführt wird, zeigt deutlich ihre ungeheure Kraft.
Seit Wochen fliegen fast täglich die Aufklärungsflugzeuge aus, um die Talsperren zu fotografieren. Es hat den Anschein, als ob zur Verteidigung der Dämme nicht viel getan ist — auch jetzt nicht, wo der Wasserspiegel stetig ansteigt. Aufgrund der

Fotos hat man errechnet, daß die Stauseen zwischen dem 13. und 19. Mai die größtmögliche Staumenge erreichen werden. In dieser Woche wird Vollmond herrschen, und sie wird die Woche des Angriffs sein.
Die ersten umgebauten Lancasters treffen beim Geschwader ein, doch fehlen noch immer die Bomben. Es ist Anfang Mai, der Wasserspiegel ist auf 3 m vom oberen Rand gestiegen, bei 1 m muß der Angriff unternommen werden.
Am 13. Mai 1943 ist es soweit. Ein Konvoi von Lastwagen fährt mit den nagelneuen Bomben nach Scampton. Wing Commander Gibson hat mit seinen Navigatoren bereits die Flugrouten zum Ziel ausgearbeitet.
Das Geschwader wird im Tiefflug nach Deutschland fliegen, um dem Radar und den Nachtjägern zu entgehen.
Aufgrund der Luftaufnahmen hat die Modellbau-Abteilung die Talsperren an Eder, Sorpe und Möhne maßstabgerecht nachgebaut. Das Modell der Möhnetalsperre, anhand dessen die Mannschaften wenige Stunden vor dem Start mit ihrem Ziel vertraut gemacht werden, gibt noch einmal Gelegenheit, sich alle besonderen Merkmale einzuprägen.
Der Verlauf des Angriffs wird am Modell gezeigt: die Maschinen werden, von Nordosten kommend, zur Orientierung einmal um den See kreisen, Wing Commander Gibson wird danach die Landzunge ansteuern, über dem Wasser auf 18 m her-

... und dieses deutsche Foto wurde am frühen Morgen des 17. Mai 1943 von der Möhnetalsperre gemacht

untergehen und als erster den Angriff ausführen. Die übrigen Maschinen sollen währenddessen um den See kreisen und sich für den Anflug bereithalten.

Früh am Morgen des 16. Mai wird mit dem Beladen der Maschinen begonnen. Das Geschwader von 19 Flugzeugen wird in 3 Formationen aufgeteilt, von denen eine, in der mit Wing Commander Gibson an der Spitze die besten Piloten vereinigt sind, mit 9 Maschinen den Möhnedamm und danach den Ederdamm zerstören soll, während die nächste Gruppe von 5 Maschinen die Sorpetalsperre angreifen wird. Die dritte Formation schließlich, mit 5 Maschinen, ist als Reserve gedacht. Sie wird später starten als die übrigen und soll, wo notwendig, einspringen.

Zur Ablenkung der übrigen in Scampton liegenden Einheiten ist das Gerücht verbreitet worden, das 617. Geschwader werde für einen Angriff auf die Tirpitz trainiert, und heute solle ein wichtiger Übungsflug durchgeführt werden.

Um die deutschen Flakkanoniere auf den Dämmen einzuschüchtern, wird ausschließlich Leuchtspurmunition für die Bordgeschütze verladen. Jede Maschine wird mit 5000 l hochexplosivem Benzin betankt; mit großer Behutsamkeit werden die riesigen Bomben unter den Flugzeugen angebracht.

Mittags landet ein Mosquito-Flugzeug mit den letzten Luftaufnahmen der Dämme. Die Verteidigung ist unverändert; das Wasser in der Möhne steht einen Meter unter dem Rand der Mauer.

Nachmittags wird Ausgangssperre verhängt; es dürfen weder Briefe abgesandt noch Telefongespräche angemeldet werden — für die Mannschaften ein Zeichen dafür, daß es jetzt losgeht.

Während Gibson und seine Mannschaft noch für ein Erinnerungsfoto posieren, startet am 16. Mai 1943 um 21 Uhr bereits die erste Gruppe mit 5 Maschinen, 10 Minuten später steigen die 9 Lancasters der Gruppe 2 vom Flughafen Scampton auf, während die 5 Reserveflugzeuge noch 2 Stunden auf ihren Start warten müssen. Schwer heben sich die Maschinen in die Luft — jede trägt eine Last von 10 Tonnen. Die Mannschaften haben vor diesem Kampfeinsatz 2500 Übungsbomben abgeworfen.

Die Schilderung der Ereignisse an der Möhnetalsperre entnehmen wir den persönlichen Erinnerungen von Wing Commander Gibson, V. C., der wenige Monate später bei einem Bombenangriff auf Rheydt gefallen ist:

»Zwischen Hamm und Soest drehten wir nach rechts, wo wir die Hügel der Ruhr liegen sahen. Während wir sie passierten, tauchte vor uns der Möhnesee auf und dann der Damm selbst, mächtig und uneinnehmbar. Dennoch war er uns schon so vertraut, als schauten wir auf das Modell hinab.

Suchlichter waren nicht da, und wir konnten nicht feststellen, wie viele Flakkanonen aufgestellt waren.
Während wir den See umkreisten, rief ich jedes Mitglied unserer Formation auf.
Wir gingen in Position für den Anflug und kamen über die Hügel zum östlichen Rand des Sees.
Da war die Landzunge, die wir uns auf dem Modell ganz besonders eingeprägt hatten. Im Sturzflug gingen wir auf das Wasser, dann hatten wir genau 18 m erreicht. Wir öffneten die Landeklappen, um auf die richtige Geschwindigkeit zu kommen. Wir konnten die Türme sehen, wir konnten alles ganz genau sehen.
Die Deutschen eröffneten das Feuer – es war ein schrecklicher Augenblick. Wir waren nur noch wenige hundert Meter vom Damm entfernt; ein besonderer Mechanismus an Bord hatte schon angefangen zu arbeiten, damit die Bombe rollend hinunterfallen würde.
Es war etwas Unheimliches an der ganzen Operation. Mein Flugzeug war so winzig klein gegen den großen Damm.
Ich spürte den Geruch von verbranntem Pulver und sah die Leuchtspurgeschosse an der Kanzel vorbeisausen; und dann hörte ich den Aufschrei: Bombe abgeworfen!
Während wir noch kreisten, sahen wir eine hohe Wasserfontäne von 100 m in der Luft hängen. Zuerst glaubten wir, der Damm sei gebrochen.
Dann brauste die nächste Maschine über die Bäume heran, sie kam näher. Als das Flugzeug nur noch 100 m entfernt war, rief jemand: ›Mein Gott, es ist getroffen worden!‹
Ich sah, wie die Bombe abgeworfen wurde. Nahe beim Kraftwerk stürzte das Flugzeug ab. Ich befahl dem nächsten Piloten, anzugreifen. Seine Bombe traf das Wasser richtig. Wieder fand eine enorme Explosion statt, die die gesamte Oberfläche des Sees erschütterte.
Wenn Wallis' Theorie stimmte, hätte jetzt der Damm brechen müssen. Doch er brach erst nach der sechsten Explosion. Ich flog auf ihn zu und traute meinen Augen nicht. Er hatte einen großen Riß von hundert Metern, und das Wasser ergoß sich in das Tal. Die Flak hatte aufgehört zu schießen. Alles war still, man hörte nur das Dröhnen und Rauschen des Wassers.
Wir flogen weiter zur Edertalsperre. Die Mauer dort war schwer zu erkennen, da im Tal schon der Nebel aufstieg.
Obwohl der Damm nicht verteidigt war, gelang es uns erst nach dem Verlust einer Maschine und mit größter Mühe, ihn zum Einsturz zu bringen. Gewaltige Wassermengen ergossen sich ins Tal. Ich befahl den Leuten, sofort zurückzufliegen.
Wir verabredeten uns für später im Kasino.«
Acht der 19 Maschinen kehren nicht zurück – von den 56 Mann

ihrer Besatzung überleben nur 2, die in Gefangenschaft geraten, und während die Mannschaften der 617. Staffel sich gemeinsam mit Prof. Wallis über das Gelingen der Operation »Downwood« freuen, beherrscht in den Tälern der Ruhr, der Möhne, der Eder und der Fulda das Grauen die Szene; reißen 330 Millionen Tonnen Wasser Brücken, Eisenbahnlinien, Fabriken, Menschen und Tiere mit sich. Da neben dem Mangel an Verteidigungsmitteln auch nicht einmal ein Warnsystem für den Fall eines Angriffs auf die Dämme existiert, ist das Chaos vollkommen.

Das Wasser überrascht die Menschen in Luftschutzkellern, in ihren Häusern. Es reißt ein ganzes Barackenlager mit sich, in dem fast 1000 Fremdarbeiterinnen aus Rußland und Polen untergebracht sind, von denen mehr als 750 in den eisigen Fluten den Tod finden. Etwa 1200 Leichen hat man in den nächsten Tagen geborgen.

Von den Baustellen am Atlantikwall werden fast alle Baukolonnen der »Organisation Todt« abgezogen, um beim Wiederaufbau eingesetzt zu werden. Noch im Monat Mai 1943 laufen die ersten Kraftstationen wieder, und im Oktober stehen die Staumauern an Möhne und Eder wieder da – jetzt ganz den Vorstellungen des Oberbürgermeisters Justus Dillgardt entsprechend geschützt mit schwerer Flak, Nebelgeräten, Suchlichtern und Sperrballons über ihrem Wasser.

An den Dämmen werden mächtige Abfangnetze angebracht, und die Dächer der zwei Türme der Möhnetalsperre werden beseitigt, damit sie nicht noch einmal Zielhilfe für einen Angriff sein können.

Rußlands Wald-Armee

In der endlosen Weite der russischen Wälder ist den deutschen Soldaten während des II. Weltkrieges ein erbarmungsloser Kampf auf Leben und Tod geliefert worden.
Bar aller menschlichen Rechte und Tag und Nacht verfolgt, brachten die russischen Partisanen beispiellose Beweise von Mut, von Vaterlandsliebe und Haß.
Die Geschichte ihrer für die moderne Kriegführung richtungweisenden Taktik ist das am wenigsten bekannte Kapitel des II. Weltkrieges, von denen keines von beiden Seiten so bewußt entstellt worden ist wie gerade dieses.

Es ist 4 Uhr morgens am 14. Juli 1941. Eine Gruppe von Soldaten eines deutschen Infanterie-Bataillons des XXVIII. Armeekorps verläßt ihr mehrere Kilometer hinter der Frontlinie am Rande des kleinen russischen Ortes Oposchka bei Pskow gelegenes Quartier, um Kaffeewasser zu holen. Der Morgen graut; über die Felder zieht ein dichter Nebel, als sich aus dem Hinterland ein merkwürdiges Geräusch nähert. Es hört sich an wie eine klappernde Nähmaschine oder eine Kaffeemühle. Das Ge-

Notgelandete sowjetische Kuriermaschine bei Oposchka

räusch kommt näher und näher, ein Schatten rauscht über die Köpfe der Soldaten hinweg, sich schnell dem Boden nähernd. Die Soldaten lassen ihre Wassereimer stehen, laufen ihm nach und sehen dann einen altertümlichen Doppeldecker mit rot leuchtendem Stern einige Male auf dem Feld hüpfen und schließlich stehenbleiben. Es wird still. Aus der Pilotenluke zwängt sich eine Gestalt, läuft um die Tragflächen herum zum Motor und bemüht sich, den Propeller wieder anzuwerfen. Aus dem hinteren Luk klettert die zweite Gestalt und beginnt mit dem Zerreißen von Papierbündeln. Als die beiden die aus dem Nebel auftauchenden Soldaten wahrnehmen, heben sie die Hände hoch. Der Pilot der Kuriermaschine ist die 22jährige Nadja M. Linkowna – ihr Passagier der 55jährige Kurier, Major der NKWD *Timofej L. Sokolow*.

Nachdem wenige Stunden später die zerrissenen Papierbogen im Stab des XXVIII. Armeekorps zusammengeklebt und übersetzt worden sind, liegen den Deutschen Dokumente vor, wie sie ihnen noch nie in die Hände gefallen sind. Eines von ihnen ist ein Bericht über die Tätigkeit der Partisanen hinter ihren Linien.

Der Bericht ist für den Armeekommissar I. Ranges *Lew S. Mechlis*, Chef der Hauptverwaltung für politische Propaganda der Roten Armee in Moskau, bestimmt. Er ist streng geheim. Sein Verfasser, Brigade-Kommissar *Iwan K. Rjabski*, Chef der Verwaltung für die politische Propaganda der Nordwest-Front, berichtet seinem höchsten Chef über die Organisation von Partisaneneinheiten:

»Die Sondereinheit unter der Bezeichnung ›Nr. 10‹ ist in Zusammenarbeit mit dem Stab der politischen Propaganda der Front gebildet worden.

Ihre Aufgabe ist die Führung der Partisanenbewegung im Rükken des Feindes. Sie leitet alle Arbeiten, die die Organisation, Bewaffnung und Führung der Aktivität der Partisaneneinheiten betreffen. Die Abteilung hält ständigen Kontakt zu den lokalen Parteiorganisationen und Partisaneneinheiten, was die Bewegungen der letzteren anbelangt.

Die Verwaltung für politische Propaganda der Front hat 52 Parteiaktivisten mit mittlerer und längerer Dienstzeit entsandt, die die Organisation und Führung der Partisanenbewegung vornehmen und im Rücken des Feindes arbeiten. Am 13. Juli 1941 sind 22 Partisaneneinheiten innerhalb der Operationsgebiete der Nordwestfront (Luga, Welikije Luki-Bologoje) gegründet worden. Die Leiter der Einheiten sind sämtlich Kommunisten, hauptsächlich Parteifunktionäre mit dem Status von Mitgliedern der Roten Armee, die vom Stab der politischen Propaganda der Front ausgewählt worden sind.

Die Leiter von 6 Einheiten waren Aktivisten aus lokalen Parteiorganisationen oder Leiter von Kolchosen. Alle Führer von Partisaneneinheiten sind gründlich ausgebildet worden. Jedem von ihnen wurde eine Direktive übergeben, die vom Stab der politischen Propaganda der Front ausgearbeitet wurde. Sie enthält detaillierte Anweisungen für die Aktivität der Einheiten und ihrer Abteilungen. Die Partisaneneinheiten sind wie folgt organisiert worden: die Abteilung setzt sich aus 50–80 Männern zusammen und ist unterteilt in 5–6 Gruppen.

Eine Spezialeinheit besteht aus 300 Mann. Ihr Kommandeur, Genosse Krasawin, ist Funktionär des Gebietskomitees Ostrow; Genosse Jakuszew, Hauptmann der Grenztruppen, ist zum Stabschef ernannt worden. Zusätzlich sind dieser Einheit 11 Leiter im Range von Unterkommandeuren zugeteilt worden, die als Kompanieführer und Zugführer dienen. 6 Sabotage-Instrukteure des Pionierkorps sind der Einheit ebenfalls zugeteilt.

Die Ausrüstung der Einheit besteht aus 300 Gewehren, 14 leichten MG, 4500 Geschossen, 1000 Handgranaten, 300 Flaschen mit Brandmitteln, 300 Anti-Panzer-Minen und 100 kg Sprengstoff.

Diese Einheit operiert in der Umgebung von Ostrow–Staraja Russa. Am 12. Juli wurde sie im Gebiet von Dno vom Feind überrollt und marschierte dann in die vom Feind besetzten Gebiete ein.

Die anderen 21 Einheiten verfügen über weniger Männer (jeweils höchstens 50 Mann) und haben die verschiedensten Aufgaben im Hinterland, die sie in kleinen Gruppen durchführen. Alle diese Einheiten sind ausgerüstet mit Gewehren, Handgranaten und einem oder zwei leichten MGs und automatischen Gewehren. Diese Einheiten operieren in den folgenden Bezirken: Pskow–Luga, Ostrow–Staraja Russa, Oposchka–Cholm.

Zusätzlich zu diesen 22 Einheiten sind in jedem Bezirk vom NKWD Säuberungsbataillons aufgestellt worden. Es ist Aufgabe dieser Einheiten, feindliche Fallschirmspringer, die im Rücken unserer Truppen landen, zu bekämpfen.

Die Säuberungsbataillons der NKWD führen gegenwärtig ihre Aufgaben aus und ziehen sich normalerweise zurück mit der Roten Armee oder der evakuierten Zivilbevölkerung, sobald der Feind vorrückt. In jedem Bezirk sind 2 oder 3 Säuberungsbataillons der NKWD abkommandiert worden, um nach dem Rückzug der Roten Armee und der übrigen Säuberungseinheiten im Bezirk zu bleiben.

Die Verwaltung für politische Propaganda der Front hat Maßnahmen getroffen, die sicherstellen, daß diese Säuberungs-Bataillons nach dem Vormarsch des Feindes in Partisaneneinheiten umgewandelt werden, die dann im Rücken des Feindes operieren. Die Verwaltung für politische Propaganda der Front ist z. Z. damit beschäftigt, durch die Entsendung von Parteiakti-

visten zu den Partisaneneinheiten und lokalen Partei- und Sowjet-Organisationen die Partisanenbewegung im Rücken des Feindes auszuweiten.
Ich werde einen zusätzlichen Bericht über die Ergebnisse der Partisanenaktivitäten senden.
Der Chef der Verwaltung der politischen Propaganda der Nordwest-Front, Brigade-Kommissar Iwan K. Rjabski (gez. Rjabski)«

Stalin, der seit dem Herbst 1940 manches Detail der deutschen Vorbereitungen zum Angriff auf die Sowjetunion genau kennt, hält zwar die Kommandeure der regulären Roten Armee bis zuletzt im ungewissen — auf sein ausdrückliches Verbot hin dürfen sie nicht einmal die in Sichtweite des Feindes entlang der deutsch-russischen Demarkationslinie gelegenen Garnisonen, die besonders gefährdet sind, inspizieren —, um Hitler nicht von seinen Plänen abzuschrecken. Andererseits wird jedoch in aller Stille der Guerillakrieg, diese in Rußland so traditionsreiche Kriegführung, von Partei und NKWD bis ins letzte Detail vorbereitet und auf Jahre hinaus geplant.
Am 29. Juni 1941, eine Woche nach dem Angriff Hitlers, richten das Zentralkomitee der Partei und die Sowjet-Regierung eine detaillierte Direktive zur Aufnahme des Partisanenkrieges an alle ihnen unterstellten Organe in West-Rußland. In ihrer gekürzten Fassung wird die Direktive der gesamten Bevölkerung von Stalin persönlich bekanntgegeben, als er sich aus diesem Anlaß erstmals nach dem deutschen Einmarsch öffentlich zeigt und am 3. Juli seine vielzitierte Rundfunkrede hält.
Jedoch bleibt die von Stalin erwartete spontane anti-deutsche Bewegung in den besetzten Gebieten aus, deren Förderung und Organisation, wie vorgesehen, von der Partei und der staatlichen Geheimpolizei, der NKWD, übernommen werden.
Am 18. Juli 1941 gibt das Zentralkomitee neue Bestimmungen zur Organisation des Kampfes in der Nachhut der deutschen Wehrmacht heraus. In den besetzten Gebieten sollen Untergrund-Parteikomitees errichtet werden, die die Aktivität von Partisanen in ihren Gebieten schnellstens zu melden haben.
Eine sofortige Auswahl der in Frage kommenden Personen, ihre Ausbildung, Versorgung mit Waffen, Fahrzeugen, Geld, Lebensmitteln und Druckmaschinen für Zeitungen und Flugblätter wird befohlen. Das Material soll nach Möglichkeit an Ort und Stelle geschafft werden.
Von Kiew und der Stadt Poltawa ist die Front in diesen Junitagen des Jahres 1941 noch weit entfernt, als der junge Ukrainer Aljosza Nikolaijewicz Prokopjenko seinen Gestellungsbefehl erhält.

Aljosza Nikolaijewicz Prokopjenko:

»Ich war damals 19 Jahre alt und arbeitete als Schlosser in der Lokomotivreparaturwerkstatt von Poltawa. Als die deutschen Faschisten unser Land überfielen, wurde ich mit fast allen meinen Kameraden zum 3. Jägerbataillon eingezogen.

Sofort nach der berühmten Rundfunkrede des Genossen Stalin am 5. Juli 1941 kamen fünf NKWD-Offiziere zu unserem Bataillon und begannen mit der Partisanenausbildung.

Zu allererst wurden wir in allgemeiner Taktik unterrichtet. Anhand des Beispiels der Kämpfe unserer Kosaken gegen die polnischen Könige, gegen Napoleon und während der Zeit der Oktoberrevolution wurde uns die Bedeutung unserer zukünftigen Aktionen erläutert. Dann kam die mehr spezielle Schulung – wie man zum Beispiel im Wald Minen fabrizieren kann, wie man in deutschen Magazinen Feuer legt, Unterricht im Sprengen von Brücken, Eisenbahnlinien, im Lesen von Karten. Ein Offizier vom NKWD instruierte uns genauestens, wie wir uns hinter den deutschen Linien zu verhalten hatten. Er erklärte uns auch, wie und woran wir in einem fremden Ort einen ehrlichen Genossen ausfindig machen könnten – der uns helfen würde. Wir hörten, wie man einem deutschen Offizier wichtige Papiere und Dokumente aus seinem Quartier stehlen könne, ohne daß er überhaupt etwas merkt. Und was man erzählen sollte, falls man doch einmal geschnappt werden würde.

Etwa nach einem Monat – Anfang August – wurde unser 3. Jägerbataillon aufgelöst und jeder von uns im Gebiet von Poltawa auf die Dörfer im Umkreis von etwa 100 km verschickt. Wir mußten uns in den Ortschaften, die wir noch nie gesehen hatten und wo uns kein Mensch kannte, beim Vorsitzenden des Kolchos der Traktor-Stationen oder einfach bei den Dorfsowjets melden, die uns an Ort und Stelle Arbeit besorgen mußten. Ich selbst wurde als Mechaniker in der Traktor-Station im Kolchos ›Oktjabrskaja Revoljucija‹ im Dorf Malinka eingestellt. Meine Aufgabe war es, die Komsomolzen aus dem Dorf zu einer Gruppe zu organisieren, sie mit Partisanenaufgaben vertraut zu machen, und zusammen mit der Unterstützung der Partei und Garnison von Poltawa Vorratslager und Verstecke in den nahe liegenden Wäldern einzurichten. Genosse Nikolaj Wassilijewicz Krupkin aus unserem Obkom (d. h. Parteigebietskomitee), mit dem ich in Verbindung stand, hatte mir schon in Poltawa versprochen, an uns zu denken. Und tatsächlich: eines Morgens, so um 5 Uhr früh – ich schlief noch – stellte ein Hupkonzert unter meinem Fenster mich auf die Beine. Ich zog schnell die Hose an – ganz erschrocken, weil ich dachte, daß vielleicht die Deutschen schon da wären. Ich rannte barfuß und traute erst meinen Augen nicht – ich dachte, daß ich noch träume. Eine ganze Kolonne fabrikneuer, mattgrüner ZIS-Lastwagen stand vor mir – ganze 12 Wagen! Der Kommandeur des Transports kam auf mich zu, meldete sich und überreichte mir eine dicke Mappe mit Übergabeprotokollen, die ich schnell unterschrieb. Ich rief die Kolchos- und Dorfsowjets-Vorsitzenden, und nach etwa einer halben Stunde lag alles in der Kolchos-Scheune. Also, da kann ich Ihnen sagen, es gibt nichts, was es da nicht gab: Kisten mit Konserven – und was für welche –, sogar ganze Orangen in Sirup, Kaviar und Krimskij-Champagner, Senf, Machorka, Wodka, Schinken, geräucherter Speck, Schokolade – alles, was ich je im ›Poltawa-Gastronom‹ gesehen hatte, lag jetzt in der Scheune.

Nähmaschinen, Decken, Zelte, Kochgeschirr, ein Strom-Aggregat, Verbands- und Werkzeugkästen, Schreibmaschinen, ganze Rollen Zeitungspapier, sogar ein Globus, Bücher, Schultafeln, ein Kino-Apparat mit Leinwand und ein paar schöne Porträts vom Genossen Stalin – alles war da. Abends kamen die Autos wieder, jetzt nur mit dem Waffentransport. Ganze Stapel Gewehre, Pistolen, Maschinengewehre und Kisten Munition – sogar 5 kleine Mörser, ein Funkapparat, Telefon, und ein paar Feldstecher. Wir stellten sofort Posten auf, die mit den noch eingefetteten Gewehren Wache vor der jetzt so kostbaren Scheune hielten. Der Kolchos-Vorsitzende, Genosse Czernijak, rannte, obwohl er etwas hinkte, überall herum, um Helfer zu benachrichtigen, und als es dunkel wurde, kamen gut 50 Pferdefuhrwerke mit Leuten aus dem Kolchos. Wir packten alle unsere Schätze und fuhren die verschiedensten Umwege zu unserem Versteck – man hörte immer wieder von deutschen Diversanten, die wir damit zu verwirren und abzuschütteln gedachten. Nach ein paar Stunden war unsere Karawane am Ziel: dem Wald- und Sumpfgebiet von Malinka. Im Licht von Petroleum-

Ausbildung von Minenlegern in einem Partisanenlager

Im Waldlager der Partisanen: Gewinnung des Pulvers von Blindgängern; Fertigung von Minen; Verminen einer Straße

lampen wurde alles sehr schnell ausgeladen und unter Buschzweigen am Waldrand sorgfältig versteckt.
Ich blieb mit einem Dutzend Komsomolzen über Nacht bei unseren Sachen. Am Morgen wanderte ich mit einigen Kameraden, die den Wald gut kannten, einige Kilometer in den Wald hinein; denn wir suchten noch eine geeignete Stelle für unser Waldversteck. Wir hatten einen erfahrenen Brunnenmacher bei uns, und bald fanden wir mit seiner Hilfe im Wald ein gutes, trockenes Plätzchen ohne allzuviel Grundwasser. Ein Melder wurde zum Kolchos geschickt, und nachmittags kam eine ganze Komsomolzen-Abteilung mit Spaten, Sägen und Äxten. Sie brachten 5 vollbeladene Fuhrwerke mit Holz-Pfählen, Brettern und Teer mit. Gute zwei Tage brauchten wir, um eine genügend tiefe und breite Grube auszubuddeln und sie mit Holz zu verschalen, das wir vorher mit Teer gestrichen hatten. Die nächsten drei Tage benötigten wir, alles vom Waldrand zu der Grube zu schleppen, die Sachen sorgfältig zu verpacken und die Grube zu verschließen. Ein weiterer ganzer Tag verging damit, daß wir nichts anderes taten, als die Spuren zu verwischen. Über der Grube pflanzten wir einen ganzen Wald junger Tannen, die wir aus der Kolchos-Baumschule heranholten. Dann wurde die Erde glattgestampft, mit alten Blättern und Nadeln bedeckt, und

schließlich mußten wir den gewaltigen Haufen Erde, den wir ausgehoben hatten, in Säcke füllen und viele hundert Meter wegtragen zu einem kleinen Bach, in dem wir die frische Erde verteilten. Schließlich deuteten dann außer einem unauffälligen Haufen Feldsteine und einigen zufälligen Kerben am höchsten Baumstamm keine Spuren mehr darauf hin, daß 3 m tief unter der Erde ein Versorgungslager für Hunderte Partisanen lag.

Wie ich später erfuhr, hat jeder meiner Kameraden aus dem 3. Jägerbataillon für seine Komsomolzen-Gruppe vom Genossen Krupkin aus dem Obkom ähnliche Geschenke erhalten.

Zwei Wochen lang habe ich dann jeden Tag nach der Arbeit mit meinen Komsomolzen im Dorf den Umgang mit Sprengstoff, die Herstellung von Minen und die Regeln des Partisanenkampfes geübt.

Neben der Ausbildung an den Waffen hatten wir, wie es für jede der Gruppen Vorschrift war, einen theoretischen Kursus, der einmal zur Bestärkung der Moral meiner Komsomolzen und zum anderen ihrer Weiterbildung dienen sollte.

Partisan zu sein ist ein ausfüllender Beruf, und die Komsomolzen, die sich einmal in unseren Reihen befanden, waren für immer Partisanen – jedenfalls so lange, wie wir den Feind nicht aus unserem Lande vertrieben hatten.

Unsere Disziplin war streng; desertieren wurde mit dem Tode bestraft. Jeder von uns hatte seinen Partisaneneid abgelegt, von dem ich hier nur die letzten Worte zitieren will:

›Sollte ich aus Schwäche, Feigheit oder bösem Willen diesen Eid nicht halten und Verrat an den Interessen des Volkes üben, so will ich eines verfluchten Todes von den Händen meiner Kameraden sterben.‹

Und dann ging es los. Zuerst flogen fast einen ganzen Tag lang deutsche Flugzeuge herum, der Kanonendonner kam immer näher – und dann kam ein Lastwagen mit einigen Verwundeten und Soldaten in staubigen Uniformen in unser Dorf gefahren – sie sprengten alle Brücken in der Umgebung und das Kolchos-E-Werk und setzten die Getreidesilos in Brand. Für mich und meine Abteilung war es Zeit, zu verschwinden. Noch während der nächsten Nacht gingen wir in den Wald, und früh am nächsten Morgen waren die Deutschen schon da. Es war der 18. September 1941. Eine ganze Woche lang saßen wir im Wald und bauten uns aus Tannenzweigen und Baumstämmen Laubhütten. Wir waren in den Sümpfen so gut versteckt, daß wir für einen Fremden praktisch unauffindbar waren.

Nach ein paar Tagen entschied ich mich dafür, einmal ins Dorf zu gehen, um mich über die Lage in der Umgebung zu informieren. Ich saß gerade am Fenster, als ich zum ersten Mal in meinem Leben deutsche Soldaten zu sehen bekam. Drei Wagen ohne Dach fuhren langsam an unserem Haus vorbei – die Deutschen saßen darauf, hatten ihre Gewehre zwischen den Beinen und hielten Ausschau in alle Richtungen. Sie hatten tiefsitzende Helme auf und – was mir besonders auffiel – sie waren ganz bleich. Im übrigen waren sie ganz so, wie ich sie schon im Kino gesehen hatte.

Abends ging ich zu meiner Gruppe zurück, und dann begann unser Partisanenleben, das für mich bis zum Mai 1944, fast ganze drei Jahre, dauern sollte.

Wie alle übrigen Partisanenabteilungen hatten auch wir uns zwei Untergruppen geschaffen, die nun durch versprengte Soldaten der Armee noch Verstärkung bekamen. Diese Abteilungen wurden von uns Anwerber- und Späher-Abteilungen genannt. Die Anwerber hatten allerdings nicht nur die Aufgabe, uns neue Mitglieder zuzuführen, sondern mußten uns daneben mit neuen Lebensmitteln, neuer Munition, Papieren usw. versorgen. Sie mußten außerdem, wo immer es möglich war, Agitation gegen die Besatzer betreiben. Die Späher-Abteilungen bestanden aus zuverlässigen Leuten, die ihre normale Beschäftigung in Dörfern und Städten hatten und die uns wertvolle Nachrichten über alle Bewegungen der Deutschen, ihre Bewaffnung, Zahl der Mannschaften und alles andere Wissenswerte überbrachten. Bei der Eisenbahn, in den Lazaretten, in den Büros der Deutschen – überall hatten wir Leute, die für uns arbeiteten.

In unserem Waldlager hatten wir alsbald eine regelrechte Rüstungsindustrie aufgestellt. Zuerst haben wir in den Tischlereien der umliegenden Kolchosen eine Menge kleiner Holzkisten, etwa 30 × 40 cm groß, bestellt. Dann durchstreiften wir auf der Suche nach Blindgängern mit den Kindern aus den Kolchosen, die die ganze Umgebung ja bestens kannten, die Felder und Wälder. Von jedem Blindgänger mußten wir sehr vorsichtig den Zünder abschrauben und konnten ihn dann ins Lager schleppen. Nachdem wir dann einen ganzen Stapel davon hatten, holten wir uns aus der Kolchosmolkerei alte Milchkannen, schnitten ihnen die Hälse ab, legten zwei Holzstücke hinein und füllten die Kannen mit Wasser. Dann stellten wir sie aufs Feuer, packten ein Geschoß hinein und kochten das Ganze etwa eine halbe Stunde lang. Das Pulver verflüssigte sich dann und floß auf den Boden der Kanne. Dann gossen wir die zähe Flüssigkeit vorsichtig aus der Kanne in leere Konservendosen und ließen sie trocknen. Die erhärtete Masse wurde zerkleinert und in die Holzkästen gestampft, zum Schluß bauten wir einen Zünder ein und hatten erstklassige, hausgemachte Minen, die sogar von den deutschen Minensuchgeräten nicht aufzuspüren waren.

Da wir für die Sprengung einer wichtigen Eisenbahnlinie den ungefähren Fahrplan kennen mußten und es nicht immer möglich war, ihn von unseren Verbindungsleuten in der Stadt zu erfahren, mußten wir uns selbst zu helfen wissen. Übrigens wurde uns die Beobachtung vorbeifahrender Züge immer wieder befohlen, was allerdings nicht so einfach war. Wurde nämlich einer von uns in der sogenannten ›Sperrzone‹ geschnappt, so wurde er, wenn er Glück hatte, gleich erschossen – es konnte ihm aber auch passieren, daß ihm vorher noch ein qualvolles Verhör bereitet wurde. So suchten wir uns denn eine passende Beobachtungsstelle. Ein besonders dicker Baumstumpf samt Wurzeln wurde vorsichtig von unten her ausgehöhlt, und ringsum wurden kleine Schlitze ausgestochen. Dann schleppten wir ihn während der Nacht an unsere Beobachtungsstelle, wo ein tiefes rundes Loch gegraben wurde, in dem wir eine kleine Sitzbank unterbrachten. Dann zwängte sich der Beobachter mit seinem Proviantsack voll Brot, Speck und mit einigen Flaschen Wasser hinein, und der ausgehöhlte Baumstumpf wurde über ihn gestülpt. So konnte er einige Tage lang unbehelligt seine Beobachtungen durchführen.
Nachdem wir auf diese Weise wußten, wann die Züge durchkamen, konnten genaue Pläne zum Auslegen der Minen gemacht werden.
Bevor wir den Minenleger ausschickten, wurde die Farbe und Art des Bodens an Ort und Stelle erkundet; ein Säckchen Erde in gleicher Farbe, entsprechend feucht oder trocken, wurde besorgt – außerdem eine Flasche Wasser und, wo nötig, eine Harke. Die zum Eingraben der Mine benutzten Spaten fertigten wir aus Holz, damit es leiser ging. Der Minenleger mußte, nachdem er die Mine eingebuddelt hatte, den Boden wieder so herrichten, wie er vorher gewesen war, indem er die mitgebrachte Erde entsprechend verteilte, glattstrich oder -harkte und durch Anfeuchten mit dem Erdreich rundherum verband.
Allerdings wurde das Auslegen der Minen mit der Zeit immer problematischer. Die Erde entlang den Schienen war entweder ganz glatt gewalzt oder in Mustern geharkt. Außerdem wurden Suchlichter aufgestellt, und so konnten die Kameraden der Sprengabteilung nur an die Schienen heranrollen, sie konnten nicht einmal robben. Es ist klar, daß sie dadurch unweigerlich breite Spuren hinterließen, die sie restlos beseitigen mußten. Allein das Herankommen an die Schienen und das Verlassen des Platzes ohne Hinterlassung jeder Spur war, abgesehen vom Minenlegen selbst, eine Spezialaufgabe, die das Letzte von den Männern erforderte.

Und dann kamen die Deutschen dahinter, daß unsere Minen, die wegen ihrer Holzverpackung mit Minensuchgeräten ja nicht zu finden waren, Trinitrotoluol (TOL) enthielten. Sie richteten ihre Spürhunde auf den Geruch von TOL ab und hatten anfangs große Erfolge damit. Doch wir hatten auch bald ein Gegenmittel. Die Öffnungen der Minen wurden mit zerriebenem Machorka, mit Schnupftabak, zugestopft. Doch reichte der Machorka-Geruch leider oft nicht aus, und wir kamen schließlich auf die richtige Lösung: in immer wechselndem Abstand von der Mine entfernt vergruben wir mehrere winzige Stücke TOL. Das half. Die Hunde waren vollkommen durcheinander — sie schnüffelten und kläfften wie wild, rannten mal hierhin, mal dorthin, wühlten die Erde auf — und fanden nichts.

Die armen Hunde bekamen die Peitsche zu spüren — die Soldaten haben sicher geglaubt, daß sie verrückt geworden seien. Sie konnten ja auch nichts sehen und schon gar nicht riechen. TOL ist gelb — und kleine gelbe Krümel in der aufgewühlten Erde zu finden, ist nicht jedermanns Sache.

Bei der Sprengung von Eisenbahnlinien mußten wir immer darauf achten, daß der dafür gewählte Platz so weit wie möglich vom nächsten Bahnhof oder der nächsten deutschen Garnison entfernt lag. In der Morgendämmerung zogen wir dann zu unserer Ausgangsstellung an der Eisenbahnlinie. Als erstes schnitten wir die Telefon- und Telegrafen-Drähte durch. Ein Teil der Abteilung, die besten Schützen, versteckten sich im Busch, gegenüber der Stelle, wo vermutlich die Mitte des entgleisten Zuges liegen würde — etwa 100—150 Schritte von der Minenladung entfernt. Andere Kameraden versteckten sich mit Maschinengewehren zu beiden Seiten des Bahndammes gegenüber der verminten Stelle, so daß sie den ganzen Abschnitt bequem unter Feuer nehmen konnten. Zwei kleine Gruppen — etwa 10—15 Kameraden — gingen etwa einen halben Kilometer nach vorn und nach hinten, wo sie Fallen bereitlegten, die die zu Hilfe gerufenen Deutschen stoppen würden. Dann mußten wir geduldig warten. Das Schlimmste waren in solchen Stunden die Mücken, die in Nase, Mund und Augen drangen. Keine Minute lang konnte man es aushalten. Selbst Teer, das altbewährte Mittel, mit dem wir uns die Gesichter und Hände eingerieben hatten, half nicht mehr. Die Mücken schienen sich auf die Dauer daran gewöhnt zu haben. Inzwischen mußte ich mich mit meinen zwei Minenlegern am Bahndamm emporschleichen, zur nächstliegenden Schienen-Nahtstelle hin, und darunter die Mine anbringen. Oft habe ich es erlebt, daß unser Wachtposten gerade in dem Augenblick, wenn wir anfangen wollten, meldete, daß deutsche Streckenläufer kämen. Wir schlichen dann schleunigst zurück in die Büsche und ließen sie unbemerkt an uns vorbeilaufen, damit sie nicht auf unsere Arbeit aufmerksam würden.

Wenn natürlich die Mine schon angelegt war, blieb uns mei-

stens nichts anderes übrig, als die Streckenläufer-Trupps schnell zu liquidieren und, ohne auf den Zug zu warten, die Schienen zu sprengen und zu verschwinden.
Als wir schon mehr Erfahrung gesammelt hatten, bauten wir dann auch ganz spezielle Minen, die nicht nur auf den Druck der Lokomotiven oder Waggons reagierten, sondern auch einen sogenannten Zug-Zünder hatten, der bei der Entschärfung explodierte. Eine einmal angebrachte solche Mine konnte selbst der Teufel nicht mehr wegräumen.
Für die Munitionszüge brachten uns unsere Flugzeuge besondere Verzögerungszünder, die die Loks über die Minen rollen ließen und die erst Bruchteile von Sekunden später unter der Mitte des Zuges explodierten. Hatten wir Glück und ging die Mine unter einem Waggon mit Munition hoch, so mußten wir allerdings schleunigst das Weite suchen.
Die Deutschen versuchten, uns immer wieder zu überlisten. Sie spannten vor und hinter die Loks Waggons, die sie mit Sand oder Steinen beladen hatten, und versuchten so, die wertvollen Loks zu schützen. Deshalb legten wir meistens zwei Minen in einer Entfernung von etwa 100 m voneinander aus, und zwar mit zwei verschiedenen Zeitzündern, die so abgestimmt waren, daß einer unter den Waggons und der andere unter der Lokomotive explodierte.
Die Deutschen waren so im Laufe der Zeit gezwungen, die Eisenbahnstrecken ›festungsartig‹ auszubauen. Die Bevölkerung wurde dazu herangezogen, entlang der Schienen wurden Sperrgebiete, besser gesagt, Todesstreifen angelegt.
Die Strecken wurden nun Tag und Nacht strengstens bewacht und zum größten Teil mit Hilfe gewaltiger Scheinwerfer erhellt. In bestimmten Abständen wurden Betontürme errichtet, von denen aus die Strecke ständig beobachtet war und auf denen eine ganze Mannschaft festsaß, um im Alarmfalle eingreifen zu können.
Doch bevor sich all diese aufwendigen Schutzmaßnahmen auswirken konnten, hatten die Offensiven unserer Armeen schon das Blatt gewendet.«

Bis zum Dezember 1941 haben die deutschen Truppen in Rußland ein Gebiet besetzt, das 65 Millionen Einwohner zählt, von denen zu dieser Zeit nur etwa 30 000 als Partisanen tätig sind. Doch wächst ihre Zahl schnell, und schon am 1. Juli 1942 sind es etwa 100 000 Männer und Frauen, die ihren Heckenschützenkrieg gegen die deutschen Soldaten führen. Die erste deutsche Niederlage vor Moskau im Winter 1941/42 hat in ihnen die fast schon geschwundene Hoffnung auf den Sieg wieder geweckt, und die harte Besatzungspolitik der Deutschen spornt sie zum Widerstand an. Am 30. Mai 1942 wird in Moskau der

Zentrale Stab der Partisanenbewegung gegründet; Marschall *Kliment J. Woroschilow* ist sein Oberkommandierender. Chef des Generalstabes wird Pantalejmon K. Ponomarenko, Sekretär des Zentralkomitees der Kommunistischen Partei Belorußland.

Der Guerillakrieg ist keine Sache, die durch ein Dekret, einen Aufruf oder Befehl plötzlich aus dem Boden gestampft werden kann. Schon Lenin, der die Bedeutung von Kämpfen im Rücken des Feindes klar einschätzte, hat 1920, drei Jahre nach der Oktoberrevolution, die Gesellschaft für Wehrkunde als ein Organ zur vormilitärischen Ausbildung der Bevölkerung gegründet. Im Jahre 1927 entsteht die Ossoaviachim — der Verein zur Förderung der Luftverteidigung —, eine nach dem Muster der Partei in 350 000 Zellen gegliederte paramilitärische Organisation.

Zwei Jahrzehnte lang haben die Führer der Partei selbst Frauen und Schulkinder in der Taktik des Heckenschützenkrieges ausgebildet. In Kultur- und Erholungsparks, die auch in der kleinsten Stadt zu finden sind, stehen dem Volk zur Freizeitbeschäftigung die Schießstände und Fallschirmspringertürme zur Verfügung. Das ganze Jahr 1940 über und bis zum Juni 1941 werden großangelegte Partisanen-Kriegsspiele abgehalten, an denen auch Arbeiter und Bauern teilnehmen, von denen die meisten in der westlichen Ukraine, in der Umgebung von Minsk, Kiew und Moskau stattfinden. Zweimal täglich sendet Radio Moskau in seinem Morgen- und Abendprogramm, ähnlich einem Kochkurs, interessante und nützliche Tips für die zukünftigen Guerillas. Während der ersten Phase des Kampfes von Juni 1941 bis Anfang 1942 führen die Partisanen im allgemeinen lediglich Störaktionen durch, da es ihnen für größere Unternehmungen noch an Mitteln und Bewaffnung fehlt. Während dieser Zeit beschränken sich ihre Störaktionen auf gar nicht oder nur schwach bewachte Objekte, Eisenbahneinrichtungen und Straßenbrücken.

Während der bis etwa Herbst 1942 dauernden 2. Phase werden dann größere Partisanenlager in den Wäldern, Feldflugplätze sowie starke Funkstationen eingerichtet, wird der Einsatz von Bezirks- und Fernspähern sowie die Verbindung zum Zentralen Stab der Partisanenbewegung organisiert.

Neue Kampfmittel werden beschafft, größere Partisanenverbände planmäßig gestaffelt und tiefer in das Hinterland beordert. Im Frühjahr 1942 bereits gelingt es den Partisanen, in den ausgedehnten Wäldern Weißrußlands und der Nordukraine größere Räume von deutschen Stützpunkten freizukämpfen und völlig unter ihre Kontrolle zu bringen. Hier entstehen die ersten Partisanengebiete, von denen einige später ein Ausmaß von 100 und mehr Kilometer im Durchmesser erreichen. In diesen Gegenden wird wieder sowjetische Verwaltung errichtet, nehmen Sägewerke, Mühlen, Molkereien, Gerbereien und zahlrei-

che Werkstätten ihre Arbeit wieder auf. Es werden Zeitungen gedruckt, und Kinos und Schulen öffnen wieder ihre Tore.
Gegen Ende 1942 findet die Partisanenbewegung ihre endgültige Gestalt. Die Partisanen sind jetzt fast wie eine reguläre Armee organisiert, und da sie, obwohl auf der anderen Seite der Front kämpfend, in immer engere Verbindung zur Roten Armee kommen, laufen die Befehle vom Zentralen Stab zu den Partisanenstäben jetzt über die höheren Kommandos der Armee und von dort über die Front zu den Partisanen-Abteilungen im Rücken des Gegners.
Jeder Partisanen-Einheit sind Nachrichten-Offiziere des NKWD zugeteilt, und praktisch alle größeren Abteilungen haben mittlerweile Funkgeräte erhalten. Die zahlenmäßige Stärke der Partisanen-Einheiten ist sehr verschieden. Manche Brigaden verfügen über berittene Meldetrupps, Skitrupps und Propagandatrupps. Es gibt Brigaden, die bis zu 2000 Mann stark sind, während andere Abteilungen wiederum nur über 10–20 Mann verfügen. Insgesamt sind 1131 »registrierte« Einheiten im Kampf. Die Rote Luftwaffe versorgt sie mit Sprengstoff, Waffen, Lebensmitteln und Medikamenten. In Leningrad und Moskau wird eine Spezialausgabe der »Prawda« gedruckt, die die Partisanen täglich erhalten. Die Luftbrücke führt daneben Sanitätsdienst- und Urlauberflüge durch.
Diese ständige Verbindung verbessert die Kampfmoral der Partisanen erheblich. Während des zweiten Halbjahres 1942 setzt das Partei-Zentralkomitee führende Partei- und Komsomol-Kader hinter der Front ein. Fortan ist es nicht mehr ungewöhnlich, wenn ein bedeutender Partisanenführer aus Moskau im Flugzeug zu den Partisanen kommt. Um diese Zeit entstehen allein in der Umgebung von Woronesch 16 Partisanen-Ausbildungszentren für Instrukteure. Die Ausbildung der Kader wird vorangetrieben, und praktisch in jeder größeren Stadt gibt es nun Schulungs- und Trainingslager. Die Kurse dauern zwischen 3 und 6 Wochen, und innerhalb jedes Lehrgangs sind bis zu 250 Männer und Frauen zusammengefaßt.
In Tiflis wird ein der BBC ähnlicher Sender der NKWD eingerichtet, der wie sein englisches Vorbild sein Programm in allen Sprachen ausstrahlt.
Ebenfalls in Tiflis befindet sich ein NKWD-Sonderausbildungslager, das die berüchtigten »OO«-Einheiten heranbildet, deren Angehörige jeder Partisanen-Einheit als Instrukteure bzw. Kontrolleure zugeteilt werden.
Die Vielseitigkeit der Ausbildung im Lager von Tiflis steht derjenigen der englischen SOE., der Special Operations Executive, in nichts nach. Lediglich die Rekrutierung geht hier andere Wege; alle Rekruten sind Offiziere der NKWD im Rang vom Leutnant bis zum Oberst.

Um eine Unterwanderung durch deutsche Agenten oder V-Leute des Feindes von vornherein auszuschließen, wird die Rekrutierung von Partisanen mit größter Vorsicht durchgeführt. Das NKWD entwirft einen Fragebogen, dessen in 20 Gruppen aufgeteilte, gut 200 Fragen jeder Bewerber beantworten muß. Hierbei entpuppen deutsche V-Leute oder Agenten sich fast immer. Besonders geschulte Funktionäre der NKWD aus den berüchtigten »OO«-Einheiten führen die Befragungen durch. Dank dieser Technik der Rekrutierung ist es unmöglich, daß feindliche Agenten in den Reihen der Partisanen Fuß fassen können, wie es z. B. bei verschiedenen von der SOE geleiteten Widerstandsgruppen in Westeuropa der Fall war, wo es Gestapo- und Abwehr-Leuten fast immer gelang, einzudringen. Ein neu rekrutierter Partisan erhält während einer sogenannten Probezeit von etwa 3 Monaten keine Waffen, wird sorgfältig überwacht, und es werden ihm nur zweitrangige Aufgaben erteilt.

Am 1. Mai 1942 erscheint ein fast 500 Seiten starkes Werk unter dem Titel »Sputnik Partisana« (Der Partisanenbegleiter), das in Massen hinter den deutschen Linien abgeworfen wird. In Form eines Taschenbuches, wie ein Lehrgang für Bastler und Pfadfinder, zeigt es sowohl die Minenherstellung, die Möglichkeiten der Übernachtung auf offenen, schneebedeckten kahlen Steppen, Kochrezepte für schmackhafte Gerichte aus Pilzen, Heidelbeeren und Igeln. Mit Zeichnungen versehene Instruktionen befassen sich mit allen möglichen Problemen des Partisanendaseins. Gebrauchsanweisungen für deutsche Beutewaffen und Fahrzeuge, Hinweise zur Tarnung und Feinderkundung, Angriffsmethoden sowie die Vernichtung deutscher Eisenbahnlinien, Panzer, Flugzeuge, Autokolonnen, die Herstellung verschiedenster Fallen sowohl für einzelne Kradmelder als auch für Militärkonvois. Alles, was dem Partisanen nützlich sein könnte, ist in diesem Buch zusammengefaßt: von der Kräuterheilkunde über die Konservierung von Fleischvorräten, der Sternenkunde als Hilfsmittel beim Richtunglesen, Wettervorhersagen für Planung von Operationen, Verhaltenspsychologie zum Überstehen von Gestapo-Verhören, den Kennzeichen der deutschen Uniformen, einer Rangtafel, den taktischen Zeichen, Silhouetten und Beschreibung deutscher Waffen, Hinweise für Redaktion und Graphik von Wandzeitungen und Plakaten, bis zu Winken für Radiobastler und Hinweisen zum Bau von Waldbunkern und Lagern. Zum Schluß ein Kalender mit allen deutschen Kirchen- und Nationalfeiertagen, ein Wörterbuch mit den notwendigen Sätzen und Ausdrücken.

Niemand weiß, wieviel Partisanen es gegeben hat. Eine sowjetische Schätzung für die zweite Hälfte des Krieges, die von 700 000 Partisanen spricht, kann zutreffend sein. Auch gibt es

Exekution eines Partisanen, Winter 1942

keine genauen Angaben über die Resultate der Partisanenkämpfe in der Sowjetunion, da die Meldungen der einzelnen Kommandanten des öfteren übertrieben sind oder sich gelegentlich in den Berichten mehrerer Abteilungsführer wiederholen. Aufgrund dieser Angaben erklärt der Chef des Zentralen Stabes der Partisanenbewegung, Ponomarenko, daß während der ersten zwei Jahre des deutsch-sowjetischen Krieges die Partisanen von Weißrußland allein über 300 000 Deutsche getötet hätten, mehr als 3000 Eisenbahnunfälle verursacht und 3263 Brücken, 1191 Panzer, 4097 Lastwagen und 895 Vorratslager verschiedener Art zerstört hätten.

Obwohl diese Angaben übertrieben sein mögen, bleibt die Tatsache bestehen, daß die Partisanen ziemlichen Einfluß auf den Verlauf des Krieges gehabt haben.

SS-Brigadeführer Mieczyslaw Kaminski, Frühjahr 1942

Die Naturverbundenheit des Partisanen, seine Vertrautheit mit der Umgebung, seine Bedürfnislosigkeit und Ausdauer sowie die Möglichkeit, jederzeit als harmloser Bauer im nächsten Dorf untertauchen zu können, haben sich den deutschen Soldaten gegenüber als unschlagbare Vorteile erwiesen.

Die Partisanengefahr überhaupt nicht beachtend, hatte Hitler seine Truppen gegen Osten marschieren lassen, als hätte es nie einen Napoleon Bonaparte gegeben, dessen unbesiegbare Grande Armee auf derselben Marschroute von russischen Bauern geschlagen worden war; und trotz der Gründlichkeit, mit der man den »Fall Barbarossa« ausarbeitete, haben sich weder der deutsche Generalstab noch Hitler selbst näher mit dem Gedanken befaßt, was eigentlich unter Partisanenkrieg zu verstehen ist.

»Freischärler sind von der Truppe im Kampf oder auf der Flucht schonungslos zu erledigen«, heißt es im Plan »Barbarossa«.

Die Sicherheit des gesamten russischen Hinterlandes hat man einem halben Dutzend sogenannter »Sicherheitsdivisionen« anvertraut, die aus älteren, schlecht bewaffneten Männern des Landsturmes gebildet worden sind. Der SD, der Himmlers SS unterstellt ist, hat seine gefährlichen Terror-Spezialisten zur Partisanenbekämpfung abgestellt, doch ist deren militärischer Wert recht bescheiden: vier Einsatzgruppen mit insgesamt etwa 4000 Mann. Niemand hat sich vorstellen können, daß der Kampf gegen die Partisanen Form und Ausmaß von wahren Kriegsoperationen annehmen könnte.

Laut Anweisung Himmlers wird am 21. Juni 1943 der Zentralstab zur Bekämpfung von Partisanen gebildet, und SS-Obergruppenführer *Erich von dem Bach-Zelewski* wird zum Chef der Bandenkampfverbände ernannt.
Außer zahlreichen Polizei- und SS-Einheiten wird ihm auch die sogenannte »Wilderer-Brigade« unterstellt. Ihr Chef ist der Oberführer der Waffen-SS *Dr. Oskar Dirlewanger*. Sein SS- und Polizeiregiment besteht zum größten Teil aus Sträflingen, ehemaligen Wilderern, Walddieben und einfachen Kriminellen, deren größter Vorteil der ist, daß sie mit dem Walde vertraut sind und schnell und gut schießen können. Die Brigade ist zeitweise der deutschen Heeresgruppe Mitte angegliedert. Ihre Verluste — jedes Vierteljahr etwa 100 % der Kampfstärke — sind zumeist Tote.
Den größten Erfolg der Partisanenbekämpfung allerdings können die sogenannten »Fremdvölkischen« Einheiten für sich verbuchen. Aus ehemaligen Soldaten der Roten Armee zusammengestellt, ergänzt von jungen Jahrgängen der mit den Deutschen sympathisierenden Einheimischen, gleichen sie in ihrer Mentalität und mit der Kenntnis der Umgebung den Partisanen am meisten. Die größte dieser Einheiten ist die südlich von Briansk in Lokot stationierte Brigade Kamiňski.
Mieczyslaw Kaminski — von Beruf Lehrer, Pole der Abstammung nach — führt zu Anfang während des Winters 1941/42 mit einigen Männern auf eigene Faust einen Privatkrieg gegen die Partisanen. Himmler interessiert sich sofort für den kleinen, schmächtigen, etwa 35 Jahre alten Mann, als er von dessen grausamen Methoden der Partisanenbekämpfung hört. Kamiňski gewinnt schnell seine Gunst und macht bei Himmler eine einmalige Karriere. Als Nichtgermane steigt er innerhalb weniger Monate zum Brigadeführer-SS auf. Ausgestattet mit Vollmachten, denen selbst die Wehrmacht nichts entgegensetzen kann, gründet Brigadeführer Kamiňski eine regelrechte Republik im Gebiet von Lokot und träumt davon, eines Tages eine dem Nationalsozialismus nahestehende russische Partei zu gründen. Seine mit russischen Beutewaffen ausgestatteten Streitkräfte zählen etwa 4000 Mann, sie sind aufgegliedert in sechs Bataillone, eine Panzereinheit mit 12 leichten russischen Panzern und eine Artillerie-Abteilung mit 20 Geschützen. Zum Erstaunen der deutschen Verwaltung und Militärs gelingt es Kamiňski mit seiner Brigade, die Umgebung von Lokot einigermaßen »partisanenfrei« über den Sommer 1942 hinwegzubringen. Doch müssen auch Kamiňski und seine Brigade im Frühjahr 1943 zusammen mit den deutschen Truppen den Rückzug antreten.
In den ersten Augusttagen 1944 beordert Himmler die Brigaden Dirlewanger und Kamiňski unter dem Kommando von SS-

Obergruppenführer von dem Bach-Zelewski zur Niederschlagung des Aufstandes nach Warschau. Sie sollten dort traurige Berühmtheit erlangen.

Am 6. Mai 1944 schließlich – fünf Jahre nach Kriegsbeginn –, als die deutsche Armee im Begriff steht, den Rückzug aus der Sowjetunion zu vollenden, gibt der deutsche Generalstab ein Ausbildungsbuch heraus, das die Methoden der Partisanenbekämpfung enthält. Doch schon einige Monate später, als die Truppe von den Richtlinien Gebrauch machen kann, kämpft die Wehrmacht nicht mehr auf russischem Boden.

Liberator AL 523 abgestürzt

Auf dem Soldatenfriedhof des mittelenglischen Städtchens Newark liegt inmitten gefallener Flieger ein Mann begraben, dessen Leben und Tod während des II. Weltkrieges Millionen bewegt hat: General Wladyslaw Sikorski.
Bis er wie alle hier Liegenden den Fliegertod starb, war er Premier und Oberbefehlshaber der polnischen Streitkräfte im Exil.
Es war in der Nacht vom 4. zum 5. Juli 1943, als ein britischer Bomber mit Sikorski an Bord kurz nach dem Start ins Meer stürzte. Es ist seitdem trotz Einberufung mehrerer Untersuchungskommissionen, dem Einsatz von Flugzeugexperten und der Prüfung von Aussagen zahlreicher Zeugen nicht gelungen, die Ursache dieses mysteriösen Flugzeugunglücks zu ergründen, was bis heute allen möglichen Spekulationen breiten Raum gelassen hat.

Ende September 1939 ist in Paris eine polnische Exilregierung entstanden. Zum Premier- und Verteidigungsminister ist General *Wladyslaw Sikorski* ernannt worden. Sikorski ist ein alter Kampfgefährte Marschall Pilsudskis. Er stellt im Jahre 1920 die nach Westen vorrückende Rote Armee unter General Tuchatschewski im Weichbild von Warschau zum Kampf und bereitet danach den Reiterarmeen von General Budjennyi ihre entscheidende Niederlage. Sikorski wird später zum Premierminister ernannt, quittiert seine Staatsdienste jedoch im Jahre 1926, als der Staatsstreich Pilsudski an die Macht bringt und dieser ein diktatorisches Regime errichtet. Von dieser Zeit an gilt Sikorski als einer der entschiedensten Gegner Pilsudskis.
Als Hitler im September 1939 Polen überfällt – Pilsudski ist bereits drei Jahre lang tot –, bietet Sikorski der Regierung sein hervorragendes strategisches Wissen an – doch bleibt sein Anerbieten unbeantwortet. Sikorski verläßt daraufhin seine Heimat und erreicht Paris zwei Tage vor der Kapitulation Warschaus.
Bereits eine Woche später wird er zum Premierminister gewählt und ist zugleich Oberbefehlshaber der sich in Frankreich neu rekrutierenden polnischen Armee.
Aus der Niederlage Frankreichs retten sich im Sommer 1940 etwa 30 000 polnische Soldaten hinüber nach England. Sie bilden dort den Kern einer sich reorganisierenden Armee. Auch der Exilregierung gelingt die Flucht nach London.

Nachdem im Herbst 1940 die Schlacht um England entschieden worden ist, ehrt General Sikorski die Jagdflieger der exilpolnischen Luftwaffe, die zum Sieg ihres Verbündeten einen großen Teil beigetragen haben. Im gleichen Maße, wie das Ansehen der polnischen Truppen bei ihren Verbündeten wächst – sie sind in der Mehrzahl in Schottland untergebracht, wo sie die vermeintlich bevorstehende deutsche Invasion abwehren sollen –, steigt auch Einfluß und Ansehen ihrer Befehlshaber. Schon bald ist Sikorski inmitten der übrigen Führer der Exil-

Großbritannien, 1941. General W. Sikorski, Winston S. Churchill und General Ch. de Gaulle

regierungen zum wichtigsten Bundesgenossen *Churchills* geworden. Durch häufige Besuche von König Georg VI. und Königin Elisabeth erfährt diese Anerkennung sinnfälligen Ausdruck. Daneben lassen sich Churchill und seine engsten Mitarbeiter immer wieder die polnischen Truppen vorführen, die ein besonders wertvolles Reservoir für die SOE, Special Operations Executive, bilden. Nach besonderer Ausbildung durch die SOE kehren viele dieser Soldaten in ihre Heimat zurück, wo sie der stetig wachsenden Widerstandsbewegung als Instrukteure dienen. Der größte Teil dieses von der SOE versorgten Widerstandes, der erhebliche Erfolge erzielt, aber auch schmerzliche Niederlagen erleidet, versteht sich als »Armija Krajowa« — »Heimatarmee« der Exilregierung in London und betrachtet General Sikorski als seinen obersten Befehlshaber.
Doch ist der Anschein vollkommener Einigkeit zwischen Exilregierung und Streitkräften äußerlich und trügerisch; denn General Sikorski hat nicht nur viele Freunde, sondern mindestens ebenso viele Feinde, die zumeist ehemalige Pilsudski-Anhänger sind oder zu jenen höheren Offizierskreisen zählen, die er dafür zur Verantwortung ziehen möchte, daß sie die polnischen Truppen im September 1939 schmählich verlassen haben. Insbesondere diese Militärs führen einen intriganten Femekrieg gegen Sikorski, der dazu führt, daß er in seinen politischen Entschlüssen immer unsicherer wird und oft auch schlechten Beratern, die meist nur persönliche Ziele verfolgen, unbedacht sein Vertrauen schenkt.
Sikorskis Arbeitsplatz als Chef der polnischen Armee befindet sich im Londoner Hotel »Rubens«, gegenüber den Marställen des Buckingham-Palastes. Der Charakter des sechzigjährigen Generals ist von einem großen Glauben an sich selbst und starken Ambitionen geprägt. Seine persönliche Autorität und sein Realismus werden hoch geschätzt.
Am 22. Juni 1941 greift Hitler die Sowjetunion an. Sikorski wird mit allen anderen Alliierten zum Bundesgenossen Stalins. Er steht damit am Beginn eines Weges, von dem es kein Zurück geben wird.
Nicht ohne sanften Druck Churchills und in dessen Anwesenheit unterzeichnet er den sogenannten Sikorski-Stalin-Pakt, der von *Iwan Majski*, dem sowjetischen Botschafter in London, gegengezeichnet wird. Seine politischen Gegner werden Sikorski diesen Akt nie verzeihen können, obwohl durch ihn mehrere Hunderttausend Polen gerettet werden, die im Herbst 1939 aus Ostpolen nach Sibirien verschleppt worden sind. Außerdem wird die Bildung einer starken polnischen Exilarmee ermöglicht, die man General *Wladyslaw Anders* unterstellt.
Anfang Dezember 1941 besucht General Sikorski Moskau und legt Stalin die Namensliste von etwa 14 000 vermißten pol-

nischen Offizieren vor. Stalin antwortet ihm, daß die Offiziere möglicherweise in die Mandschurei geflohen seien.
Jedenfalls wird bei dieser Gelegenheit ein Abkommen über den gemeinsamen polnisch-russischen Kampf gegen Hitler unterzeichnet.
Ende März 1942 fliegt Sikorski, geplagt von bösen Ahnungen über eine mögliche geheime Übereinkunft Churchills und Roosevelts mit Stalin, die auf Kosten der Grenzen Polens gehen könnte, in die Vereinigten Staaten. Churchill stellt ihm für diesen Flug einen Großbomber vom Typ Liberator zur Verfügung. Auf halbem Wege, über dem Atlantik, wird unter einem Schlafsack, noch kurz vor ihrer Explosion, eine hochbrisante Brandbombe entdeckt. Es ist eine jener Explosivladungen, die die Piloten der Royal Air Force an Bord mitführen, um im Fall einer Notlandung in Feindesnähe das Flugzeug augenblicklich vernichten zu können. Die Bombe kann gerade noch rechtzeitig entschärft werden. Nach der Landung in den USA wird das Flugzeug sofort einer eingehenden Prüfung unterzogen. Der Offizier, der die Bombe unter seinem Schlafsack fand, ein Oberst der polnischen Luftwaffe, wird mehrfach verhört und gibt dann überraschend zu, er selbst habe die Bombe placiert, um die Öffentlichkeit auf ein mögliches Attentat auf General Sikorski hinzuweisen. Er wird zunächst für geisteskrank erklärt. Einige Zeit später wird er in Edinburgh am hellen Tage von einem Lkw überfahren und stirbt.

General Sikorski mit seiner Tochter, Frau Zofia Lesniowska

Aus den USA zurückgekehrt, läßt Sikorski neben zahlreichen Truppeninspektionen, bei denen er die glorreiche Vergangenheit und glückliche Zukunft Polens beschwört, sowie anstrengenden Regierungssitzungen keine Gelegenheit vorübergehen, in Noten und Memoranden, die er an die maßgeblichen Politiker Englands und der Vereinigten Staaten richtet, seine Sorge um die Zukunft Polens und insbesondere seiner östlichen Grenzen zum Ausdruck zu bringen. Gleichzeitig mit seinen ersten militärischen Erfolgen hat Stalin nämlich eine politische Offensive begonnen, die die spätere Annexion Ostpolens, das ihm

Hitler bereits 1939 zuerkannte, vorbereiten soll. Sikorski ahnt nicht, daß die Karten längst verteilt sind.
Nur selten verbringt der General einige Stunden der Entspannung im Kreise seiner Familie. Sein einziges Kind, die Tochter *Zofia Lešniowska*, vor dem Kriege eine in Polen bekannte Turnierreiterin, verheiratet mit einem polnischen Offizier, der sich jetzt in deutscher Gefangenschaft befindet, ist Kommandantin des polnischen weiblichen Hilfskorps.
Im November 1942 reist Sikorski ein drittes Mal in die Vereinigten Staaten. Er beabsichtigt, mit Roosevelt die neuen sowjetischen Gebietsforderungen zu besprechen, die seit einiger Zeit die Beziehungen Polens zu seinen Alliierten belasten.
Von Montreal soll Sikorski nach Washington fliegen. Die Maschine ist eine wiederum von der R. A. F. zur Verfügung gestellte zweimotorige Lockheed Hudson, die nach dem Start in Montreal, schon in etwa 30 m Höhe, über das Ende der Rollbahn hinweggerast ist, als plötzlich beide Motoren aussetzen. Der Pilot behält jedoch die Nerven und bringt eine perfekte Bruchlandung zustande. Etwa 200 m schlittert die Maschine durch das Gelände, bevor sie, schwer beschädigt, zum Stillstand kommt.
Wie durch ein Wunder erleiden die Passagiere nur leichte Verletzungen. Der Absturz wird streng geheimgehalten. General Sikorski gegenüber wird erklärt, daß hier weder von einer Motorpanne noch von einem Absturz die Rede sein könne. Der Pilot habe die Maschine zwar wegen etwas zu geringer Startgeschwindigkeit notgelandet, was jedoch nicht unbedingt erforderlich gewesen sei. Hätte er gewollt, so wäre es durchaus möglich gewesen, weiterzufliegen.
Einige Zeit später wird Sikorski mitgeteilt, daß es sich bei dem Unfall wahrscheinlich um einen deutschen Sabotageakt gehandelt habe.
In Washington angekommen, wird Sikorski von Präsident Roosevelt herzlich empfangen, der ihm sogar schriftlich seine politische Verpflichtung Polen gegenüber bestätigt. Gerade stehen Präsidentschaftswahlen bevor — und wer wollte schon auf einige Millionen Stimmen von Amerikanern polnischer Abstammung verzichten? Das Dokument landet neben denen Churchills in einer schwarzen Ledertasche, die der General immer in Sichtweite mit sich führt.
Dennoch sieht sich Sikorski in London massiven Angriffen seiner innenpolitischen Feinde ausgesetzt, die ihn nach wie vor einer Verzichtpolitik gegenüber Stalin beschuldigen.
Am 15. April 1943 — das Warschauer Getto führt zu dieser Zeit seinen verzweifelten Kampf gegen die Henker Hitlers — bringt Radio Berlin die Meldung vom Fund mehrerer Massengräber mit polnischen Offizieren im Wald von Katyn. General Sikor-

ski, dem an der Aufklärung des Massakers gelegen ist, sucht bei Churchill um Rat und Hilfe nach. Churchill, ein Unheil ahnend, gibt ihm den lapidaren Hinweis, daß man die Toten ohnedies nicht wieder zum Leben erwecken könne und deutet an, daß er nicht in die Affäre verwickelt werden möchte. Sikorski wendet sich nun an das Internationale Rote Kreuz und bittet diese Organisation um Klärung der Sache. Hitlers gewitzter Propagandaminister Goebbels wittert hier eine noch nie dagewesene Chance, im alliierten Lager Zwist zu säen. Stalin, dem eigentlich am meisten am Erscheinen einer Kommission des Roten Kreuzes gelegen sein sollte, damit die deutschen Anschuldigungen ein für allemal aus der Welt geschafft würden, reagiert prompt. Sein Organ »Prawda« bezeichnet General Sikorski als Bundesgenossen Hitlers, und die Sowjetunion bricht unter diesem Vorwand die politischen Beziehungen zur polnischen Exilregierung ab.
Als sich in London Meldungen über offene Feindseligkeiten gegen Sikorski in der General Anders unterstellten Armee häufen, die mittlerweile von der Sowjetunion in den Nahen Osten verlegt worden ist, hält Sikorski sein persönliches Erscheinen in diesem Gebiet für dringend notwendig.
Der britische Außenminister *Eden*, in dessen Maschine Sikorski fliegen soll, informiert den sowjetischen Botschafter Majski über diese Reise und versichert ihm, daß die Änderungen in der polnischen Exilregierung, die Stalin Churchill immer wieder nahegelegt habe, bald eintreten würden.
Am 1. Mai 1943 erhält General Sikorski ein Schreiben, in dem ihn zwei seiner Minister beschwören, die Reise in den Nahen Osten abzusagen:

»Persönlich – Streng geheim.
Herr General!
Seit längerer Zeit beabsichtigen Sie, eine Reise in den Nahen Osten vorzunehmen. Diese Absicht entspringt Ihrer Sorge um wichtige Staatsinteressen und in erster Linie den größten Teil der polnischen Streitkräfte, der dort stationiert ist ...
... Es ist bekannt, daß ein Teil der polnischen Flüchtlinge im Nahen Osten besonders erregt worden ist durch die verbrecherische Agitation gewisser Kreise, was diese Reise gefährlich macht für Sie, Herr General. Nicht auszuschließen ist die Vermutung, daß hierbei Provokationen seitens einer fremden Macht im Spiele sind.
Wir appellieren als Regierungsmitglieder und als Ihnen aufrichtig ergebene Menschen deshalb wärmstens an Sie, Herr General, auf die Reise in den Nahen Osten unter den momentan gegebenen Umständen verzichten zu wollen.«

Der Liberator AL 523

Sikorski läßt diesen Brief unbeantwortet.
Zehn Tage später, am 25. Mai 1943 – nach einem Frühstück mit den engsten Mitarbeitern, das im »Dorchester«-Hotel eingenommen wird, und einer Konferenz mit Außenminister Eden – begibt sich eine kleine Gruppe polnischer Exilpolitiker zur Londoner Bahnstation Paddington, von wo sie zu einem Stützpunkt der Royal Air Force in der Nähe von Bristol fährt.
Außer Sikorski, seiner Tochter und seinem persönlichen Adjutanten reisen auch einige höhere Offiziere sowie Oberst *Victor Casalet*, ein Verbindungsoffizier zwischen der britischen Regierung und der polnischen Exilregierung, ab.
Auf dem Flugplatz wartet die Dienstmaschine von Außenminister Eden auf die Gruppe. Ein umgebauter amerikanischer Langstreckenbomber vom Typ Liberator, der meistgebaute Bombertyp des II. Weltkrieges, Kennzeichen: AL 523. Die Maschine soll um Mitternacht starten. Sie wird geflogen von dem tschechischen Fliegerleutnant *Edward Max Prchal*, der als einer der besten Transportpiloten gilt und einer von fünf Bomberpiloten der Alliierten ist, die auch nachts in Gibraltar landen dürfen.
Während der Morgenstunden macht die Maschine Zwischenlandung in Gibraltar und fliegt dann weiter in Richtung Kairo.
Am nächsten Tag läutet in mehreren polnischen Ministerien in London das Telefon: Die entsetzten Minister hören in fließendem Polnisch die Botschaft: »Wissen Sie schon das Neueste, Herr Minister? General Sikorskis Flugzeug ist in Gibraltar abgestürzt. Alle Passagiere sind tot.«
Die verzweifelten Herren finden erst dann Ruhe, als seitens der britischen Regierung ausdrücklich festgestellt wird, daß alles in Ordnung sei und es sich bei den Anrufen nur um einen makabren Scherz handeln könne.

Der »Liberator AL 523« ist mittlerweile ohne jeden Zwischenfall in Kairo eingetroffen. Sikorski verbringt mehrere Tage in Gesprächen mit General Anders, während das Flugzeug und seine Besatzung nach England zurückkehren. Mehrere Wochen lang reist Sikorski unermüdlich durch den Iran, Irak und durch Palästina: in unerträglicher Hitze Truppen inspizierend, Militärparaden abnehmend, mit Soldaten und Offizieren sprechend, während seine Tochter Zofia, die ständig um ihn ist, um seine Gesundheit bangt. Am 28. Juni kehrt Sikorski nach Kairo zurück, wo er zusammen mit seiner Tochter und seinem Adjutanten, Leutnant *Ponikiewski*, einige Tage der Erholung verbringt. Gerade hat man ihn dazu bewegt, seinen Aufenthalt in Ägypten um einige Urlaubswochen zu verlängern, als ein Telegramm Churchills eintrifft, das ihn zur Rückkehr bewegt.
Sikorski bittet um Entsendung eines Flugzeuges und äußert dabei den Wunsch, wieder mit dem Piloten Prchal fliegen zu können. Sein Wunsch wird erfüllt, und er kauft daraufhin ein silbernes Zigarettenetui für Prchal, in das er eine Widmung eingravieren läßt und das er Prchal, in Anerkennung seiner fliegerischen Fähigkeiten, bei dessen Ankunft in Kairo übergibt.
Unmittelbar vor dem Start am 3. Juli 1943 wird Sikorski gebeten, drei Passagiere, die eiligst nach London zurück müßten, in seiner Maschine mitzunehmen, da momentan kein anderes Flugzeug nach London abgehe. Sikorski sagt zu, den Brigadier *John P. Whiteley* von der Military Police und zwei Agenten des Geheimdienstes mitzunehmen.
Der »Liberator AL 523« startet planmäßig vom Flughafen Kairo-West. Der General ist in bester Laune; er setzt sich ins Cockpit. Seine Tochter macht ein Erinnerungsfoto von ihm und nimmt dann auch den Piloten Prchal auf.
Es ist etwa 3 Uhr nachmittags, als der Chef der polnischen Mission in Gibraltar, Graf *Ludwik Lubienski*, ehemals Sekretär des glücklosen polnischen Vorkriegs-Außenminister *Josef Beck*, zum Gouverneurpalais gerufen wird.

Graf Lubienski:
»Als ich beim Gouverneuer eintraf, sagte er mir: ›Ich habe soeben einen Funkspruch aus Kairo bekommen, in dem General Sikorski,

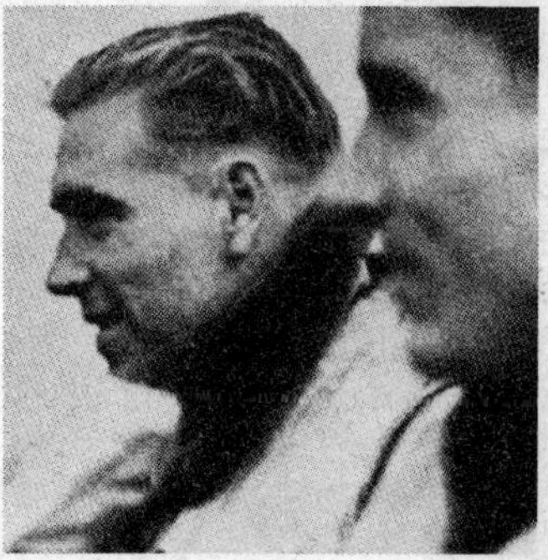

Fliegerleutnant Edward Max Prchal (links)

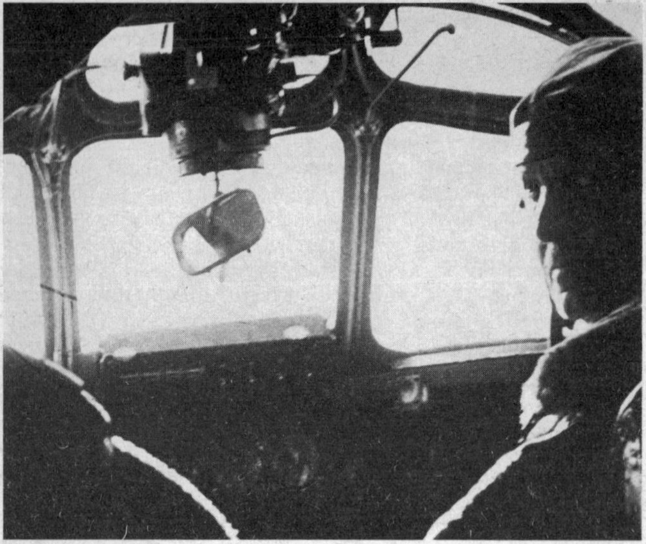

Auf dem Flug von Kairo nach Gibraltar: General Sikorski im Cockpit des Liberator AL 523

Graf Ludwik Lubienski, Gibraltar 1943

der sich auf der Rückreise nach London befindet, mitteilt, er möchte in Gibraltar zwischenlanden, und bittet, da er müde sei, um Übernachtungsmöglichkeit.‹
Gouverneur *Mason-McFarlane* war ein altbewährter Freund der Polen und ebenso ein ergebener Freund General Sikorskis. Wir sprachen alle Einzelheiten des Aufenthaltes von General Sikorski durch, und ich ging in mein Büro zurück. Ich hatte noch nicht einmal wieder hinter meinem Schreibtisch Platz genommen, als mich ein erneuter Anruf zum Gouverneur beorderte.

Ich rannte zum Palais, und der Gouverneur erklärte mir, daß eine komplizierte Situation eingetreten sei. Fast gleichzeitig mit der Bitte General Sikorskis um Übernachtung und 24stündigen Aufenthalt in der Festung habe er einen Funkspruch von Herrn Majski, dem sowjetischen Botschafter in London, erhalten, der besage, daß Majski von Stalin nach Moskau beordert worden sei und noch am gleichen Tage mit seiner russischen Maschine in Gibraltar landen, übernachten und dann über Kairo nach Moskau weiterfliegen wolle.
›Es ist mir natürlich nicht möglich, diese beiden Gäste gleichzeitig unter meinem Dach zu beherbergen‹, sagte der Gouverneur. Zu jener Zeit war es im Zusammenhang mit dem Massaker von Katyn ja schon zum Bruch zwischen der Sowjetunion und Polen gekommen. Ich erwiderte ihm also: ›Bitte, Herr Gouverneur, entscheiden Sie selbst, wen Sie als Ihren Gast vorziehen.‹ Er erwiderte lachend: ›Selbstverständlich Sikorski an erster Stelle, aber ich muß doch London gegenüber begründen, weshalb!‹ Ich schlug ihm vor, er solle sagen, daß sein Haus bereits mit Gästen belegt sei und es auch aus Gründen der Sicherheit besser wäre, wenn Herr Majski in den frühen Morgenstunden in Gibraltar ankomme, damit er bei Nacht aus London abfliegen könne. Es herrsche ja Krieg, und man müsse sich vor deutschen Jägern in acht nehmen. Nach ein paar Stunden der Ruhe, einem Frühstück und Bad könne Herr Majski dann am gleichen Tage von Gibraltar aus weiterfliegen. General Sikorski würde währenddessen so lange in seiner Suite bleiben, bis Majski weitergeflogen sein würde. Und so geschah es.
Am Samstagnachmittag landete der ›Liberator‹ der von General Sikorski angeführten polnischen Gruppe auf dem Flugplatz in Gibraltar, wo sie vom Gouverneur und mir als Chef der polnischen Mission sowie von einem englischen Offizier empfangen wurden. Sikorski stieg aus dem Flugzeug, begrüßte uns alle, und dann fuhren wir per Auto zum Gouverneurspalais. Nach dem Abendessen ließ General Sikorski mich zu sich kommen. Nachdem er sich davon überzeugt hatte, daß meine Arbeit in Gibraltar nicht mehr so wichtig war, um sie nicht schon jemand anderem übertragen zu können, empfahl er mir, mich bei dem Piloten Prchal zu erkundigen, ob er noch einen Platz im Flugzeug frei habe, damit ich mit ihm nach London fliegen könne. Prchal sagte, es sei zwar noch ein Platz frei, jedoch dürfe ich – da Gefahr der Überlastung der Maschine bestünde – kein Gepäck mitnehmen. Daraufhin erteilte mir General Sikorski Befehl, mit ihm nach London zu fliegen. Während der Nacht traf dann jedoch ein Kurier der Widerstandsbewegung aus Polen ein, der viele, zum Teil chiffrierte Meldungen überbrachte. Da General Sikorski das für die Untergrundbewegung gültige Codebuch nicht bei sich hatte, entschied er, daß der Kurier an

meiner Stelle mit nach London fliegen und ich dann einige Tage später nachkommen solle. Nach dem Abflug des Botschafters Majski am nächsten Morgen, als, wie man so sagt, die ›Luft rein‹ war, begab sich die gesamte polnische Equipe ins Freie.«

Es ist ein schöner Sonntag; die polnische Gruppe trägt sich in das Gästebuch des Gouverneurs ein und geht dann in die Stadt, um Souvenirs zu kaufen. Inzwischen wird die Maschine gründlich überprüft und für die letzte Flugstrecke sorgfältig vorbereitet.
Auch die zwei Geheimagenten aus Kairo und Brigadier Whiteley, die es so eilig hatten, entschließen sich plötzlich, in Gibraltar zu bleiben, um auf den Weiterflug der Maschine General Sikorskis zu warten, obwohl am Vormittag eine Maschine in Richtung London startet.
Um 1 Uhr inspiziert General Sikorski eine britische Ehrenkompanie, die hinter der Gouverneursresidenz Aufstellung genommen hat. Dann gibt Gouverneur Mason-MacFarlane ein offizielles Mittagessen in den schattigen Räumen seines Palais. Um 3 Uhr begibt sich der General in den Garten, um eine in Gibraltar stationierte Kompanie polnischer Soldaten zu inspizieren. Sikorski ist bester Laune. Ausgeruht, unter Freunden und in Anbetracht des jetzt nur noch wenige Stunden langen Fluges, der ihn von London trennt, geht er lachend zu seinen Soldaten. Sodann fährt er zu einer Besichtigung der unterirdischen Gänge und Verteidigungsanlagen des berühmten Felsens, die ständig erweitert werden und an deren Ausbau auch heute, obwohl Sonntag ist, kanadische Pioniere arbeiten. In den Galerien stehen, zur Erinnerung an frühere Zeiten, noch die einige hundert Jahre alten Kanonen.

Graf Ludwik Lubienski:
»Im gleichen Augenblick, als der Pilot Prchal bei General Sikorski eintrat und meldete, daß die Maschine startklar sei, begann das allgemeine Abschiednehmen. Da General Sikorski wie gewöhnlich als letzter das Flugzeug bestieg, hatte seine Begleitung – seine Tochter, General *Klimecki* und andere Polen – sich bereits von uns verabschiedet und verschwand im Flugzeug, während sich General Sikorski noch vom Gouverneur verabschiedete. Ich begleitete ihn bis zur Gangway – der Einstieg befand sich am Rumpfende der Maschine. Er reichte mir die Hand und verabschiedete sich von mir mit den Worten: ›Herr Hauptmann, wir sehen uns in ein paar Tagen in London wieder.‹ Er verschwand im Flugzeug, die Gangway wurde eingeschoben, wir traten einige Schritte zurück und warteten auf den Start. Nach einiger Zeit rollte das Flugzeug zur Startbahn, es dauerte ziemlich lange, da die vorgeschriebenen Motorproben noch

Gibraltar, von La Linea (Spanien) aus gesehen (Kreis: An dieser Stelle befindet sich während der Nacht des 4. Juli 1943 der Funker D. F. Martin)

durchgeführt werden mußten. Nachdem der Pilot von den einzelnen Besatzungsmitgliedern Meldung bekommen hatte, daß jedes ihnen anvertraute Teil in Ordnung war, bat er den Kontrollturm um die Starterlaubnis. Während all dieser Checks, die dem Start vorausgingen und viel Zeit in Anspruch nahmen, hörten wir aus der Ferne das Heulen der Motoren, die einer nach dem anderen ansprangen und dann alle vier zusammen geprüft wurden, ob alles in Ordnung sei.

Nachdem dann der Kontrollturm die Starterlaubnis erteilt hatte, wurden alle Lichter gelöscht; es blieben nur die grünen Positionslichter entlang der Startbahn. Wir hörten, daß das Flugzeug mit voller Motorkraft seinen Start begann. Unsere Gruppe mit dem Gouverneur und mir war noch versammelt. Wir standen am Rande der Startbahn, etwa an ihrer halben Länge, als die Maschine vorbeiraste. Es war zwar dunkel, doch man sah die Silhouette des Flugzeuges, das sich von der Startbahn abhob. Obwohl noch ein ganzes Stück Startbahn vor ihm lag, zog es in schönem Schwung nach oben und ging bei etwa 200 m Höhe auf geraden Kurs. Während der ganzen Zeit sah man seine Positionslichter.«

Auch ein anderer sieht die Maschine: *Douglas F. Martin*, Funker der SOE. Er sitzt mit seinem Gerät inmitten der Felsen, etwa

400 m vom Flugzeug entfernt, und ist der einzige Augenzeuge des Absturzes:
»Ich hörte das Geräusch von Motoren, und es kam ein Flugzeug in Sicht, das vom Flugplatz in Richtung auf die See startete. Es war ein ziemlich großes Flugzeug, und es hatte eigentlich keine sehr große Höhe erreicht — nach genauem Überlegen würde ich sagen, daß es bestimmt nicht ganz hundert Meter hoch flog. Es gewann jedoch an Höhe, und dann, innerhalb von Sekunden, bewegte sich die Maschine hinunter, der See zu, und ging schneller hinab, als sie — wie ich mir dachte — eigentlich hätte abfallen dürfen.
Innerhalb von Sekunden landete das Flugzeug auf seiner Unterseite, es war eigentlich keine richtige Bruchlandung — es kam nur herunter wie zu einer Notlandung, mit ziemlich hoher Geschwindigkeit. Die Motoren liefen noch immer, glaube ich, während es sozusagen auf dem Bauch im Wasser schwamm.
Es war ziemlich dunkel zu der Zeit, und ich dachte mir: Du solltest besser die Flughafenbehörden informieren. Gerade, als ich die paar Schritte zu meiner Funkstation hinaufklettern wollte, fiel mir ein: Es hat ja eigentlich wenig Sinn, sie über den Absturz zu unterrichten, wenn du nicht genau sagen kannst, wo er stattgefunden hat. Während ich also zu meinem Felsplateau zurückging, sah ich, daß das Flugzeug schon ziemlich abgesunken war, und an der Seite, die mir am nächsten lag, d. h. auf der mir zugewandten Tragfläche, erkannte ich etwas, das aussah wie ein Mann. Ich habe keine Ahnung, wie er aus dem Flugzeug herausgekommen ist, aber er ging auf der Tragfläche entlang in Richtung ihrer Spitze. Er schien sehr sicher zu sein und ging ganz aufrecht.«

Graf Ludwik Lubienski:
»Das Flugzeug blieb ganze 7 Minuten an der Wasseroberfläche; erst in der achten Minute versank es. Eine Minute vorher, in dem Augenblick, als das Flugzeug unterging, kam erst eins und dann ein zweites Motorboot an der Stelle an und schließlich ein Ruderboot. Man fand den Piloten, der in seiner Schwimmweste ohnmächtig auf der Wasseroberfläche trieb, und drei andere Menschen, von denen einer noch atmete, wie uns über Funk gemeldet wurde. Wir fragten sofort zurück, wer die Geborgenen seien. Es kam die Antwort: ›Wir können sie nicht erkennen, einer trägt Uniform, einer nicht.‹ Der Gouverneur befahl, eins der Motorboote solle die Opfer sofort in den Hafen bringen. Das zweite Motorboot solle weiter nach Leichen und Überlebenden Ausschau halten. Wir hofften immer noch, daß sich doch noch jemand gerettet haben könnte.
Wir verließen dann den Kontrollturm und fuhren zum Hafen. Gerade waren wir dort angekommen, als das erste Motorboot

mit den Opfern in den Hafen einlief. Der Gouverneur schickte mich an Bord des Bootes, damit ich die Leichen identifiziere. Ich bestieg das Motorboot – vier in Decken gehüllte Körper lagen vor mir. Ich hob eine der Decken an – und sah General Sikorski mit einer schweren Kopfwunde, fast ausgezogen, nur mit Hose und Hemd bekleidet. Die zweite Leiche war die General Klimeckis, in voller Uniform und mit unverändertem Gesicht; die dritte der englische Offizier Whiteley. Das vierte Opfer war der Pilot, schon ohne Schwimmweste, zwar immer noch bewußtlos, aber lebend.«

Prchal wird sofort ins Krankenhaus gebracht; er hat einen schweren Schock erlitten, trägt eine tiefe Schnittwunde im Gesicht, und einer seiner Knöchel ist gebrochen. Früh am nächsten Morgen stellt ein Suchflugzeug die genaue Absturzstelle fest. Dann wird dort eine mit einer roten Fahne versehene Markierungsboje abgeworfen. Das Flugzeug liegt etwa 500 m vom Ende der Startbahn entfernt in etwa 9 m Tiefe und ist im klaren Wasser gut sichtbar. Sein Rumpf ist in mehrere Teile zerborsten, die Räder ragen nach oben. Die Tragflächen scheinen unzerstört zu sein. Das Leitwerk liegt einige Meter weiter.

Eine ausgewählte Einheit von Froschmännern, die wegen der Vorbereitungen zur Landung auf Sizilien zur Zeit in Gibraltar stationiert ist, wird zunächst mit der Bergung beauftragt. Der Gouverneur selbst kommt per Motorboot an die Absturzstelle und gibt Befehl, ganz besonders nach der schwarzen Aktenmappe General Sikorskis zu suchen. Sie wird gefunden, dem Gouverneur überreicht, und man hat sie nie wieder gesehen.

Einer der Taucher ist der bekannte Froschmann *Lionel K. Crabb*. 13 Jahre später, 1956, taucht er in geheimer Mission unter den Rumpf eines sowjetischen Kriegsschiffes, das anläßlich eines Staatsbesuches nach England gekommen war, und blieb seitdem verschwunden. Der Mann, der ihn an die Sowjets verriet, ist 1943 Chef des britischen Geheimdienstes für die Iberische Halbinsel und Gibraltar. Sein Name ist *Kim Philby*, Stalins bester Mann in englischen Diensten. Er befehligt zur Zeit des Absturzes eine beträchtliche Anzahl zu allem entschlossener Agenten, die in diesem Teil Europas am Krieg im Dunkel maßgeblich beteiligt sind. In den Morgenstunden des 5. Juli wird im Wrack der Rock General Sikorskis gefunden.

Mittlerweile sind ganze Berge Gepäck und mehrere Postsäcke aus dem Wasser gefischt worden. Koffer voller Garderobe und Pelze, Kisten mit Whisky, Wein, Zigaretten, Kaffee und anderen in England streng rationierten Gütern. Ein Koffer voller fabrikneuer Leicas wird gehoben. Man findet ganze Bündel diplomatischer Korrespondenz, zum Teil als »streng geheim« bezeichnet. Die Wasseroberfläche ist übersät mit englischen

Pfundnoten. Auch das silberne Zigarettenetui, das der General dem Piloten geschenkt hatte, finden die Taucher unter den Trümmern der Maschine.

Die Leiche der Tochter General Sikorskis, Frau Zofia Leśniowska, wird nie gefunden. Auch die Leichen von mindestens drei weiteren Passagieren bleiben für immer vermißt.

Ein Spezialbergungsschiff wird herangeholt. Die Taucher legen Seile unter dem Wrack an, damit es vom Meeresgrund gehoben und an Land gebracht werden kann. Der Kran des Hebeschiffes erweist sich jedoch als zu schwach, und man entschließt sich, das Wrack über dem Meeresgrund dicht ans Ufer zu ziehen.

Hauptmann Lubienski bettet die Leiche General Sikorskis in einen Doppelsarg. Eine Sektion und damit die genaue Feststellung der Todesursache unterbleibt – wie man ihm erklärt, aus politischen Gründen.

Die polnische Regierung beordert den ihr unterstellten Zerstörer »Orkan« nach Gibraltar, damit die Leichen in aller Würde nach England überführt werden können. Da nach altem Seemanns-Aberglauben das Mitführen einer Leiche Unheil für Schiff und Mannschaft bringt, läßt sich der Kapitän des Zerstörers, in Gibraltar eingetroffen, nur zur Mitnahme des Sarges von General Sikorski bewegen.

Am 8. Juli wird der Sarg General Sikorskis in feierlichem Zuge, an dessen Spitze Gouverneur Mason-MacFarlane und Graf Lubienski schreiten, von der Kathedrale durch die Straßen Gibraltars zum Hafen geleitet und an Bord des Zerstörers gebracht.

Einige Tage später hievt im Hafen von Plymouth ein Schiffskran den Sarg General Sikorskis an den Kai, wo die Freunde, die den General 6 Wochen zuvor verabschiedet haben, warten.

London, 15. 7. 1943. Churchill mit seiner Gattin beim Verlassen der Westminster-Kathedrale

Drei Monate später sinkt der Zerstörer »Orkan« mitsamt seiner Besatzung.
Am 15. Juli 1943 wird in der Westminster-Kathedrale in London die feierliche Totenmesse für General Sikorski gelesen. Neben nahezu allen englischen Ministern und Vertretern der alliierten Regierungen nimmt auch Churchill mit seiner Frau daran teil. Viele wollen Tränen in Churchills Augen gesehen haben.
Am nächsten Tag wird der Sarg Sikorskis auf den Soldatenfriedhof von Newark gebracht. Als letzten Gruß gibt seine Witwe eine Handvoll polnischer Erde in das Grab. Es war sein Wunsch, hier, unter seinen Soldaten, auf die Rückkehr in die freie Heimat zu warten.
General Sikorski ist mit seinen Soldaten bis heute hier geblieben.
Am 7. Juli 1943 ist mit einer Sondermaschine eine Kommission der Royal Air Force in Gibraltar eingetroffen. Zunächst sind mehrere Starts unter ähnlichen Bedingungen, wie sie beim Start des »Liberator AL 523« geherrscht haben, durchgeführt worden. Die Kommission klärt auch alle Routinefragen: das Wetter ist normal gewesen, es herrschte ein leichter Ostwind, der Himmel war wolkenlos, die Sicht betrug etwa 15 km, die Startbahn, deren westliche Hälfte ins Meer hinausragt, war in einwandfreiem Zustand.
Gleichzeitig mit den laufenden Bergungsarbeiten verhört der Untersuchungsausschuß mehr als 30 Zeugen unter Eid. Prchal, der sich von seinem Schock noch nicht erholt hat, wird im Krankenhaus als erster vernommen. Er sagt aus, daß er, wie er es immer tat, nachdem die Maschine sich in der Luft befand, im kurzen Sturzflug bis auf etwa 50 m Höhe hinunterging, um dadurch die nötige Steiggeschwindigkeit von 260 Stundenkilometer zu erreichen. Als er die Maschine dieses Mal wieder habe hochziehen wollen, habe es nicht geklappt. Der Steuerknüppel sei blockiert gewesen. Wahrscheinlich habe sein Kopilot ihn aus Versehen blockiert. Er selbst habe über Bordfunk »Bruchlandung« gerufen, dann die Motoren ausgeschaltet, um zumindest eine Explosion zu verhindern. Die Tanks waren ja voll. An den Aufprall selbst könne er sich nicht mehr erinnern.
Obwohl er mit vollaufgeblasener und vorschriftsmäßig verschnallter Schwimmweste im Wasser gefunden worden ist, beantwortet er die Frage, ob er seine Schwimmweste angelegt habe, immer wieder mit Nein.
Der SOE-Funker Douglas F. Martin, der als einziger den Absturz gesehen hat, wird von der Untersuchungskommission nicht vorgeladen.
Mittlerweile sind die Wrackteile geborgen worden — doch ist nichts zu finden, was auf einen Defekt der Steuerungsanlage hindeutet. Die Konstrukteure und flugtechnischen Experten der

Consolidated Aircraft Corporation in den USA, wo die Maschine AL 523 gebaut worden ist, bestreiten ganz entschieden die Möglichkeit einer Blockierung der Steuerungsanlage.
Bei der eingehenden Vernehmung des auf dem Flughafen tätigen Bodenpersonals stellt sich heraus, daß die Absperrung der Maschine während ihres Aufenthaltes in Gibraltar nicht sehr streng genommen worden ist. Zumindest zwei Personen, die an sich nichts in der Maschine zu suchen hatten, haben den »Liberator« bestiegen, angeblich um Gepäckstücke zu holen.
Über die Zahl der Passagiere und das für die Flugsicherheit so wichtige Frachtgewicht kann man nichts Genaues sagen – bei den sogenannten »VIP«-Maschinen, den Flugzeugen der Prominenz, pflegt man bezüglich der Bordpapiere nie so korrekt vorzugehen.
Ein Gepäckstück, das zur Fracht des »Liberators« gehörte, ist am nächsten Morgen auf der Startbahn gefunden worden, genau an der Stelle, an der die Motoren des Flugzeugs 20 Minuten lang geprüft wurden.
Der für die Personenabfertigung zuständige Offizier meldet, daß nur 2 von den vermutlich 11 Passagieren sich bei ihm eingetragen hätten. Es sind 2 Angestellte des Geheimdienstes aus Kairo, die mit der Maschine nach London weiterfliegen wollten.
Die Kommission arbeitet 3 Wochen lang, findet jedoch nichts heraus, was einwandfrei auf die Ursache des Absturzes hinweist. Sie schließt ihren Report ab mit der Feststellung:
»Es wird angenommen, daß Sabotage für den Absturz des ›Liberator AL 523‹ nicht in Frage kommt.«
Auch die zweite Kommission, die etwa 14 Tage später auf Weisung Churchills einberufen wird, kann nichts Wesentliches finden und versichert lediglich, daß Fliegerleutnant Prchal in keiner Weise getadelt werden kann.
Man weiß, daß das Flugzeug überlastet war, wofür letztlich der Pilot verantwortlich zu machen wäre, und daß die Maschine wahrscheinlich deshalb nicht auf seine Steuerungsmanöver reagierte.
Da jedoch beide Kommissionen von der Annahme ausgehen, daß keine Sabotage im Spiel gewesen ist und auch nur die von Prchal vermutete Absturzursache untersuchen, sind einige wichtige Fragen um den »Liberator AL 523« bis heute ungeklärt geblieben.

Kidnapping auf Kreta

Es ist der 20. Mai 1941, als sich über 600 deutsche Transportmaschinen, vollgepackt mit Fallschirmtruppen, im Anflug auf Kreta befinden.
Diese Insel, auf der die Wiege des Zeus stand, wo Ikaros seinen sagenhaften Flug begann, hat im Verlauf ihrer wechselvollen Geschichte viele Eroberer gesehen: Dorer, Römer, Araber, Venezianer und Türken.
Dieses Mal sind es die Deutschen, und zu den Mythen und Sagen, an denen die Insel seit Homers Zeiten so reich ist, kommt eine weitere hinzu: ein deutscher General wird entführt.

Kreta, die größte der griechischen Inseln, ist etwa 260 km lang, bis zu 60 km breit und wird von weniger als einer halben Million Menschen bewohnt. Ihre unzugängliche, von der deutschen Besatzung nur spärlich bewachte Südküste ist mit ihren vielen kleinen Buchten wie geschaffen für Kommando-Unternehmen, und ihre zerklüfteten, von Höhlen durchzoge-

Die deutschen Transportmaschinen vor dem Angriff auf Kreta

Mickey Akaumianos

nen Gebirge bieten ideale Schlupfwinkel für die von englischen Instrukteuren angeleiteten Partisanen, die aus der Luft und über das Meer laufend von der SOE versorgt werden.

Die deutschen Fallschirmjäger haben sich nach der Eroberung der Insel Kreta noch nicht etabliert, als auf der anderen Seite des Mittelmeeres, in Ägypten, schon Übungen von Fallschirmjägern im Gange sind, die ebenfalls auf Kreta landen sollen. Die SOE bildet in ihrer Zweigstelle »Ost« in Kairo ihre Agenten für Griechenland aus. Unter ihnen sind Dutzende junger Griechen, die auf abenteuerlichen Wegen ihre Heimatinsel Kreta verlassen haben und nun hier unter den Augen britischer Offiziere zu perfekten Agenten der SOE werden.

Einer von ihnen ist *Mickey Akaumianos*, kurz »Mickey« genannt. Er stammt aus Knossos, und das Haus seiner Eltern steht nur wenige Schritte entfernt von den Ruinen des Palastes des sagenhaften Königs Minos. Noch näher allerdings befindet sich eine prachtvolle Villa, die schönste auf der ganzen Insel. Sie ist vom Entdecker des Minos-Palastes, dem berühmten englischen Archäologen Sir Arthur Evans, erbaut worden, der ihr auch ihren Namen gab: Villa Ariadne.

In der Villa wohnt jetzt einer der deutschen Befehlshaber der Insel, General *Friedrich Wilhelm Müller.*

Im Januar 1944 wird in Kairo ein junger englischer Offizier, Major *Patrick Leigh-Fermor*, erst 20 Jahre alt, zum Chef eines Sonderunternehmens. Er soll einen deutschen General entführen – Friedrich Wilhelm Müller, der wegen seiner brutalen Maßnahmen von der griechischen Bevölkerung besonders gehaßt wird. Durch seine Entführung soll nicht nur das Selbstvertrauen und Prestige der deutschen Truppen auf Kreta einen schweren Schlag erleiden, sondern daneben ein weiterer Beitrag zur Irreführung der Deutschen hinsichtlich der alliierten Landungsabsichten auf dem Balkan geleistet werden.

Die Wahl zum Führer dieses Kommando-Unternehmens ist auf Leigh-Fermor gefallen, da er nicht nur die griechische, sondern auch die deutsche Sprache perfekt beherrscht. Zu seinem Helfer wählt er einen Freund, den 18jährigen Captain *Stanley Moss.*

Am 4. Februar 1944 startet ein Wellington-Bomber vom Flughafen Bardia in Ägypten. An Bord befinden sich die beiden Offiziere Patrick Leigh-Fermor und Stanley Moss und zwei griechische SOE-Agenten: *Manoli Paterakis* und *Georgi Tyrakis*.

Nach einer guten Stunde Flug in ziemlich schlechtem Wetter kommen sie über der Insel Kreta an, wo auf der Lasithi-Hochebene, der inmitten von kahlen Gebirgen gelegenen Oase, die »das Tal der 20 000 Windmühlen« genannt wird, das Empfangskomitee auf sie wartet.

Der Pilot findet nur mit viel Mühe das Absprunggebiet. Es bleibt für Leigh-Fermor gerade noch Zeit genug abzuspringen, bevor die Sicht im Wolkendunst schwindet.

Nach mehreren erfolglosen Versuchen, die anderen drei Männer abzusetzen, begibt sich der Pilot nach Bardia zurück. Leigh-Fermor landet auf der Lasithi-Ebene und trifft auf die wartenden Griechen. Er wird in einer Bauernhütte untergebracht, wo er während der nächsten Nacht vergeblich auf seine Kameraden und den Nachschub wartet – denn alles ist ja im Flugzeug geblieben.

Es dauert einige Wochen, bevor die Wetterverhältnisse für einen erneuten Abwurfversuch geeignet zu sein scheinen. Doch liegt diesmal ein starker Bodennebel über der Lasithi-Hochebene; der Pilot sieht die Lichtsignale des Empfangskomitees nicht und fliegt wiederum unverrichteterdinge zurück.

Erst nach zwei Monaten Warten erhält Leigh-Fermor Nachricht, daß sein Kamerad Moss und die Griechen Manoli und Georgi von einer englischen Motorbarkasse an die Südküste der Insel gebracht werden sollen.

Zusammen mit einigen Partisanen macht Leigh-Fermor sich auf den Weg zur Südküste. Am Abend des 4. April 1944 erreicht die Gruppe mit ihren Maultieren – zwei mühevolle, gefährliche Tagesmärsche liegen hinter ihnen – den letzten Berggipfel vor der Küste. Von hier sind die Männer nur noch wenige Kilometer vom Strand entfernt.

Die Motorbarkasse mit den drei Agenten nähert sich der Küste. Vom Strand her wird ein Lichtstrahl sichtbar – das vereinbarte Zeichen. Noch bis wenige Wochen zuvor ist dieser Strand von Minen verseucht gewesen, doch haben Brandung und Schafherden inzwischen auch die letzte Mine zur Explosion gebracht. Deutsche Küstenwachtposten befinden sich in etwa 2 km Entfernung zu beiden Seiten dieser Strandstelle. Das Boot nimmt Kurs auf den Strand, wo inzwischen Leigh-Fermor mit seinen Leuten wartet. Ein Dingi wird ins Wasser gelassen.

Nach der stürmischen Begrüßung erfahren die Angekommenen, daß das Objekt ihrer Bemühungen, General Müller, vor zwei Tagen die Insel verlassen hat. Sein Nachfolger ist General

General Heinrich Kreipe

Heinrich Kreipe, Ritterkreuzträger, Kommandeur der 79. Infanterie-Division, der von der Ostfront hierher versetzt worden ist.
Leigh-Fermor und Moss beschließen, den neuen General zu entführen, und ziehen mit ihrer Begleitung in die Berge. Sie sollen im Dorf Kastamonitsa, zwei Tagesmärsche weit von der Südküste entfernt, bei einer Bauernfamilie untergebracht werden.
Nach fünfstündigem Marsch, während schon der Morgen graut, erreichen sie den Platz, wo sie sich tagsüber versteckt halten werden: eine geschützte Plattform hinter dem Rand eines Hügels. Nach einer kurzen Mahlzeit schlafen sie hier bis zum Abend. Es wird beschlossen, während der kommenden Nacht bis nach Skonia zu marschieren, wo man sich dann während des nächsten Tages versteckt halten kann.
Es ist wieder Morgen, als die Männer Skonia erreichen. Von der Familie eines der Partisanen herzlich begrüßt, nehmen sie Platz am reichgedeckten Tisch. Da nach griechischer Sitte alle das gleiche tun müssen, sobald jemand aus der Runde sein Glas erhebt, ist die Gesellschaft innerhalb weniger Stunden ziemlich angeheitert. Und dann beginnt eine wahre Prozession. Beinahe das ganze Dorf läuft zusammen, die Ankömmlinge zu begrüßen – selbst die zwei Polizisten kommen, um sie zu sehen und ihnen ihre Dienste anzubieten.
Während sich die Einheimischen an ihr Tagwerk machen, legen sich die Gäste für den ganzen Tag schlafen und brechen erst um 10 Uhr abends auf. Bei Tagesbeginn haben sie das erste Ziel ihres beschwerlichen Marsches erreicht: Kastamonitsa, ein kleines Dorf zu Füßen hoher Berge. Alles scheint noch zu schlafen, als sie vor dem Haus ihrer hiesigen Gastgeber ankommen – doch auch hier ist der Tisch schon gedeckt, man hält nur die Fenster geschlossen, und die einzelnen Familienmitglieder wechseln sich ab in der Wache vor dem Hof. Die Angst vor Entdeckung ist nicht unbegründet: im Dorf ist kürzlich ein Genesungsheim für deutsche Soldaten eingerichtet worden.

Nach der königlichen Mahlzeit, an der alle Männer der Familie und die Guerillas teilnehmen, legen sich die Reisenden schlafen.
Am nächsten Tag kommt *Mickey Akaumianos*, Hauptagent der SOE für Kreta, nach Kastamonitsa – von allen beneidet, da er mit dem normalen Autobus direkt aus Heraklion, der Hauptstadt der Insel, anreisen konnte. Mickey, dessen Vater im Kampf gegen die Deutschen ums Leben gekommen ist, spielt die entscheidende Rolle in dem Abenteuer.
Man beschließt, daß Mickey schon am nächsten Morgen zusammen mit Leigh-Fermor nach Heraklion zurückfahren soll, um während der nächsten Tage die Lage auszukundschaften, während Moss mit den Guerillas in die Berge bei Kastamonitsa gehen und dort eine Art Hauptquartier einrichten soll, wodurch die Operation doppelseitig vorbereitet wird.
Vor dem Abschied werden abends die von Mickey mitgebrachten falschen Pässe und Personalpapiere ausgegeben, werden Karten studiert und Notizen gemacht. Nach mehreren Stunden erreichen Moss und seine Leute ihr Höhlenversteck. Es liegt an einem Steilhang hoch über Kastamonitsa; die Höhle ist zwar nur wenige Meter breit und etwa 1,20 m hoch, bietet jedoch ausgezeichneten Windschutz, und in ihrem Innern ist es verhältnismäßig gemütlich. Wenige hundert Meter entfernt befindet sich eine Quelle, und einer von ihnen holt während der nächsten Tage – obwohl sie genügend Nahrungsmittel bei sich haben – jeden Morgen frisches Brot heran. Außerdem empfangen die Höhlenbewohner immer häufiger Besuch: die wie Piraten aussehenden Schäfer aus den umliegenden Bergen, die stolz sind, wenn ihre Gastgeschenke – Wein, Käse und Fleisch – von den Partisanen angenommen werden. Da jeder dieser Besucher seine Mithilfe anbietet, werden sie alsbald als Bergführer oder auch Boten eingesetzt.
Mittlerweile haben Leigh-Fermor und Mickey, als Bauern verkleidet, ihr Ziel erreicht. Sie sind, ohne kontrolliert zu werden, mit dem Autobus nach Heraklion gefahren und haben die 7 km von Heraklion nach Knossos zu Fuß zurückgelegt, als Leigh-Fermor zum ersten Mal die schwer bewachte Villa Ariadne sieht. Wenige hundert Meter vom Minos-Palast entfernt, wohnt hier nun General Kreipe. Die Villa ist von mehreren Wachtposten geschützt und mit Stacheldraht umzäunt. Es wäre sinnlos, den Versuch zu machen, hier einzudringen, um den General zu entführen.
Das Elternhaus Mickeys ist ein zur Villa Ariadne gehöriges Wirtschaftsgebäude, von wo man die Villa des Generals und den sie umgebenden Park bestens beobachten kann. Leigh-Fermor und Mickey bleiben fast 2 Wochen hier, des öfteren besucht von deutschen Soldaten aus dem Begleitschutz des Gene-

Der Platz des Überfalls

rals, mit denen sie sich im Laufe der Zeit angefreundet haben. Aus ihrem Zimmer im ersten Stock beobachten sie Tag für Tag das bewegte Leben um die Villa und kommen zu dem Schluß, den General zu entführen, während er – wie sie feststellen, meist bei Nacht – von seinem Hauptquartier bzw. dem dortigen Kasino zurückkehrt, das etwa 20 km von hier in Ano Archanes liegt.
Innerhalb weniger Tage haben sie sich die Einzelheiten seines Wagens so gut eingeprägt, daß sie ihn im Dunkeln nicht nur an der Silhouette, sondern auch am Motorgeräusch erkennen können.

Mickey Akaumianos erinnert sich:
»Die Villa Ariadne, der Wohnsitz des Archäologen Arthur Evans, diente während der ganzen Dauer der Besatzung als Wohnung der deutschen Generäle.
Die Gruppe Leigh-Fermor habe ich zum ersten Mal im Dorfe Kastamonitsa getroffen; wir brachen, nachdem wir eine Nacht mit Essen und Trinken dort verbracht hatten, von dort auf, um in der Nähe unseres Hauses und auch vom Hause aus die beste Stelle für die Entführung Kreipes zu erforschen.
Wir hielten uns ständig in der Nähe des Hauses auf und verfolgten von hier aus die Gewohnheiten und auch die Besucher General Kreipes.
Einige Nächte verbrachten wir auch außerhalb des Ortes, um alle Einzelheiten unseres Planes zu überprüfen. Daneben nahmen wir Kontakt auf zu den deutschen Militär-Bediensteten des Generals und erkundeten alle möglichen Bewegungen und Ausfahrten des Generals.«

Am Mittag des Ostersonntags 1944 kehrt Leigh-Fermor nach Kastamonitsa zurück und erstattet den dort Wartenden Bericht. Er bringt auch einen exakten Lageplan von der Stelle mit, die er und Mickey für den besten Überfallplatz halten.
Es ist eine Art Haarnadelkurve, in der die Straße von Ano Archanes in die Straße Knossos—Heraklion mündet; die scharfe, unübersichtliche Kurve und der mögliche Gegenverkehr zwingen jeden Fahrer, zu bremsen und den Wagen langsam um die Ecke rollen zu lassen.
Zu beiden Seiten der Straße befinden sich steile Rebhänge; außerdem verlaufen an den Rändern der Fahrbahn Gräben, die tief genug sind, um als Versteck zu dienen. Um den an der Kreuzung Wartenden den Wagen des Generals früh genug melden zu können, schlägt Mickey vor, ein einige hundert Meter langes Kabel zu verlegen, über das er mit einer Klingel das Signal geben kann.
Nur Georgi und Manoli, die zusammen mit Moss aus Kairo gekommen sind, werden in den Operationsplan eingeweiht — die übrigen Partisanen haben keine Ahnung, weshalb die zwei Engländer überhaupt nach Kreta gekommen sind. Ein Bote wird in die Berge geschickt, um einen gewissen *Bourdzalis* und seine Guerillas zu holen.
Am Morgen des 21. April trifft Bourdzalis mit seiner Gruppe ein: ein wilder Haufen kriegerischer Gestalten, alle mit schwarzen Turbanen und verrosteten Gewehren, von denen manches schon ihren Ahnen im Kampf gegen die Türken gedient hat. Dieser Trupp soll als Schutz an der Überfallstelle dienen und

Die Guerillas von Bourdzalis

Die letzte Kostümprobe – Major Leigh-Fermor (links) und Captain Moss in deutschen Uniformen

eingreifen, falls irgend etwas Unvorhergesehenes geschehen sollte.

Zum letzten Mal zünden die Männer das Feuer in der Höhle an, die ihnen 12 Tage lang Unterschlupf geboten hat. Während der Nacht brechen sie dann auf in Richtung Skalani, einem 5 km von der gewählten Kreuzung entfernten Dorf. Leigh-Fermor, Moss, Manoli und Georgi verstecken sich in einem Haus in Skalani, während die Guerillas mit ihrem Chef Bourdzalis in dem verfallenen Haus eines Winzers in der Nähe untergebracht werden.

Das Haus des Bauern *Pavlos Sokraphistos* ist klein, jedoch sauber und gemütlich. Mickey, der mit allen für die Operation notwendigen Vorbereitungen beschäftigt ist, schickt über Mittelsmänner Verpflegung, die er auf dem schwarzen Markt in Heraklion gekauft hat – deutsche Schokolade, Konserven und Butter.

In Skalani werden die letzten Vorbereitungen für den Überfall getroffen. Einige Male sehen sich die zwei Engländer – in geliehenen Kleidern und zusammen mit Mickey – den geplanten Überfallort an: die Biegung der Straße von Ano Archanes, vor der Abzweigung an der Hauptstraße. An der linken Straßenseite soll das Kabel entlanggezogen werden; hier werden die beiden Engländer auf den Wagen warten, bis er aus der Kurve herauskommt. Sie werden sich, als deutsche Feldgendarmen verkleidet, mit roten Signallampen und einer Kelle mitten auf die Kreuzung stellen und den Wagen anhalten. Dann sollen Leigh-Fermor und Manoli den General auf den Rücksitz des Wagens schaffen, während Moss den Fahrer aus dem Wagen herausholen wird.

Die Guerillas von Bourdzalis sollen währenddessen etwa fünfzig Meter neben der Kreuzung Stellung beziehen und den Verkehr stoppen, falls sich ein Fahrzeug zeigen sollte.

Die eventuelle Begleitung des Generals soll festgenommen und ins Innere der Insel, zum Ida-Gebirge, geschafft werden.

Moss wird nach dem Überfall den Wagen des Generals steuern, und während Leigh-Fermor mit der Mütze des Generals neben dem Fahrer sitzt, wird der General im Fond des Wagens von Georgi, Manoli und einem dritten Helfer auf dem Boden gehalten werden. Sie wollen über Heraklion in Richtung der Berge fahren, den Wagen irgendwo abstellen und sich dann zu Fuß zur Südküste Kretas durchschlagen, von wo ein englisches Motorboot sie abholen wird.

Doch bleibt noch so manches Problem ungelöst: Wird der Wagen genügend Benzin haben? . . . Während des Überfalls kann zufällig auch ein Militärkonvoi auftauchen; wie soll man sich verhalten, falls er zu stark ist, um ihn anzugreifen? Per Autobus fahren sie die gesamte Strecke einmal ab, um sich ein Bild von der Route zu machen, die sie später bei Nacht werden fahren müssen. Die Straße verläuft in zahlreichen Kurven am Palast von Knossos und der ihm schräg gegenüberliegenden Villa Ariadne vorbei. Einige Kilometer weiter liegen die ersten Vororte Heraklions. In der Dunkelheit werden auf der Straße nur deutsche Fahrzeuge und Soldaten anzutreffen sein, da für die Zivilbevölkerung nachts Ausgehverbot gilt.

An der Stadtgrenze von Heraklion stehen Kontrollposten. Die wichtigsten Ausfallstraßen sind überdies mit Stacheldrahthindernissen und Schlagbäumen versperrt. Daß die meisten der Kontrollposten Telefonverbindung zueinander haben, macht die Sache noch gefährlicher. Sie werden das ganze Stadtzentrum durchqueren müssen, bevor sie die Ausfallstraße in Richtung Rethymnon erreichen. An der Porta Chanion, dem westlichen Tor der aus der Türkenzeit stammenden Stadtmauer, sind sogar Panzerhindernisse aufgestellt.

Nach Verlassen der Stadt haben sie mehr als 20 Kontrollpunkte und 5 Straßensperren gezählt. Etwa 25 km hinter der Stadt schließlich liegt die Gabelung, an der die Straße nach Anoya abgeht. 50 Minuten haben sie für die Fahrt von der Kreuzung bei Knossos bis hierher benötigt.

Wenn alles gutgeht, werden Moss und die zwei Griechen mit

dem General an dieser Stelle den Wagen verlassen und in Richtung Anoya marschieren. Leigh-Fermor wird mit dem Wagen des Generals, einem neuen Opel Kapitän, etwa zwei Kilometer weiterfahren und das Fahrzeug an einer Stelle lassen, wo von der Straße eine Schlucht zum Strand hinunterführt, in deren Nähe wenige Monate zuvor ein englisches U-Boot aufgetaucht ist, das den Flugplatz von Heraklion unter Beschuß genommen hat.

Im Wagen wird ein Brief in englischer und deutscher Sprache hinterlassen werden, außerdem ein englisches Beret, Zigarettenstummel und ein Kriminalroman.

Aus einer nur ihm selbst bekannten Quelle besorgt Mickey zwei komplette Feldgendarmen-Uniformen, dazu Seitengewehre, eine Kelle und eine rote Lampe. Während die Schwester ihres Gastgebers die Sachen auf Hochglanz bringt, legen die zwei Engländer sich einen deutschen Haarschnitt zu und reinigen ihre Waffen. Leigh-Fermor schreibt den Brief an die deutschen Behörden, den man im Wagen liegenlassen wird. Schließlich machen er und Moss noch eine letzte Kostümprobe – die Uniformen passen ausgezeichnet.

Da trifft die Nachricht ein, daß die in der Winzerhütte versteckte Guerilla-Truppe nicht in der Lage ist, still zu sitzen. Einige der Männer streunen in den umliegenden Weinbergen umher und sind von Schäfern und Feldarbeitern gesehen worden, was zum Eingreifen der Deutschen führen kann. Der Chef der Truppe, Bourdzalis, ist sehr enttäuscht, als die Engländer in seine Hütte kommen und ihm sagen, daß sie es für das beste halten, er zöge mit seinen Leuten sofort wieder in die Berge zurück. Seine Männer jedoch scheinen davon nicht sehr betroffen – eiligst packen sie ihre Sachen und ziehen ab.

Dadurch, daß die Guerillas bemerkt worden sind, besteht nun Gefahr, daß die Deutschen auch von der Anwesenheit der übrigen Gruppe erfahren haben – deshalb halten die Männer sich während der folgenden zwei Tage in einem ausgetrockneten Flußbett versteckt, nicht weit von Skalani. So verbringen die zwölf Leute, die den Überfall durchführen sollen, die verbleibende Zeit.

Und dann ist der lang ersehnte Tag da – der 26. April 1944; ein schöner Frühlingstag.

General Heinrich Kreipe:

»Ich bin morgens bei meiner Truppe gewesen, die weitverzweigt in der Gegend war, und mittags – nachmittags – war ich in meinem Divisionsstabsquartier in Ano Archanes. General Müller hatte die Villa Knossos zu seinem Hauptquartier gemacht, so daß der Weg hin und her vorhanden war – leider unnötig, denn darauf wurde ja später das Unternehmen basiert. Abends

war ich noch um 9 Uhr im Kasino und fuhr dann nach Hause. Im Auto war ein Maschinengewehr, der Chauffeur war auch bewaffnet, mit Pistole. Sonst waren wir allein.
Wir fuhren erst einen Weg zurück in allgemeiner Richtung Südosten und dann auf der Hauptstraße nach Iraklion. Das war ein verhältnismäßig guter Weg, aber die Zuleitung führte durch einen Hohlweg mit Spitznadelkurve. Diesen Punkt hatte sich das Kommando-Unternehmen ausgesucht — sehr richtig, denn da mußte man langsam fahren. Wir fuhren.«

Mickey Akaumianos:
»Hinter dem Hügel lagen *Jassafakis* und ich versteckt; wir gaben das Erkennungssignal, als der Wagen des Generals herankam. An diesen Stellen verbargen sich sechs oder acht Widerstandskämpfer, und Leigh-Fermor und Moss standen mitten auf der Straße, in deutschen Uniformen — bereit, den Wagen anzuhalten.«

General Kreipe:
»Plötzlich war in der Dunkelheit vorne, etwa an der Kurve, ein rotes Licht. Chauffeur fragte: ›Soll ich halten?‹ Wir hatten Verkehrsstreifen. Ich sagte: ›Halten!‹ Als der Wagen hielt, traten zwei Gefreite in deutschen Uniformen an das Auto heran. Der Ältere — Leigh-Fermor — verlangte Fahrbefehl. Da ich keinen Fahrbefehl hatte — war nicht üblich — sagte ich: ›Kenn' ich nicht!‹ — ›Dann bitte Kennwort!‹ Ich tat etwas Falsches. Ich stieg aus dem Auto aus und fragte ihn: ›Welche Einheit sind Sie denn? Kennen Sie denn Ihren General nicht?‹ An dem Auto waren die Wimpel und die Standarte. Darauf sagte Leigh-Fermor, als Gefreiter: ›Herr General, Sie sind britischer Kriegsgefangener!‹
In diesem Moment stürzte ein Partisan, ein großer Bengel mit bärtigem Gesicht, auf mich zu — den stieß ich noch nieder —, und dann wurde ich von hinten niedergeschlagen. Ich fiel hin und wurde mit Kolben bearbeitet, geknebelt, gefesselt — und leider auch die Bezeichnung ›du verfluchtes deutsches Schwein‹. Wie gesagt, das waren die Partisanen. Ich wurde ins Auto 'reingeschmissen, und zwei Partisanen lagen auf mir mit dem Dolch: ›Wenn du dich rührst, stechen wir dich tot!‹ «

Mickey Akaumianos:
»Sie stoppten den Wagen, und die ganze Mannschaft rannte los, jeder auf seinen Platz — entweder zum Wagen des Generals oder zum Aufhalten des Verkehrs usw. Sie holten den General aus dem Wagen, hielten ihn fest, warfen ihn zu Boden, fesselten ihn schnell und brachten ihn in den hinteren Teil des Wagens. Ich fragte den deutschen Fahrer Albert, ob der Wagen genügend

Benzin habe für die Fahrt, die wir vor uns hatten. Er sagte, der Tank des Wagens sei voll. Schnell ergriff Moss das Steuerrad, und die Fahrt begann, der Straße folgend, während wir mit dem deutschen Fahrer Albert in westlicher Richtung davonzogen.«

General Kreipe:
»Ich konnte bei dem weiteren Anfahren – vorne saßen die beiden Gefreiten, also die beiden Offiziere – ungefähr feststellen, wo wir waren: wir fuhren also an meiner Villa bei Knossos vorbei in Richtung Iraklion. In Iraklion sollten mehrere Postierungen sein – nur eine hat gerufen! Westlich von Iraklion ging die Hauptstraße nach Rethymnon. In der Nähe von Rethymnon mußten wir aussteigen, der Wagen wurde an die Küste gefahren. In das Auto – das hörte ich am nächsten Tag – hat man einen Zettel gelegt. Man kannte ja dort den Wagen des Kommandeurs auf der Insel. ›General Kreipe ist auf dem Wege nach Kairo.‹ In Wirklichkeit kam ich zu Fuß ins Gebirge nach Süden.
Im übrigen möchte ich dazu bemerken, wie hervorragend das Nachrichtensystem dort funktionierte. Am nächsten Morgen schon brachten alle Sender – auch in England schon – die Nachricht: ›General Kreipe ist auf dem Wege nach Kairo.‹
Das hatte das Gute, daß unsere Leute irregeführt waren und die Verfolgung zu Anfang dürftig war.
Wir sind dann von Tag zu Tag in schwierigstem Gelände weitergegangen – nachts oder in der Dämmerung. Am Tage waren wir in Höhlen oder Unterschlüpfen im Wald, schon mehr Felsengelände.
Es war besonders schwierig – Wege waren ja nicht vorhanden, es ging immer querbeet, und man wollte ja keine Spuren haben. Im übrigen möchte ich dabei gleich sagen: Nur ein einziges Mal habe ich deutsche Maschinengewehre in der Nähe schießen hören, vielleicht einen Kilometer weit entfernt. Die Tarnung war also sehr gut, und die Engländer hatten sehr gutes Nachrichtenmaterial und arbeiteten ausgezeichnet zusammen mit den Partisanen. Wenn Schwierigkeiten waren, wenn sie sagten und Nachrichten hörten, daß Deutsche wieder dort waren, wurde von Höhe zu Höhe Nachricht gegeben durch Anzünden von Feuern.«

Gerade als die Gruppe mit dem General die Berge um Anoya erreicht hat, wird weit im Gebirge ein Feuersignal sichtbar, das ihnen Gefahr anzeigt. Nach 6 Stunden ununterbrochenen Marschierens erreichen sie eine verfallene Hütte über Anoya, wo sie sich mit Leigh-Fermor und den übrigen Griechen treffen wollen, die den Wagen abgestellt haben.
Moss schickt inzwischen einen Boten mit seiner Meldung über den Verlauf der Operation zur Lasithi-Ebene, wo ein SOE-

Agent eine Funkstation hat. Moss bittet um den Abwurf von Flugblättern, die bekanntgeben, daß General Kreipe bereits per U-Boot in Kairo eingetroffen sei, und fordert weiter die Bereitstellung eines Schnellbootes.

Aus dem Dorf wird den Männern Essen und Wein gebracht, und sie sind noch bei der Mahlzeit, als Manoli mit der Nachricht hereinstürmt, daß die Deutschen das Dorf Anoya besetzt haben und man die Hütte schnellstens verlassen muß. In einer Höhle finden sie ein neues Versteck.

Inzwischen sind alle auf Kreta stationierten deutschen Truppen, insgesamt fast 30 000 Mann, alarmiert und in die Berge geschickt worden mit dem Befehl, ihren General zu suchen – als Kreipe nämlich auch am Morgen nicht von seiner Skatpartie in Ano Archanes zurückgekehrt ist und sein Hauptquartier bestätigt, daß er am Abend um 21.45 Uhr nach Hause abgefahren sei, ist Alarm geschlagen worden. Alle auf der Insel stationierten Flugzeuge vom Typ Fieseler Storch werden ausgesandt, um jede Straße, jeden Bergpaß, jedes Dorf und alle Schlupfwinkel, wo man Partisanen vermutet, zu überfliegen. Noch während der Morgenstunden werden Flugblätter gedruckt:

»An alle Bewohner Kretas.
In der letzten Nacht ist der deutsche General Kreipe von Banditen entführt worden. Er wird in den Bergen festgehalten. Sein Aufenthaltsort kann der Bevölkerung nicht unbekannt sein. Wenn der General nicht innerhalb von drei Tagen freigelassen wird, werden sämtliche rebellierenden Dörfer im Gebiet von Heraklion dem Erdboden gleichgemacht. Gegen die Zivilbevölkerung werden strengste Maßnahmen ergriffen.«

In niedriger Höhe überfliegen die Suchflugzeuge die Insel – kreuz und quer, dabei stundenlang über den Bergen kreisend. Einige Male machen sie auf einsamen Bergpfaden verdächtige Gestalten und Eselkarawanen aus – doch stellen die über Funk herbeigerufenen Truppen jedesmal fest, daß es sich um harmlose Bauern auf dem Wege zum Markt handelt. Die Verwirrung wird dann noch größer, als der britische Soldatensender »Calais« meldet, General Kreipe habe die Fronten gewechselt und sei auf eigene Bitte von einem englischen Sonderkommando abgeholt worden.

Da man zu dieser Zeit fast stündlich mit einer alliierten Landung rechnet, wird der Fall Kreipe als Bestätigung für die vermeintlich von den Alliierten beabsichtigte Invasion auf dem Balkan gedeutet.

Am Mittag des 27. April findet eine deutsche Verkehrsstreife den verlassenen Wagen des Generals. Der Brief der Engländer wird gefunden. Er besagt, daß ein britisches Kommando ohne jegliche Unterstützung der Bevölkerung Kretas den General ent-

führt habe und daß General Kreipe sich bereits auf dem Wege nach Kairo befindet. Außer dem Schreiben liegen ein grünes Kommando-Beret, Stummel von Player's-Zigaretten sowie ein Taschenkrimi von Agatha Christie im Wagen.
Bereits am nächsten Morgen werden die deutschen Truppen in ihre Kasernen zurückbeordert – doch nachdem bald darauf ein Vertrauensmann der Sicherheitspolizei meldet, daß der General sich ganz bestimmt noch auf der Insel in den Händen der Partisanen befindet, startet die Suchaktion aufs neue.

General Kreipe:
»Ich muß sagen, daß nach dieser brutalen Gefangennahme im allgemeinen korrektes Verhalten war. Zum Beispiel kriegte ›der General‹ sogar immer zuerst zu essen. Nicht ganz so einfach waren die sanitären Geschichten – davon möchte ich nichts weiter erzählen.
Ich möchte eins erwähnen: Die Nordküste war ja flach, und es war auch Landung möglich – war ja auch schon mal gemacht worden, daß ein U-Boot an der Nordküste gelandet war und in Iraklion Flugzeuge zerstört hatte.
Ich erkläre jetzt die Südfront: War für uns zu verteidigen und zu bewachen sehr schwierig, weil nur alle zwanzig Kilometer ein Doppelposten oder Unteroffiziersposten war. Sehr einfach für den Feind, sich merken: wo sind die – und dann konnte man genau in der Mitte machen, was man wollte. Eine bewegliche Truppe auf den Straßen gab es nicht, weil keine Straße am Südrand war.«
Die Flüchtenden haben das Gebiet um Anoya inzwischen verlassen, und als sie in südlicher Richtung einen Ziegenpfad hinaufklimmen, finden sie eine bienenkorbförmige, kunstvoll aus Steinen gebaute Schäferhütte. Der Schäfer empfängt sie gastfreundlich mit gegrilltem Lammfleisch, mit Käse und Wein. Alle sind ziemlich müde und angeschlagen. Der General schläft bereits ein, nachdem er sich zum Feuer gesetzt hat.
Sie ruhen sich in der Schäferhütte aus, da sie am nächsten Tag einen weiten Weg zurücklegen müssen, um den Treffpunkt mit den vier Griechen, die mit dem Fahrer des Generals aufgebrochen sind, zu erreichen.
Nachmittags sehen sie dann schon von weitem die Gruppe herankommen – doch ist der Fahrer nicht bei ihnen. Die Ankommenden erklären, daß er an den Folgen der Schläge, die er beim Überfall abbekommen habe, gestorben sei. Erst Jahre später stellt sich heraus, daß der Fahrer des Generals, Unteroffizier *Albert Fenske*, von einem der vier Griechen erstochen worden ist und unter Steinen begraben wurde.
Man schreibt inzwischen den 30. April. Den ganzen Tag schon marschiert die Gruppe in Richtung des Ida-Berges, des höchsten

Gipfels auf Kreta, nachdem sie Nachricht erhalten hat, daß die deutschen Truppen sich wiederum sammeln zu einer neuen Suchaktion. Der Weg wird immer schwieriger, steiler und schmaler. Alle 10 Minuten müssen sie Pause machen. Dann erreichen sie die Schneegrenze; der Schnee ist von einer Eiskruste überzogen, und es geht nur Schritt für Schritt vorwärts. Es regnet und ist sehr kalt. Gerade, als sie den Abstieg beginnen, entdecken sie ein warnendes Feuerzeichen in den Bergen. Sie treffen auf einen Schäfer, der sie in eine Höhle führt, wo sie die deutsche Suchaktion abwarten wollen. Es ist eine der großen kretischen Höhlen, mit Tropfsteinsäulen und verzweigt wie ein Labyrinth. Schon während der Kämpfe gegen die Türken hat diese Höhle als Unterschlupf gedient. Sie ist feucht und kalt, und bei Sonnenaufgang eilen alle nach draußen, um sich von den Sonnenstrahlen aufwärmen zu lassen.
Man hat dem General einen griechischen Polizeimantel gegeben, da er in seiner dünnen, durchnäßten Uniform entsetzlich fror. Kreipe ist ziemlich niedergeschlagen und im ungewissen über die Vorgänge um sich herum. Selbstverständlich weiß er auch nicht, daß sich deutsche Posten zeitweise in Rufweite befinden.
Und dann trifft ein Bote ein mit der Meldung, daß die Deutschen auch die Südküste, von wo die Entführer-Gruppe abgeholt werden soll, besetzt haben und daß sie darüber hinaus einen Ring um das gesamte Ida-Gebirge gezogen haben, um das Gebiet besser durchkämmen zu können.
Die Männer brechen sofort auf und erreichen nach Stunden mühsamen Kletterns eine verfallene Berghütte. Einige Tage später trifft ein Bote mit der Funkmeldung ein, daß während einer der nächsten vier Nächte eine Kommando-Gruppe an der Südküste landen werde, um ihnen, falls nötig, den Weg zum Strand freizukämpfen. Sie sind nur noch wenige Marschstunden vom Strand entfernt, den das Boot aus Ägypten anlaufen soll. Ein Melder kommt. Er bringt die Nachricht, daß soeben mehr als 200 deutsche Soldaten an diesem Strand gelandet sind.
Der Weg ist abgeschnitten.
Nach langem Hin und Her wird beschlossen, daß Leigh-Fermor und Georgi, als Bauern verkleidet, versuchen sollen, den nächsten SOE-Funker zu erreichen, während Moss mit dem General und den anderen durch die Berge entlang der Küstenlinie in westlicher Richtung weiterzieht. Sollte ein nicht besetztes Uferstück ausgemacht werden, so wird man Leigh-Fermor verständigen. Er wird dann seinerseits den neuen Landeplatz nach Kairo durchgeben.
Kaum sind Leigh-Fermor und Georgi gegangen, als wiederum ein Bote ankommt. Die großen deutschen Einheiten marschieren jetzt in die umliegenden Täler ein; auch der Weg nach Westen ist nun abgeschnitten. Die Gruppe Moss mit dem General

bleibt den ganzen Tag und die darauffolgende Nacht in ihrem Versteck. Dann entschließen sich die Männer jedoch, auszubrechen, bevor man sie vollends eingekesselt haben wird. Nach einigen Stunden Marsch bergab erreichen sie Yerakari, ein kleines, verlassenes Dorf zu Füßen des Ida-Berges, wo sie eine kurze Rast einlegen, da der General, derartige Strapazen nicht gewohnt, vollkommen erschöpft ist. Es wird ein Maultier für ihn besorgt, und dann geht es weiter — mehrere Stunden bergauf, bis die Gruppe wieder eine einsame, verwahrloste Hütte, hoch über Yerakari, findet, wo sie die Meldung von Leigh-Fermor abwarten will — ebenso die Meldung des Boten, der zum Erkunden eines noch unbesetzten Strandabschnittes ausgesandt worden ist.

Zum ersten Mal seit dem Überfall können sie sich hier nun einigermaßen ausruhen und neue Kräfte sammeln. Am nächsten Tag trifft Nachricht von Leigh-Fermor ein, der wenige Marschstunden von hier einen Funker ausgemacht hat. Kairo wird am 9. Mai den Kommandotrupp an der Südküste landen, der — wenn notwendig — den Fluchtweg zum Strand freikämpfen soll.

Fast gleichzeitig mit dieser Meldung trifft der ausgesandte Kundschafter ein und berichtet, daß der Strand noch immer in deutscher Hand ist. Der Mann wird sofort weitergeschickt zu Leigh-Fermor, dessen Funkspruch gerade noch rechtzeitig in Kairo eintrifft, damit das Unternehmen gestoppt werden kann.

Am nächsten Tag kehren Leigh-Fermor und Georgi zu den übrigen zurück. Man beschließt, in Richtung Rodakino zu gehen, wo die Küste beinahe unzugänglich und nicht sehr gut bewacht ist. Sie verlassen also ihre einsame Berghütte. Der gefahrvolle Marsch beginnt erneut — ein Kundschafter ist ihnen immer voraus; sie wechseln ständig die Versteckplätze.

Und dann hat der General Pech mit seinem Maultier — es stolpert. Kreipe fällt zu Boden und bricht sich das rechte Schulterblatt.

Inzwischen erreicht eine Meldung aus Kairo die Gruppe. In der Nacht vom 14. auf den 15. Mai 1944 wird ein Schnellboot in die Bucht von Rodakino einlaufen.

Um den Strand zu erreichen, ohne in den deutschen Sperriegel entlang der Küste zu geraten, wählt Moss mit dem General und Manoli einen Weg über die zerklüfteten Berge, der zwar länger, jedoch frei von deutschen Posten ist, während Leigh-Fermor und die anderen einen kürzeren Weg benutzen. In einer Schlucht in Küstennähe werden sie auf die Gruppe mit dem General warten.

Am nächsten Abend schon treffen die beiden Gruppen wieder zusammen. Die Küste ist nun nicht mehr weit. Sie befinden sich

bereits auf dem Abstieg zum Strand. Es ist etwa 10 Uhr abends, als sie die Motorengeräusche des ankommenden Schnellbootes hören.
Zwei Dingi-Boote mit bewaffneten Stoßtrupps an Bord nähern sich dem Strand. Jemand ruft nach Major Leigh-Fermor. Die Einschiffung geht schnell vor sich.
Im Hafen von Marsa Matruch, an der nordafrikanischen Küste, wo sie nach 24 Stunden Fahrt durch eine stürmische See ankommen, wird General Kreipe von einigen britischen Offizieren erwartet.

General Kreipe:
»Bei der Landung in Afrika – in Marsa Matruch – empfing mich der Leiter der Kommandos, ein Oberst *Bamfield*. Er hat

17. Mai 1944: General Heinrich Kreipe bei seiner Ankunft auf dem Flugplatz von Kairo

mich korrekt behandelt und war in jeder Weise behilflich. Sie müssen nur bedenken: 14 Tage hatte ich kein sauberes Taschentuch, wenn ich es nicht im Wasser gewaschen hatte.«
Nachdem seine verletzte Schulter behandelt worden ist, wird General Kreipe zusammen mit Leigh-Fermor und Moss nach Kairo geflogen. Es ist Mittag, als sie auf dem Flughafen von Kairo landen. Einige Presseleute und ein englischer General sind auf dem Flugplatz. Es ist das letzte Mal, daß Leigh-Fermor und Moss General Kreipe sehen.
Über Gibraltar und London wird Kreipe nach Kanada gebracht, wo er in einem Kriegsgefangenenlager in der Nähe von Calgary in den Rocky Mountains den Rest des Krieges verbringt.
Im Jahre 1947 wird er nach Hause entlassen – das Abenteuer von Kreta ist beendet.

Morgenstunden des 6. Juni 1944. So sahen die deutschen Kriegsberichterstatter die Invasionsflotte vor der Küste der Normandie

Operation »Fortitude«

Normandie, 6. Juni 1944, 6 Uhr früh. Fast ungehindert landen die Alliierten an der Küste, während die mächtigen deutschen Streitkräfte, die sie zerschlagen und ins Meer zurückwerfen sollen, an einem 200 km entfernten Küstenabschnitt am Pas de Calais vergeblich auf sie warten.
Erst nach mehr als 6 Wochen begreifen sie, daß sie zum Opfer des größten Täuschungsmanövers der Kriegsgeschichte, der »Operation Fortitude«, geworden sind.

Brigadier Dudley Clarke

Die letzten britischen Soldaten haben am 4. Juni 1940 den Strand von Dünkirchen verlassen. Das große britische Expeditionskorps, ausgesandt, um Hitler zu schlagen, bringt ganze 25 Panzer und 12 Kanonen nach England zurück.
In dieser Stunde macht in London ein britischer Offizier den Vorschlag zur Gründung einer Truppe, die er ›Kommandos‹ nennt und die den Engländern bei ihrer Rückkehr auf den Kontinent behilflich sein soll.
Der Offizier ist Brigadier *Dudley Clarke*, der mit seinem Vorschlag zum Begründer der neuen Truppengattung wird, die noch während des II. Weltkriegs zu großem Ruhm gelangen sollte und die heute ein wichtiger Bestandteil jeder Armee ist.
Schon einen Tag nach Dudley Clarkes Vorsprache im Kriegsministerium wird *Winston Churchill* über die Neuigkeit informiert; er gibt seine Zustimmung, so daß noch während der nächsten 5 Tage die Vorbereitungen zu einem ersten Kommando-Überfall abgeschlossen werden können.
Ebenso schnell werden die Landungsorte für das Unternehmen ausgewählt: es sind die Sandstrände zu beiden Seiten von Boulogne-sur-Mer, an der Kanalküste gegenüber von Dover.
Nicht ganz drei Wochen nach der Kommando-Gründung schon wird der erste Angriff durchgeführt; die Zahl der Teilnehmer ist vom Mangel an Landungsbooten bestimmt worden; daneben sind in ganz Großbritannien zu dieser Zeit nur 40 (!) Maschinenpistolen vorhanden, von denen die Kommando-Truppen 20 Stück erhalten, nachdem sie sich verpflichtet haben, die kostbaren Waffen nach der Rückkehr wieder abzugeben.
Von einer Filmgesellschaft mit schwarzer Schminke versorgt, verläßt die kleine Einheit von insgesamt 120 Soldaten und Offizieren in vier Booten den Hafen von Dover und nimmt Kurs auf die andere Seite des Kanals. Es ist der 25. Juni 1940 – wenige Stunden, nachdem die letzten französischen Truppen ihre Waffen niedergelegt haben, tun englische Truppen den ersten Schritt auf den Kontinent.
Brigadier Dudley Clarke, der Gründer der Kommandotruppen, der dieses erste Unternehmen selbst geleitet hat, erinnert sich an jene Nacht:

»Am späten Nachmittag liefen wir aus und nahmen bei Sonnenuntergang Kurs auf die französische Küste. Doch schon sehr bald trafen wir auf das erste Hindernis. Am Himmel erschienen plötzlich drei Spitfires. Sie kamen herunter, um einen Blick auf uns zu werfen. Wir winkten ihnen, gaben die vereinbarten Erkennungssignale, wir taten alles, was wir für richtig hielten. Doch schon im nächsten Augenblick begannen sie einen bedrohlichen Anflug. Das unselige Resultat davon war, daß wir eine Stunde verloren, und diese eine Stunde konnten wir nie wieder einholen.

Danach wurde es sehr schnell dunkel, und die Verbindung zu dem anderen Boot riß ab. Aber wir waren der französischen Küste schon sehr nahe, als *Millner-Gibson* mir sagte, daß er Ärger mit seinem Kompaß habe. Er war nicht ganz sicher, wo wir überhaupt waren. Er verringerte deshalb die Geschwindigkeit um die Hälfte, wodurch der Motorenlärm gedrosselt wurde. So kamen wir allmählich näher und näher an die Küste Frankreichs heran. Diesmal passierte nichts. Das Boot glitt im seichten Wasser auf Grund. *Todd* flüsterte seine Kommandos, die Truppen glitten über den Rand des Bootes und wateten nach Frankreich hinein. Mein General hatte mir den strikten Befehl erteilt, nicht an Land zu gehen. Ich mußte also mit Millner-Gibson im Boot sitzen bleiben und abwarten. Wir konnten nur auf das Beste hoffen. Während wir uns noch über ein wahrscheinlich deutsches Schnellboot Gedanken machten, brach ganz plötzlich, etwa eine Meile weiter südlich, am Strand Feuer los, und es flammte hell auf. Millner-Gibson, der neben mir stand, sagte leise: ›So, da wären wir! Die Truppe ist angekommen.‹ Doch sie war es nicht; denn wo wir standen, war noch alles still. Und wie zur Bestätigung kam *Ronny Todd* zum Boot zurück und sagte: ›Die Männer sind meilenweit in die Sanddünen hineinmarschiert, ohne irgend etwas gefunden zu haben.‹ Ich sah auf meine Uhr. Es war beinahe zwei Uhr, und ich befahl Todd, die Leute zurückzuholen, denn die Zeit wurde knapp. Es war eine kurze Sommernacht, und wir wollten nicht noch unnötige Risiken eingehen bei diesem ersten Abenteuer. Todd ging wieder in die Sanddünen zurück. Kurz darauf kam unser Ausguck und sagte: ›Da bewegen sich mehrere Gestalten am Strand.‹ Es stellte sich heraus, daß die Gestalten eine deutsche Fahrradpatrouille waren, die den härteren Teil des Strandes entlangfuhr. Sie stoppten, sprangen von ihren Fahrrädern und eröffneten im nächsten Moment das Feuer. Ich glaube nicht, daß sie mehr als die Silhouette unseres Bootes sehen konnten. Trotzdem schlugen ihre Kugeln neben uns ein. Eine der Kugeln traf mich am Ohr und warf mich zu Boden. Die Verletzung war nicht allzu ernst. Ich glaube, es war nur ein Prellschuß. Ich verlor jedoch viel Blut, und mein guter Rock war über und über besudelt, was mich dabei am meisten ärgerte. Die deutschen Radfahrer strampelten dann davon und verschwanden – wahrscheinlich, um ihre Kameraden zu warnen. Millner-Gibson und ich verbrachten eine schreckliche halbe Stunde. Der Mond war aufgegangen, und zudem hatten die Wolken sich zu lichten begonnen. In dieser halben Stunde sahen und hörten wir nichts von Todd. Nun hatten wir das verdächtige Schnellboot auf der einen Seite, ein Flugzeug flog herum, und dann sah ich einige Gestalten am Strand, und im gleichen Moment rief unser Posten: ›Jetzt sind noch mehr Leute am Strand.‹ Und diese drohenden Gestalten kamen nun Schritt für Schritt in tiefem Schweigen auf uns zu. Ich wußte nicht, ob es Deutsche waren. Die Leute von dem Schnellboot vielleicht oder was sonst. Doch dann endlich rief einer der Unteroffiziere sehr deutlich seinen Namen, und die Spannung war vorüber. Wir nahmen alle an Bord, dann gab gab Millner-Gibson Startbefehl, und wir schossen ab in Richtung Dover.«

Bereits im Herbst 1940, wenige Monate nach der Gründung der Einheit und während Hitler sich auf die Invasion in England vorbereitet, erteilt Churchill den Auftrag zum beschleunigten Bau von Landungsfahrzeugen für die Kommandotruppen. Innerhalb kürzester Frist werden aus allen Teilen des Königreiches Soldaten und Offiziere zusammengezogen, die bereit sind, sich einer sehr viel strengeren Disziplin als beim normalen Militärdienst zu unterwerfen.

Ebenfalls im Herbst 1940 wird der Stab Combined Operations, ein alle Waffengattungen vereinigender Kommando-Operationsstab, gegründet, der sich in Zukunft mit den taktisch-technischen Vorbereitungen einer Invasion des besetzten Kontinents beschäftigt – wobei gerade die Kommandos eine große Rolle spielen sollen.

Doch erst im Jahre 1941, nachdem *Lord Louis Mountbatten* zum Chef des Stabes Combined Operations ernannt worden ist, beginnt man, die Bedeutung der Kommandos zu erkennen.

Im März 1942 ernennt Hitler Generalfeldmarschall *Gerd von Rundstedt* zum obersten Befehlshaber in Westeuropa. Rundstedt legt sein Hauptquartier nach St.-Germain-en-Laye, einem Städtchen 20 km von Paris entfernt. Der Mann mit der höchsten Befehlsgewalt in Westeuropa wohnt fortan in einer unauffälligen Villa, die zu einem Mädchen-Pensionat gehört.

19. August 1942, Dieppe, ein Hafen an der Kanalküste. 5000 britische und kanadische Soldaten landen hier, um zu erproben, wie und ob überhaupt eine Invasion der von den Deutschen besetzten Küste durchführbar ist. Ja. Sie ist möglich – nur bleiben am Strand 4360 Soldaten zurück, unter ihnen mehr als 1100 Tote.

Die sehr hohen Verluste von Dieppe sind mit den Erfahrungen, die das alliierte Oberkommando dabei sammelt, jedoch reich belohnt worden, und das blutigste Kommandounternehmen des II. Weltkrieges eröffnet ein länger als zwei Jahre andauerndes Täuschungsmanöver, das zuletzt »Operation Fortitude« genannt wird und damit endet, daß, als die Alliierten im Juni 1944 an der Normandieküste an Land gehen, die deutschen Oberkommandierenden nicht glauben können, daß gerade hier die Invasion stattfindet.

Um die Alliierten ein für allemal von einem neuen Landungsversuch abzuschrecken, erteilt Hitler im September 1942 den Befehl zum Bau einer Befestigungskette, die sich mit ihren von 300 000 Mann besetzten 15 000 Bunkern vom Nordkap bis zur spanischen Grenze erstrecken soll.

Doch schon bald erweist es sich als ausgeschlossen, den von Hitler auf den 1. Mai 1943 festgesetzten Fertigstellungstermin einzuhalten. Deshalb sollen zunächst die am meisten gefährdeten Punkte der französischen Küste geschützt werden. Nach Hitlers Ansicht zählt dazu vor allem die Kanalküste im Raum Pas-de-Calais.

Mehr als eine halbe Million Männer aus ganze Europa arbeiten Tag und Nacht an der Errichtung der Befestigungen. Millionen Tonnen von Beton werden gegossen; Kuppeln und Kanonen der Maginot-Linie sowie Bordgeschütze französischer Kriegsschiffe finden am Atlantikwall neue Verwendung.

Doch schon nach einigen Monaten – die zu befestigende Küste erstreckt sich ja über mehrere tausend Kilometer – fehlt es an Zement. Der Beton kann nicht mehr gegossen werden. In dieser Zeit startet Goebbels seine großangelegte Atlantikwall-Propaganda. Ausländische Journalisten und Militärattachés sind immer wieder geblendet von den mächtigen Offensiv-Batterien am Cap Gris Nez – wo »rein zufällig« immer auch deutsche Panzereinheiten irgendwelche effektvollen Übungen durchführen. Gerade diese Batterien sind es auch, die den in großen Scharen anreisenden Wochenschau- und Bildberichtern die richtige Kulisse für eindrucksvolle Reportagen über den Atlantikwall bieten. Denn mehr noch als dem Feind soll dem deutschen Volk vorgetäuscht werden, daß die Abwehr des gesamten Walles von solcher Stärke ist. In Wirklichkeit wird der Atlantikwall nur stückweise, und das im Abschnitt zwischen Le Havre und Hoek van Holland auch nur einigermaßen, fertiggestellt.

Nur Hitler selbst kommt nicht einmal, den Wall zu besichtigen und um festzustellen, was er wirklich ist.

Da der Bau der Befestigungsanlagen im Pas-de-Calais und auch an anderen Stellen praktisch unmöglich ist, ohne daß französische, belgische und holländische Firmen hinzugezogen werden, ist man in London meist noch besser als in Berlin über

Vor- und Nachteile der gerade entstehenden Befestigungen informiert.
Während die Deutschen sich besonders am Pas-de-Calais auf den Bau gigantischer Verteidigungsanlagen konzentrieren, haben die Alliierten auf der Konferenz von Quebec im August 1943 bereits beschlossen, 200 km weiter westlich, an der Normandieküste, zu landen.
Der Beschluß ist das Ergebnis von etwa zwei Jahren Forschung und Erkundung gewesen. Nur die Normandieküste erfüllt alle taktischen und strategischen Voraussetzungen eines Landeplatzes. Sie ist entfernt von größeren deutschen Truppenkonzentrationen und Luftwaffen-Stützpunkten und im übrigen nur schwach befestigt. Außerdem bieten ihre weiten Ebenen sich für Landungen von Lastenseglern förmlich an.
Tatsache ist, daß sich die Küste des Pas-de-Calais am allerwenigsten für eine Invasion eignet – schon die hier herrschenden Strömungen machen den Einsatz von Landungsfahrzeugen fast unmöglich. Trotzdem läßt das deutsche Oberkommando unter Berufung darauf, daß von hier der kürzeste Weg in das Ruhrgebiet führt, gerade hier immer größere Befestigungen entstehen, damit den Alliierten der Weg versperrt bleibt. Und da die Entscheidung für die Normandie als Landungsgebiet strengst gehütetes Geheimnis bleiben muß, tun die Alliierten alles nur Erdenkliche, die deutsche Hypothese zu stützen und auf deutscher Seite den Angriff im Pas-de-Calais als sicher erwarten zu lassen. Es ist klar, daß das Gelingen der Invasion

Deutscher Beobachtungsposten am Atlantikwall

weder von materieller Überlegenheit noch von der Beherrschung des See- und Luftraumes abhängen wird, sondern davon, ob es gelingt, während der ersten Wochen größere deutsche Verbände von der Normandie fernzuhalten.
Die britische Admiralität wendet sich im Mai 1942 mit dem Appell an die Bevölkerung, man möge ihr alle verfügbaren Fotos und Ansichtskarten, die die französische Küste zeigen, übersenden.
Innerhalb weniger Tage häufen sich mehr als 9 Millionen Fotos und Postkarten in den Büros der Admiralität. Eine Auswahl von etwa einer halben Million wird für eine Spezialkartei kopiert, wobei eine Unmenge wichtiger Details, die keine Landkarte verzeichnet, ausgemacht wird.
Beim Anblick einer Postkarte aus Luc-sur-Mer erinnert sich ein Offizier des Generalstabes von Feldmarschall Montgomery, der vor dem Krieg seine Ferien in der Normandie zu verbringen pflegte, an die breiten Tonstrände von Luc-sur-Mer, die für die Panzer eine möglicherweise tödliche Falle sein könnten. Der Strand ist ausgerechnet für die Landung der englischen Panzer vorgesehen.
Um Überraschungen solcher Art von vornherein auszuschließen und um exakte Informationen über die geologische Beschaffenheit der Kliffs, den Neigungswinkel der Strände, die Tragfähigkeit des Sandes und ähnliche Details eines jeden Küstenteils der Normandie zu gewinnen — was für den Einsatz schwerer Panzerfahrzeuge ja entscheidend ist —, durchwühlen englische Geologen mehrere tausend französische Fachbücher — bis zurück in das 18. Jahrhundert.
Daneben wird jeder Küstenabschnitt Strich für Strich aus 10 000 m Höhe fotografiert und danach mit Aufnahmen aus dem Tiefflug verglichen.
Als dann die Geologen ihre bis ins kleinste Detail gehenden, in monatelanger Arbeit entstandenen Berichte vorlegen, erweist dies alles sich als unzureichend für eine zuverlässige Planung. Das ganze Invasionsprojekt scheint plötzlich davon abzuhängen, ob es gelingt, exakte Kenntnis von der Beschaffenheit der Strände heranzuholen. Und da die üblichen Quellen der britischen Abwehr dieser Frage gegenüber versagen, erhält Korvettenkapitän *Nigel Willmott*, Gründer der Stranderkundungskommandos und Leiter dieser unter höchster Geheimhaltung tätigen Spezialeinheit, Befehl, schleunigst Bodenproben der Landungsstrände zu beschaffen.
Verpackt in wasserdichte Anzüge und mit Hilfe von Spezialgeräten sollen die Männer seiner Einheit die Landungsstrände bis in jede Einzelheit untersuchen.
Bei Slapton-Sands in Devonshire, wo die englische Küste den normannischen Stränden am ähnlichsten ist, werden im Herbst

Korvettenkapitän Nigel Clougston-Willmott

1943 die Übungen der Erkundungskommandos durchgeführt.
Willmotts Einheit ist bereits mit Erfolg bei den Vorbereitungen der Landungen in Nordafrika und zur Invasion Siziliens eingesetzt gewesen.
Anfang Januar 1944 wird der Einheit Willmotts ein kleines U-Boot überstellt, ein sogenanntes X-Boot. Boote dieses Typs sind erstmals vor wenigen Monaten zum Angriff auf das deutsche Schlachtschiff »Tirpitz« verwendet worden. Die X-Boote sind rund 17 m lang und haben einen maximalen Durchmesser von 1,65 m; man kann in ihrem Innern nur sitzen. Zwei verschiedene Periskope und drei kleine Bullaugen ermöglichen die Beobachtung der Außenwelt. Die Geschwindigkeit des Bootes beträgt 6—7 Knoten über und etwa 4 Knoten unter Wasser.
Vom 17. bis 21. Januar 1944 wird mit Hilfe eines solchen X-Bootes die längste Stranderkundungsoperation durchgeführt.

Korvettenkapitän Nigel Willmott:
»Wir erreichten die Küste der Normandie, indem wir unter Wasser gezogen wurden — eine ganz neue Technik, die mit Hilfe des Schleppers ›Darthema‹ entwickelt worden war. Er schleppte uns auch an diesem Abend — der Kanal ist in diesem Bereich mehr als hundert Meilen breit — durch den Radarbereich der feindlichen Küste; und dann waren wir allein. Wir tauchten auf und fuhren über die Minenfelder hinweg. Da wir keinen großen Tiefgang hatten, kamen wir nicht mit ihnen in Berührung.
Dann kamen wir an unserem Ziel an. Mag sein durch einfaches Glück oder gute Führung — ich war nämlich der Navigator — trafen wir es genau und sogar fast pünktlich; bei Tagesanbruch am 18. Januar 1944. Vorsichtig und sehr langsam bewegten wir uns dorthin, wo wir die Verteidigungen gut sehen konnten. Es war alles sehr aufregend und spannend. Alle Häuser an der Küste waren leer und verschlossen, aber es gab eine ganze Menge Leben. Leute, die mit Bulldozern arbeiteten und die Verteidigungen errichteten. Man konnte alles sehr deutlich sehen.

Wir lagen vor Moulins-St.-Laurent, und unser Standort für die drei Tage der Operation lag zwischen diesem Ort und Vierville, etwa 3 oder 4 Meilen westlich davon.
Der Stundenplan, an den wir uns zu halten versuchten, sah vor, daß wir auf Grund gingen, sobald wir mehr oder weniger in Position waren und dann auf Grund liegen blieben bis etwa 11 Uhr, um zu schlafen. Diese 4 Stunden waren übrigens die einzige Gelegenheit, Schlaf zu bekommen. Danach nahmen wir unsere Mahlzeit ein und tauchten auf, um ganz nah an die Küste heranzukriechen, bis auf 300 bis 400 Yards, die Verteidigungen zu betrachten, nach den Navigationsmarkierungen zu sehen und die Verteidigungsanlagen zu skizzieren, wo es möglich war usw., bis zur Dunkelheit. Dann gingen wir wieder für einige Stunden auf Grund, aßen noch einmal, bereiteten die Schwimmausrüstungen vor – es war eine Menge Arbeit –, und dann tauchten wir um 7 Uhr abends auf und näherten uns der Küste, um die Schwimmer an Land gehen zu lassen. In diesem Fall, da es ja Hauptziel der Erkundung war, Klarheit über den Zustand der Strände zu bekommen und zu erfahren, ob sie sich für die Landung von Fahrzeugen eigneten, waren es die Soldaten, die das Ausschwimmen unternahmen. Sie alle waren wirklich tapfere Burschen. Normalerweise gingen sie um 7 Uhr abends ins Wasser, mußten dann ein paar hundert Yards schwimmen, manchmal auch weniger, denn ab und zu gelang es uns, mit dem Boot direkt auf den Strand zu kommen. Ich blieb dann immer an Deck. Die zwei Marinesoldaten waren unten und die Schwimmsoldaten oben bei mir. Wenn sie dann abgeschwommen waren, zogen wir uns wieder auf das Wasser zurück, wo wir in wenigen hundert Yards Entfernung von der Küste unsere hydrographischen Beobachtungen der Gezeitenströmungen und andere Untersuchungen anstellten. Um etwa 10 Uhr wurde es dann Zeit, die Männer von der Küste abzuholen. Wir hatten verschiedene raffinierte Techniken, dies zu bewerkstelligen, die immer den Gegebenheiten angepaßt waren und die wir bei früheren Operationen ausgearbeitet hatten. Nachdem wir die Männer aufgenommen hatten, mußten wir gut 4 Meilen weit auf See hinaus, um die Batterien aufzuladen, was einen solchen Lärm verursachte, daß wir dies unmöglich nahe vor der Küste tun konnten. Diese Gelegenheit nutzten wir dann auch zur Überprüfung der Waffen und Ausrüstungsgegenstände der Schwimmer, die immer nachgesehen, auseinandergenommen, gereinigt und getrocknet werden mußten wegen des Salzwassers. Und sie hatten in der Tat eine Menge Ausrüstung bei sich: Pistole, Kampfmesser, einen – wie wir ihn nannten – Neigungsmesser und ein Echolot, große Bohrer, um den Boden zu prüfen und Proben davon aufzunehmen, Patronengürtel, in die die Proben gesteckt wurden, dann Säcke für

Proben, die eiserne Ration, Unterwasserschreibtafeln, Unterwasserkompasse und last not least Bleistifte und Brandy; natürlich mußte der Brandy immer nachgefüllt werden. Nun, die Dinge liefen ziemlich gut, aber wir hatten auch einige Male Alarm. Der erste Zwischenfall passierte, als die Schwimmer an der Küste auf zwei deutsche Wachtposten mit Taschenlampen stießen. Dies war unerwartet, aber wir hatten genug Erfahrung, um zu wissen, ob die Wachtposten einen wirklich gesehen hatten oder aber nur glaubten, irgend etwas gesehen zu haben. So zogen unsere Männer sich zurück, um nach einer Weile wieder nach vorn zu gehen. Und dann, als sie, flach auf dem Boden liegend, schon mit dem Entnehmen von Sandproben beschäftigt waren, kamen zwei weitere Wachtposten vorbei. Einer von ihnen stolperte über ein Teil ihrer Meßeinrichtung. Er fiel hin, hatte sich am Knie verletzt, stand mit Hilfe seines Kameraden wieder auf, klopfte seine Hose ab und ging weiter, ohne nachzusehen, über was er eigentlich gestolpert war. Er muß geglaubt haben, daß es ein Stein war.
Doch wir schafften es schließlich, so wie man es eben nicht anders von uns erwartete, und kamen zurück mit vielen Informationen über den Verlauf der Minenfelder, denn auch dies schien uns für bestimmte Stellen sehr wichtig zu sein, Verteidigungsinformationen und vor allem der so bedeutenden Information über die Tragfähigkeit des Strandes. Jeder schien sehr erfreut zu sein. Doch glaubte man, daß es das beste sei, in dieser letzten Zeit die Gefahr zu meiden, daß die Invasion bloßgestellt würde. Und so wurden keine Mini-U-Boot-Erkundungen mehr unternommen.«

Schon 1942 sind alle Häfen zwischen Bordeaux und Antwerpen zu Festungen ausgebaut worden. Aufgrund eines persönlichen Befehls Hitlers müssen diese Festungen bis zum letzten Mann und bis zur letzten Patrone gehalten werden; jeder Festungskommandant hat sich schriftlich verpflichten müssen, dafür zu sorgen, daß, bevor sein letzter Soldat fällt, er die Hafenanlagen in die Luft jagt. Denn, wie Hitler es einmal ausdrückte, »wenn wir die Häfen halten, halten wir Europa«.
Tatsächlich können die Alliierten, ohne einen Hafen zur Verfügung zu haben, nicht ernsthaft an eine Invasion denken. Schon nach wenigen Tagen ohne Nachschub würden ihre Soldaten ins Meer zurückgeworfen sein. Doch zu der Zeit, als Hitler seinen Hafenkommandanten den Kampf bis zum letzten Blutstropfen befiehlt, findet in Großbritannien *Lord Louis Mountbatten*, Chef des Stabes Combined Operations, der die ersten Vorbereitungen für die Invasion trifft, die Lösung des Problems: »Nun, wenn wir keinen Hafen einnehmen können, dann müssen wir uns eben einen mitbringen«, sagt er auf einer

Konferenz, wo diese Feststellung zunächst als schlechter Witz betrachtet wird. Noch ahnt niemand, daß zwei Jahre später mehr als 20 000 Arbeiter diesen Witz mit Hilfe von einer Million Tonnen Stahl und Beton in die Wirklichkeit umsetzen und daß die künstlichen Häfen, von denen der Erfolg der Invasion abhängen wird, gleichzeitig zu einem der größten Geheimnisse der Operation »Overlord« werden sollten. Selbst den Raum, in dem das Modell der Hafenteile steht, dürfen nur wenige ranghohe Offiziere betreten.

Der künstliche Hafen bekommt den Decknamen »Mulberry«. Er soll eine größere Kapazität haben als der Hafen von Dover, dessen Bau schon in Friedenszeiten fast 7 Jahre in Anspruch genommen hat — allein zum Studium des Meeresbodens sind mehrere Monate erforderlich.

Doch in diesem Fall ist der für den Hafen vorgesehene Lageplatz schwer vermint, durch Hindernisse unbrauchbar gemacht und liegt direkt unter den Mündungen der deutschen Küstenbatterien — vor dem französischen Badeort Arromanches.

Jedes einzelne Teil muß vor den Augen des Feindes über den Kanal transportiert werden, und innerhalb von 14 Tagen sollen alle Bauelemente zu einem Hafen zusammengestellt sein. Man beschließt, gleich zwei dieser Häfen zu bauen: einen für die britischen und einen für die amerikanischen Landungstruppen — allein die erforderlichen Molen werden eine Länge von insgesamt 12 km haben. Die riesigen Caissons werden sogar Mannschaftsräume und Flakstellungen aufnehmen. Dank der auf den Meeresgrund gestemmten langen, mächtigen Stahlbeine fluten die Hafenelemente mit den Gezeiten auf und ab.

Der deutschen Luftwaffe und dem Nachrichtendienst entgehen natürlich nicht die zu Dutzenden in der Themse-Mündung und bei den ostenglischen Werften liegenden seltsamen Gebilde, die wie fünfstöckige, auf der Seite liegende Warenhäuser aussehen.

Die englischen Hafenarbeiter halten die Kästen für schwimmende Getreidesilos, die die Alliierten mitzuschleppen gedenken, um die Bevölkerung des Kontinents zu ernähren, während der deutsche Generalstab sie als Ersatzmolen identifiziert, die die Alliierten zu benutzen beabsichtigen, falls ihnen die Eroberung eines Hafens glücken sollte. Diese Interpretation bestärkt sie natürlich noch mehr in ihrer Gewißheit, daß die Alliierten als erstes einen Hafen am Pas-de-Calais angreifen werden.

Eine ebenfalls neu entwickelte Installation, die »Swiss Roll«, »Schweizer Wecken«, ist eine vom Schiff in Richtung Ufer abrollbare schwimmende Mole aus Stahlgelenken, die den kunstlichen »Mulberry«-Hafen ergänzen wird.

Doch werden diese Neuentwicklungen nach außen hin während der nächsten Monate von zwei anderen Bauvorhaben der Kö-

niglichen Marine in den Schatten gestellt. Da ist zunächst der schwimmende Flugplatz »Lilo«, der das deutsche Oberkommando in der Annahme bestärken soll, daß die Alliierten ihre Landung in einem für Lande-Operationen nicht gerade geeigneten Gebiet durchzuführen gedenken – für die Normandie wären schwimmende Flugplätze jedenfalls überflüssig.
Dann erhält ein englisches Werk im August 1943 die Rohskizzen einer Vorrichtung, die dazu dienen soll, selbst in die stärksten Stahlbetonbauten des Feindes eine Bresche zu schlagen – groß genug, um einen Panzer durchzulassen. Das Gerät besteht aus zwei wuchtigen Stahlrädern, die einen Durchmesser von 3 m und eine 30 cm breite Lauffläche haben. Die trommelartige Achse dient als Sprengstoffkammer, und die gesamte Vorrichtung wird angetrieben von einer Anzahl Raketen, die an den Rändern der zwei Räder befestigt sind.
Der Apparat erhält die geheimnisvolle Bezeichnung »Panjandrum« und wird unter strengster Geheimhaltung in einem eigens dafür errichteten Werkschuppen gebaut, den außer den Arbeitern nur noch 7 Personen betreten dürfen – selbst seinem Erfinder ist der Zutritt verboten. Innerhalb eines Monats ist ein Versuchsmodell des »Panjandrum« fertiggestellt und wird unter Bewachung durch eine Polizeieskorte bei Nacht abtransportiert.
Am Bestimmungsort an der Ostküste angelangt, wird das Gerät dann erstaunlicherweise ohne jede Geheimhaltung erprobt. Dutzende Ausflügler können, gemeinsam mit hohen Offizieren, das feuerspeiende Gebilde bewundern, das über den Strand rollt, bis es das Gleichgewicht verliert und – umkippt. Den Neu-

Erprobung des »Panjandrum«

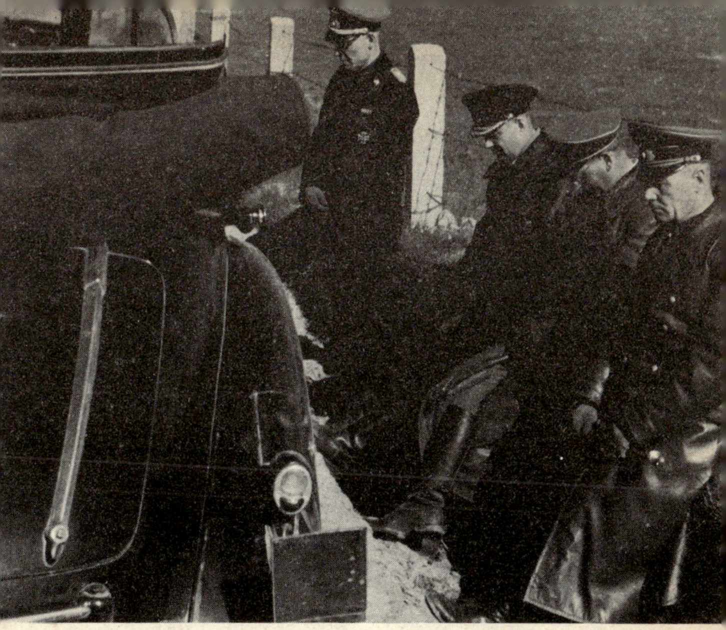

17.–19. April 1944: Kurze Rast während der Inspektionsreise entlang der Küste zwischen Somme- und Schelde-Mündung. Von rechts: Generalfeldmarschall Erwin Rommel, General Wilhelm Speidel, Vize-Admiral Friedrich Ruge und Hauptmann Helmut Lang

gierigen wird erklärt, daß dieses Monstrum in der Lage sein wird, den Atlantikwall zu durchbrechen.

Etwa um die gleiche Zeit, als General *Dwight D. Eisenhower* zum Oberkommandierenden der alliierten Invasionstruppen bestimmt wird, entsendet Hitler seinen Feldmarschall *Erwin Rommel* nach Frankreich. Rommel hat den Auftrag, die Verteidigung der Westküste Frankreichs sicherzustellen. Er beginnt die Arbeit mit einer gründlichen Inspektion der Gefahrenzone — und während die intensive Propaganda von der Unbesiegbarkeit des Atlantikwalles weiterläuft, beginnt auch die deutsche Seite zielstrebig zu bluffen.

An vielen Stellen werden neue »Minenfelder« angelegt, die, obwohl von Stacheldrahtverhauen umgeben, lediglich aus Warntafeln bestehen. Da beim Auslegen von Minenfeldern zum Schutz der Einheimischen auch die örtlichen französischen Behörden über die Abmessungen der Felder benachrichtigt werden müssen, ist die Täuschung perfekt. Daneben werden alliierten Agenten in Spanien und der Schweiz Karten mit Einzeichnungen von Minenfeldern und Befestigungen in die Hände gespielt.

Mit der Vortäuschung stetig wachsender Verteidigungen geht

eine ebenso stetige Vermehrung der in Frankreich stationierten deutschen Divisionen Hand in Hand, was mit ganz simplen Mitteln bewerkstelligt wird: Man weist die französischen Behörden an, Quartierscheine bereitzuhalten; bei der französischen Eisenbahn werden Transporte angemeldet; dann kommt der Quartiermeister, Gebäude werden übernommen, Divisions-Schilder angebracht — und eines Tages werden in der Gegend Übungen durchgeführt. Die im nächsten Umkreis tätigen Männer der Résistance besorgen den Rest, und schon nach wenigen Tagen kennt London den Standort der neuen Division. Allerdings werden diese Täuschungsmaßnahmen so weit ausgedehnt, daß es notwendig wird, im Hauptquartier in Paris eine Liste der wirklichen und der Geister-Divisionen zu führen, damit der Stab nicht durcheinanderkommt. Durch die für die Résistance bestimmten Fragebogen aus London, die den Deutschen ab und zu in die Hände fallen, kann man überdies feststellen, ob und in welchem Maße der Gegner »angebissen« hat.
Die SOE hält die Verbindung zu ihren Agenten mit Hilfe der von der BBC im Anschluß an die Tagesnachrichten gesendeten Code-Sätze aufrecht. Natürlich bleibt den Engländern nicht verborgen, daß die Bedeutung mancher dieser Sprüche durch festgenommene Agenten den Deutschen bekannt wird. Hier sehen die Alliierten eine ideale Möglichkeit, beim Feind Verwirrung zu stiften, und ab Mai 1944 befinden sich die deutschen Truppen fast ständig in irgendeiner der zahlreichen Alarmbereitschaftsstufen — wobei nur jeweils der Küstenabschnitt wechselt.
Da die im Küstenbereich stationierten Einheiten, abgesehen von den BBC-Codesprüchen, auch noch während der sogenannten »angespannten Tage« auf der Hut sein müssen, die vom Gezeitenkalender, der Wetterlage und dem Mondlicht bestimmt werden, führen die Täuschungen dazu, daß die Alarmbereitschaft innerhalb weniger Tage mehr eine Art Routine-Übung denn ein Zeichen kommender Gefahr darstellt. Daneben regt die SOE speziell im Pas-de-Calais und den angrenzenden Gebieten verstärkte Aktivität der Résistance an. Die fast jede Nacht ankommenden Versorgungsabwürfe und der ständig wachsende Funkverkehr können den in diesem Raum besonders wachsamen Deutschen nicht entgehen; zumal ab und zu Funkgeräte abgeworfen werden, die auf ähnlicher Wellenlänge arbeiten wie die Geräte der Panzereinheiten der am Pas-de-Calais stationierten 15. Armee. Auch die sogenannten »Funkspiele«, der Funkverkehr zwischen den in deutscher Hand befindlichen Agentensendern und London, bestätigen immer wieder, daß die Invasion im Pas-de-Calais zu erwarten ist.
Besonders sorgfältig werden die Luftlandetruppen vorbereitet — zunächst mit dunklen Brillen und dann bei Nacht. Die Piloten der Lastensegler müssen imstande sein, auch in der Dunkelheit

auf jedem kleinen Streifen Erde zu landen – sei es auch nur die Gasse zwischen Hindernisreihen! Den Lastenseglerbesatzungen und den Fallschirmjägern werden außerdem Filmaufnahmen von Reliefkarten gezeigt, die genau den Eindruck vermitteln, den man vom anschwebenden Lastensegler oder niedergehenden Fallschirm aus hat.
Da die Ortschaften auf den für die Übung verwendeten Landkarten polnische und die Flüsse russische Namen tragen, wissen die Truppen bis zum letzten Augenblick nicht, wo ihr Ziel liegt – obwohl sie es im Detail bestens kennen. Die wirklichen, höchst geheimen Stabskarten nämlich tragen die Bezeichnung »Bigot« – und »Bigot« ist der Deckname für eine ganz kleine Gruppe höchster Offiziere und einiger Wissenschaftler, die in das wahre Landungsgeheimnis eingeweiht sind.
Bereits im Februar 1944 stellen auch die Alliierten fest, daß sich das Bild der französischen Küste entscheidend zu ändern beginnt. Tag für Tag werden deshalb Tausende Tiefflug-Aufnahmen gemacht, die die Überwachung der Deutschen bei ihren emsigen Arbeiten an der Küste sicherstellen.
Danach fliegen die Aufklärer meist in etwa 5 bis 8 km Entfernung an der Küste entlang und fotografieren sie, fast die Wellen berührend, aus der Sicht eines ankommenden Landungsbootes.
Dann nähern sie sich dem Strand bis auf etwa eineinhalb Kilometer und machen ähnliche Aufnahmen aus der Sicht an Land watender Truppen – all dies unter heftigem Flakbeschuß.
Schließlich gehen sie auf 1000 m Höhe, von wo der Strand noch einmal fotografiert wird, damit das Verhältnis des Küstenstreifens zum jeweiligen Gezeitenstand des Meeres errechnet werden kann. Jedes, auch das kleinste Detail dieser Luftaufnahmen wird in England auf eine riesige Reliefkarte übertragen.
Aufgrund der Erkenntnisse, die die Stranderkundungen Willmotts und die Fotos der Luftaufklärung vermitteln, entsteht an einem Abschnitt der englischen Küste eine den Strandverhältnissen der Normandie bis ins kleinste entsprechende, maßstabgerechte Nachbildung. Neben sämtlichen deutschen Hindernissen, Minen und Stacheldrahtverhauen sind hier auch die neuesten Konstruktionen Rommels vertreten. So können die Truppen die Landung und vor allem den Umgang mit den verschiedenen Spezialpanzern erproben, die für die Invasion inzwischen entwickelt worden sind. Ihrer Eigenschaften wegen werden sie allgemein »Funnies« genannt. Der populärste »Funny«-Typ ist der sogenannte Dreschflegel, dessen freihängende Ketten auf die Erde schlagen und jede Mine zur Explosion bringen. Über seine Spur können die Truppen gefahrlos vorwärtsgehen.
Selbst die stabilsten deutschen Strandhindernisse, die aus Teilen der früheren belgischen Grenzbefestigungen stammenden

Colonel George M. Lane 1943

»Belgischen Tore«, von den Alliierten »Element C« genannt, werden nachgebaut. An den drei Tonnen schweren Eisentoren – stark genug, ein vollbeladenes Landungsfahrzeug auch bei Höchstgeschwindigkeit zu stoppen – ermitteln Sondereinheiten der Pioniere die wirkungsvollste Zerstörungstechnik.

In der Nacht zum 18. Mai 1944 fallen den deutschen Küstenwachen im Gebiet von Calais die britischen Offiziere *George M. Lane* und *Roy Woldridge* in die Hände. Sie haben Auftrag, die Ausdehnung der am Strand von Cayeux-sur-Mer ausgelegten Minenfelder festzustellen. Daß sie nicht exekutiert, sondern statt dessen zum Hauptquartier Rommels gebracht werden, haben sie dem Zufall zu verdanken, daß General *Speidel*, Rommels Chef des Stabes, sich auf einer Inspektionsreise gerade in diesem Küstenabschnitt befindet und von ihnen hört. Statt sie dem Sicherheitsdienst zur »Sonderbehandlung« zu übergeben, bringt Speidel sie in separaten Zellen im Schloß La Roche Guyon unter. Die beiden Engländer sind die einzigen, die die Gefangennahme bei einer Stranderkundung überlebt haben.

Colonel George M. Lane:
»Es war am 18. Mai 1944, als ich mich zusammen mit einem Freund – sein Name war Roy Wooldridge – in einem kleinen Schlauchboot befand. Wir waren etwa eine halbe Meile von der Küste entfernt, ganz in der Nähe von Cayeux-sur-Mer.
Es war noch dunkel, als es uns endlich gelang, hinauszupaddeln. Als wir so in unserem Schlauchboot saßen und auf die langsam heller werdende Küste blickten, waren wir doch ziemlich ratlos. Wir saßen da, überlegten, beteten und hofften, daß vielleicht durch irgendein Wunder ein Flugzeug oder sonst was kommen und uns bemerken würde – aber es geschah nichts. Dann hörten wir plötzlich ein Geräusch. Wir sahen ein Motorboot von der Küste her auf uns zukommen – wahrscheinlich um uns aufzunehmen. Das Boot näherte sich, und ich sagte zu Wooldridge: ›Vielleicht können wir das Boot erobern und damit nach Hause fahren.‹ Aber leider gingen die Leute, die uns an Bord nehmen wollten, sehr vorsichtig vor. Als sie nahe genug an uns herangekommen waren, begannen sie im Kreis

um uns herumzufahren. Wir saßen da — entsetzlich frierend, und zu allem Überfluß waren noch drei ›Schmeißer‹ geradewegs auf uns gerichtet. Wir wußten, wir hatten keine Chance und hoben ziemlich schnell unsere Hände hoch. Daraufhin kamen die Deutschen sehr vorsichtig näher und näher, nahmen uns in ihr Boot und durchsuchten uns sehr, sehr sorgfältig. Als wir nach Cayeux-sur-Mer zurückgebracht wurden, bemerkten wir, daß die Deutschen bei der Einfahrt zum Hafen ausgesprochen behutsam vorgingen. Ich fragte sie nach dem Grund dafür, und sie sagten mir, es sei wegen der Minen. Als ich daran dachte, daß ich selbst in der Nacht vorher hier entlanggefahren war, ohne überhaupt einen Gedanken an die Minen zu verschwenden, die jetzt bei Tag so vorsichtig umgangen wurden, kam mir erst zum Bewußtsein, in welcher Gefahr wir uns befunden hatten. Doch als ich mich zu Roy Wooldridge umdrehte, sah ich ihn lachen, und unwillkürlich mußte ich auch lachen — ich glaube, daß wir uns in einer Hinsicht doch ziemlich erleichtert fühlten, da wir ja noch heil und ganz waren.

In Cayeux-sur-Mer wurden wir von einer Reihe von Leuten verhört, ich kann mich nicht mehr erinnern, wer sie waren. Schließlich wurden uns die Augen verbunden und die Hände auf dem Rücken gefesselt, und man brachte uns an einen anderen Ort — ich habe mich nie erinnern können, wo es war; ich glaube, ich wußte es damals aber sowieso nicht. Ich nehme jedoch an, daß es Tourcoing war. In Tourcoing wurden wir in ein Gebäude geführt; man nahm uns die Augenbinden ab. Wir wurden voneinander getrennt und in separate Zellen gebracht.
Am nächsten Tag wurden wir nochmals weitertransportiert; ich kann mich jedoch auch in diesem Fall nicht erinnern, wohin. Wieder wurden wir verhört von den verschiedensten Leuten — immer jeder für sich, und ich sah Roy fast überhaupt nicht mehr. Dann kamen schließlich zwei Offiziere in meine Zelle, ich wurde mit verbundenen Augen hinausgeführt zu einem Auto, in das ich hineingestoßen wurde.
Ich saß auf dem Vordersitz neben dem Fahrer, und zu meinem großen Erstaunen konnte ich, wenn ich mich weit genug zurücklehnte, zwischen der Binde und meiner Nase hindurchsehen. So war es mir möglich, die Wegweiser zu lesen. Wir fuhren eine lange Zeit — es schien jedenfalls so, und ich fürchtete, daß die Deutschen bemerken würden, daß ich trotz Augenbinde sehen könne, und versuchte deshalb, mir nichts anmerken zu lassen. Beinahe wäre mir dies doch passiert, als plötzlich ein Hund quer über die Straße lief und ich dem Fahrer schon zurufen wollte, daß er vorsichtiger fahren soll. Doch im letzten Augenblick hielt ich mich zurück. Und dann waren wir am Ziel. Der Wagen hielt.

Gerade, noch kurz bevor wir anhielten, hatte ich einen Wegweiser sehen können, auf dem ›La petite Roche Guyon‹ stand, und ich versuchte nun, mir diesen Namen besonders gut einzuprägen — obwohl ich eigentlich bis heute noch nicht weiß, warum.

Wir stiegen also aus dem Auto, man löste meine Handfesseln, und ich nahm die Augenbinde ab. Ich blinzelte natürlich zunächst einmal — blickte dann auf und sah ein ganz und gar außergewöhnliches Schloß, das gegen einen Felsen gebaut war. Als ich so hinaufschaute, bemerkte ich, daß die Schornsteine eine Linie bildeten mit den Bäumen, die auf den Felsen wuchsen. Ich drehte mich zu Roy Wooldridge um und sagte: ›Meine Güte, was für ein seltsamer Ort, guck dir das mal an!‹ — aber die Wachen schienen etwas verärgert darüber, und wir wurden schnell ins Innere des Gebäudes geschubst. Dann wurde ich in eine Zelle gebracht, wir waren wiederum getrennt, und ich saß zunächst eine ganze Weile in diesem Raum. Draußen herrschte vollkommene Stille, ich wußte nicht, was da vorging und beschloß, die Lage ein wenig zu erkunden. Ich ging also zur Tür, öffnete sie sehr vorsichtig und spähte durch den Türspalt, als ich mich plötzlich einem sehr gefährlich aussehenden Hund gegenüberfand, der mich mit fletschenden Zähnen anknurrte — so böse, wie ich nie in meinem Leben einen Hund gesehen habe. Mit aller Kraft mußte der Wachtposten ihn zurückhalten, und ich schloß eiligst meine Zellentür.

Plötzlich öffnete sich die Tür, und ein außergewöhnlich schneidiger Offizier trat ein, während einer der Wachtposten mir Tee und Sandwiches brachte. Ich war schrecklich ausgehungert, und dies war das erste vernünftige Essen seit ein paar Tagen. Ich wußte jedenfalls nicht, was da kommen würde, als der schneidige Offizier plötzlich sagte: ›Ich habe Ihnen etwas sehr Wichtiges mitzuteilen. Sie werden einer sehr bedeutenden Persönlichkeit begegnen — aber vorher müssen Sie mir Ihr Wort als Gentleman und Offizier geben, daß Sie sich entsprechend benehmen werden.‹

Ich tat beleidigt und sagte schroff: ›Aber natürlich, ich tue nie etwas anderes, als mich wie ein Gentleman zu benehmen.‹ Er lächelte, die Atmosphäre war sehr freundlich, und dann führte er mich aus dem Zimmer; der Hund knurrte wieder, und wir gingen in den nächsten Raum, wo ein sehr eleganter, gutaussehender Offizier von wesentlich höherem Rang saß, und ich erinnere mich, daß seine Uniform aus sehr viel Blau und Gold bestand.*

Er stand auf, grüßte mich sehr freundlich und sagte: ›Es muß

* Vermutlich der Chef des Operationsstabes der Heeresgruppe B, Oberst *Hans-Georg von Tempelhoff.* (Aut.)

jetzt sehr schön sein in England.‹ Ich fragte: ›Kennen Sie England?‹ ›Ja, ich kenne England sehr gut‹, antwortete er, ›nebenbei, meine Frau ist Engländerin.‹ Ich gab ihm mein Kompliment zu seinem guten Englisch, und dann sagte er zu mir: ›Sie werden jemand sehr Bedeutendem begegnen, und ich nehme an, Sie sind bereit, mitzumachen.‹ Ich erwiderte: ›O ja, gewiß – ich bin immer Gentleman, wie könnte ich mich da anders verhalten?‹ Er lachte; wir wechselten noch ein paar Worte, und dann geschah etwas sehr Drolliges. Er schaute auf meine Hände, die inzwischen ganz schön schmutzig waren, und sagte zu mir: ›Ich glaube, Sie möchten gern Ihre Nägel saubermachen, bevor Sie hineingehen‹, und ich sagte: ›Ja, gern – aber wen werde ich denn eigentlich treffen?‹ Er sah mich an und sagte, irgendwie voller Stolz: ›Sie werden Seiner Exzellenz Feldmarschall Rommel begegnen.‹ Ich freute mich, denn ich glaube wirklich, daß jeder in der britischen Armee eine heimliche Bewunderung für Rommel empfand, denn er war ja eine legendäre Figur; also, ich war erfreut.

Wir standen auf, er führte mich zu einer Tür, und wir traten in einen sehr schönen, sehr großen Raum. Als wir eintraten, konnte ich den Feldmarschall erkennen, der am äußersten Ende des Raumes an einem Tisch saß, und es fiel mir ein, daß man im allgemeinen sagt, manche Leute legen es darauf an, einen durch das ganze Zimmer bis zum anderen Ende auf sie zukommen zu lassen, um den Betreffenden unsicher zu machen. Aber im Gegenteil. Der Feldmarschall stand auf, kam den ganzen Weg auf mich zu, und wir setzten uns um einen Tisch herum – es waren verschiedene Leute da, ich kann mich leider nicht an ihre Namen erinnern. Ein Dolmetscher war da – ich glaube, sein Name war Hauptmann Lang. Natürlich machte ich eine Verbeugung, und der Feldmarschall sagte: ›Bitte, nehmen Sie Platz.‹ Wir setzten uns alle, er wandte sich zu mir und sagte mit ziemlich ernster Miene: ›Also Sie sind eines dieser Gangsterkommandos.‹ Ich richtete mich auf und sagte: ›Ich weiß nicht, was der Herr Feldmarschall damit meint, denn es gibt keine Gangsterkommandos! Natürlich bin ich ein Kommando, denn Kommandos sind die besten Soldaten der Welt.‹ Er sah mich an, und ich glaube, ihm gefiel diese bewußte Haltung, er lächelte. Alle anderen lächelten auch, und er sagte: ›Vielleicht sind Sie keins, aber wir haben sehr schlechte Erfahrungen mit Kommandos gemacht. Sie haben sich verschiedentlich sehr schlecht aufgeführt.‹ Ich erwiderte: ›Ich weiß davon nichts und – ganz ehrlich – ich kann es kaum glauben.‹ Davon nahm er keine Notiz und sagte mir dann: ›Sind Sie sich dessen bewußt, daß Sie unter sehr seltsamen Umständen gefangengenommen wurden?‹ Ich sagte: ›Ich glaube kaum, daß sie seltsam waren, sondern eher ungünstig und unglücklich.‹ Er sagte: ›Wissen Sie eigentlich, daß Sie den

Eindruck gemacht haben, ein Saboteur zu sein? Und Sie wissen doch, wie wir mit Saboteuren verfahren.‹ Worauf ich erwiderte: ›Wenn der Herr Feldmarschall mich für einen Saboteur hielte, würde ich wohl kaum hierher eingeladen worden sein.‹ Er lächelte wieder und sagte: ›Sie betrachten dies hier also als eine Einladung?‹ ›Ja, natürlich‹, sagte ich, ›und ich fühle mich sehr geehrt.‹ Wieder lächelte er und alle mit ihm – die Atmosphäre war wirklich ausgesprochen freundlich.

Dann wandte er sich mir plötzlich zu und fragte: ›Und wie geht es meinem Freund, Feldmarschall Montgomery?‹ ›Soweit ich weiß, geht es ihm gut. Er bereitet die Invasion vor.‹ Rommel sagte: ›So glauben Sie also, daß er eine Invasion plant und die Briten endlich zu kämpfen anfangen werden?‹ Ich antwortete: ›Ja, ich habe die ‚Times' gelesen, die beste Zeitung der Welt – da steht alles drin.‹ Er sagte: ›Wissen Sie, daß dies die erste Gelegenheit sein wird, bei der die Briten wirklich werden kämpfen müssen?‹ Ich war ziemlich erstaunt und fragte: ›Und Afrika?‹ ›O nein‹, sagte er, ›in Afrika – das war nur ein kleiner Kampf, und ich mußte mich zurückziehen, weil keine Versorgungstransporte mehr durchkamen.‹ Ich sagte: ›Na, ich glaube, auch so ist es ein harter Kampf gewesen; – und auf alle Fälle, wenn es den Briten gelingt, andere Leute zu finden, die den Kampf für sie austragen, so bedeutet das doch, daß andere Völker uns sehr gern haben.‹ Er lächelte, er war wirklich sehr freundlich, und ich hatte das Gefühl, daß dieser Mann durch und durch Soldat war – mehr Soldat war als alles andere –, und ich begann allmählich, Gefallen an der Situation zu finden. Vielleicht könnte ich, indem ich meinerseits Fragen stellte, die Unterhaltung noch ausdehnen. Also wandte ich mich an den Dolmetscher und fragte: ›Glauben Sie, daß ich jetzt einige Fragen stellen darf – bisher hat jeder nur mich ausgefragt?‹ Er übersetzte die Frage sehr sorgfältig, und Rommel sagte: ›Gut, sagen Sie ihm, daß er seine Fragen stellen kann.‹

Ich dachte krampfhaft nach, was um alles in der Welt ich nun fragen sollte – und dann fiel mir, glaube ich, plötzlich das Richtige ein. Ich sagte: ›Würden Seine Exzellenz mir sagen, ob eine militärische Besetzung und eine militärische Regierung die ideale Situation für ein besiegtes Volk sind?‹ Bei seiner Denkweise als Soldat würde ihm diese Frage sicher gefallen – und ich glaube, ich hatte richtig getroffen; denn er gab eine sehr interessante Erklärung ab darüber, daß Soldaten die einzigen Menschen seien, die in der Lage wären, jeder Art von plötzlichem Notstand gewachsen zu sein, wie z. B. die Beschaffung von Wasser und Nahrungsmitteln, und die im übrigen alle möglichen erforderlichen Dienste versehen könnten. Es war ein wirklich interessantes Referat, und ich lernte eine Menge daraus.

Trotzdem konnte ich es mir nicht verkneifen zu sagen: ›Das ist alles sehr schön und auch gut – aber man kann doch nicht behaupten, daß die Leute wirklich Gefallen daran finden, unter einer Besatzung wie dieser oder unter einem Militär-Regime zu leben.‹ Und er sagte: ›Aber natürlich – Sie können, wenn Sie heute durch Frankreich reisen, überall sehen, wie glücklich und zufrieden das französische Volk ist, weil die Leute jetzt einfach wissen, was sie zu tun haben – wir zeigen es ihnen nämlich; und sie finden es gut so, weil das Volk eben immer so ist.‹ –
Ich lachte auf und sagte: ›Aber ich kann ja nichts sehen – denn jedesmal, wenn ich mit Ihren Leuten reise, werden mir die Augen verbunden und außerdem noch die Hände gefesselt.‹ Ich glaube, er war drauf und dran, zu sagen: ›Nun gut, Sie können ohne Augenbinde gehen‹ – aber einer der Offiziere wandte sich zu ihm und sagte etwas sehr schnell in Deutsch, und Rommel erwiderte: ›Es tut mir leid, aber Befehl ist Befehl – und wir können keine Ausnahme machen. Aber ich werde sehen, was ich für Sie tun kann. Wenn Sie hier herausgehen, können Sie Ihre Augenbinde abnehmen und sich umschauen. Ich werde dafür sorgen, daß man sich um Sie kümmert und Sie sicher sein werden.‹ Und das war alles. Für mich war es ein großartiges Erlebnis, und ich war sehr dankbar dafür. Ich stand auf, verbeugte mich, und Rommel sagte: ›Leben Sie wohl.‹«
Rommel hält sein Versprechen, für die zwei Engländer zu sorgen – sie überleben den Krieg im Gefangenenlager Neuengamme, wo sie ihre Kameraden, die beim Einsatz in St-Nazaire gefangengenommen worden sind, treffen.
Alles wird deutscherseits nun darangesetzt, die Alliierten davon zu überzeugen, daß eine Invasion nicht lohnen wird, wobei selbst Rommel keine Mühe scheut.
Großangelegte Panzerübungen der Waffen-SS am Pas-de-Calais sollen die Alliierten auf erneute Verstärkung dieses Gebietes hinweisen. Nicht zu Unrecht sind diese Elite-Truppen hierher verlegt worden – an der anderen Seite des Kanals, unweit der Themse-Mündung nämlich, gibt es Beweise für neue Truppenkonzentrationen. Der vom deutschen Abhördienst registrierte, stetig anwachsende Funkverkehr stellt darüber hinaus fest, daß sich das Hauptquartier der Alliierten in der südostenglischen Grafschaft Kent befindet. Daß die Funksprüche jeweils telefonisch vom britischen Hauptquartier bei Portsmouth nach Dover übermittelt und nur von der dortigen Funkstation ausgestrahlt werden, kann der deutsche Abhördienst natürlich nicht wissen.
Der größte Teil der in Südostengland stationierten Invasionstruppen der 1. amerikanischen Heeresgruppe ist im Rahmen des Täuschungsmanövers umbenannt worden in 12. Heeresgruppe und nach Westengland verlegt worden. Um die Deutschen zu

Links: Feldmarschall Bernard L. Montgomery und rechts sein Double, der Schauspieler Clifton James

überzeugen, daß die gewaltige 1. Heeresgruppe nach wie vor besteht, übernimmt der populäre amerikanische General *George S. Patton* das Kommando über die nicht mehr existierende 1. Heeresgruppe. Sein »Hauptquartier« in der Grafschaft Kent bilden einige Funkwagen, die Tag und Nacht regen Funkverkehr unterhalten.

Daneben bringen die deutschen Aufklärer die Beweise: Bewegung großer Waffentransporte, ganze Felder sind von Militärlagern überzogen, die mit Fahrzeugen und Reihen von Panzern vollgestopft sind, daneben sieht man Flugplätze voller Lastensegler, und die Themse-Mündung ist bedeckt von Landungsbooten.

Wie könnte man sich deutscherseits vorstellen, daß in den Militärlagern nur die wenigen Soldaten stationiert sind, die ab und zu Feuer in den Feldküchen machen und durch häufiges Hin- und Herfahren mit einigen Fahrzeugen für Leben sorgen — und daß die Panzer aus Gummi und die Lastensegler Attrappen aus Pappe sind.

Für die deutsche Luftaufklärung und vor allem die Propaganda ist es erwiesen — die Invasionstruppen sind entdeckt!

»Jede Überraschung ist ausgeschlossen — Aufklärung kontrolliert nahende Invasion . . .«

Tatsächlich werden jedoch immer wieder deutsche Aufklärer, die versuchen, in den westlichen Teil der Britischen Insel vorzudringen, abgeschossen. Am 19. Mai gelingt es zum letzten Mal einem deutschen Piloten, dieses Gebiet zu überfliegen — doch

von diesem Tage an wird der westenglische Raum von der Außenwelt hermetisch abgeschlossen.
Selbst die wochenlangen Luftangriffe, die der Invasion vorausgehen, sind den operativen Täuschungsmaßnahmen angepaßt: ihr Schwerpunkt liegt auf dem französisch-belgischen Raum — ostwärts und nördlich der Seine. Und als dann auch noch die Seine-Brücken stromabwärts von Paris bis zur Küste zerschlagen werden, deutet man dies als ein Zeichen für den im Pas-de-Calais zu erwartenden Landeangriff.
Nicht weit vom Piccadilly Circus, im Zentrum Londons, steht das bekannte Comedy-Theatre, das im Frühjahr 1944 eine neue Attraktion in sein Programm aufnimmt: am Schluß jeder Vorstellung erscheint Feldmarschall Montgomery persönlich auf der Bühne — dem begeisterten Publikum wird erst nach einiger Zeit klar, daß es getäuscht worden ist — der Mann auf der Bühne ist ein Schauspieler, der Unteroffizier *Clifton James.*
Innerhalb weniger Tage weiß der Intelligence-Service von ihm; James wird gebeten, sich umgehend in einer Abteilung des Kriegsministeriums in der Curzon Street zu melden. Dem verdutzten Schauspieler wird erklärt, daß vorgesehen sei, ihn als Feldmarschall Montgomery nach Nordafrika zu entsenden, um die dort stationierten Truppen zu inspizieren. Innerhalb einiger Wochen intensiver Proben verwandelt sich der einfache Unteroffizier in den berühmten Feldmarschall. James studiert mit Hilfe von Wochenschauen und Fotos und schließlich aus nächster Nähe sein populäres Original und spricht dann persönlich mit dem Feldmarschall, der ihn begeistert empfängt.
Und dann ist es soweit — James erhält sogar einige Taschentücher mit den Initialen Montgomerys, die er während der Reise ab und zu irgendwo liegenlassen wird.
Man bringt ihn zum Flughafen, wo er vor den Augen der jubelnden Menge die Sondermaschine Churchills besteigt.
Am nächsten Morgen landet er in Gibraltar, wird mit allen Ehren empfangen und zeigt sich in Gesellschaft des eingeweihten Gouverneurs sogar auf einem Empfang, wo er sich einigen spanischen Gästen vorstellen läßt, die als deutsche Agenten bekannt sind. Feierlich verabschiedet, fliegt er weiter nach Nordafrika, wo alsbald Gerüchte kursieren, daß der Feldmarschall gekommen ist, um eine Invasionsarmee für Südfrankreich aufzustellen. Er nimmt Truppenparaden ab, verteilt Autogramme und fliegt in Etappen weiter bis nach Kairo. Das deutsche Oberkommando reagiert erleichtert — wenn Montgomery sich in Afrika befindet, kann der Angriff über den Kanal hinweg noch nicht vor der Tür stehen.
In den Büros des D. M. W. D., der Abteilung für die Entwicklung neuer Waffen, in der Londoner Lower Regent Street erscheint eines Tages der österreichische Ingenieur *Theodor*

Portsmouth, 2. Juni 1944. Die Invasion beginnt. Die X-Boote Nr. 20 und 23 laufen zur Normandieküste aus

Suchy. Nachdem er die mitgebrachten Requisiten, die er für den Film »Caesar und Cleopatra« angefertigt hat, auf dem Tisch auslegt, ist man zunächst versucht, ihn nach Hause zu schicken.
Die Requisiten sind mit einer von Suchy entwickelten Bronzefarbe überzogen, die sich auch auf Textilien auftragen läßt und überdies stromleitfähig ist. Zur Probe wird ein Fesselballon mit der Substanz bestrichen – und dieser Einfall eines britischen Radarexperten revolutioniert die Technik der Zurückstrahlung von Radarwellen.
Sogleich werden an einem der Normandieküste ähnlichen schottischen Küstenabschnitt einige erbeutete deutsche Radargeräte aufgestellt – die Proben zeigen, daß schon ein einziger mit der Silberbronze überzogener Fesselballon auf dem Radarschirm das Echo eines schweren Kreuzers hervorruft.
In mehr als zweitausend Einsätzen, zumeist im Tiefflug, zerstören Anfang Juni 1944 Jagdbomber die deutschen Radarstationen entlang der Kanalküste bis auf einige wenige.
Die BBC sendet in Zusammenarbeit mit der SOE jeweils im Anschluß an die Nachrichten die verschiedensten chiffrierten Anweisungen, die im Zusammenhang mit der Operation »Overlord«, der Landung in der Normandie, stehen.
Die Alliierten ahnen jedoch nicht, daß ihr großes Geheimnis den Deutschen schon seit mehreren Monaten bekannt ist: die Bedeutung der ersten Zeilen des »chanson d'automne«, des »Herbstliedes« von Paul Verlaine: »Les songlots longs des violons de l'automne . . .«, deren Durchgabe besagt, daß die alli-

ierte Invasion unmittelbar bevorsteht und die Sabotagetruppen sich für den Angriff bereithalten sollen.
Die Durchgabe der zweiten Zeile des »Herbstliedes«: »... blessent mon cœur d'une langueur monotone« bedeutet: Die Invasion ist innerhalb der nächsten 48 Stunden zu erwarten.
In einem Bunker des Hauptquartiers der deutschen 15. Armee in Tourcoing, einer kleinen Stadt in Nordfrankreich, sitzen seit Monaten Tag und Nacht mehrere Horchfunker an ihren Geräten und kontrollieren den alliierten Funkverkehr auf der anderen Seite des Kanals ebenso wie jedes Wort, das die BBC ausstrahlt.
Es ist 9 Uhr abends am 1. Juni 1944. Die Nachrichten der BBC sind beendet, und der französische Sprecher sagt: »Hören Sie nun bitte einige persönliche Mitteilungen. Les songlots longs des violons de l'automne ...«
Die 15. Armee, die die Kanalenge von Calais verteidigen soll, wird in Alarmbereitschaft versetzt, während die in der Normandie stehende 7. Armee nicht benachrichtigt wird.
Der Oberbefehlshaber West, Feldmarschall von Rundstedt, quittiert die Nachricht mit den Worten: »Eisenhower wird die Invasion doch wohl nicht von einem britischen Sender ankündigen lassen!«
Tatsächlich beginnt die Invasion schon am nächsten Tag: am Nachmittag des 2. Juni 1944 nämlich, als zwei Mini-U-Boote den Hafen von Portsmouth verlassen und Kurs nehmen auf die französische Küste.

Der Abwurf von bis ins letzte Detail naturgetreuen Fallschirmspringern aus Gummi täuscht den Einsatz von Luftlandetruppen vor

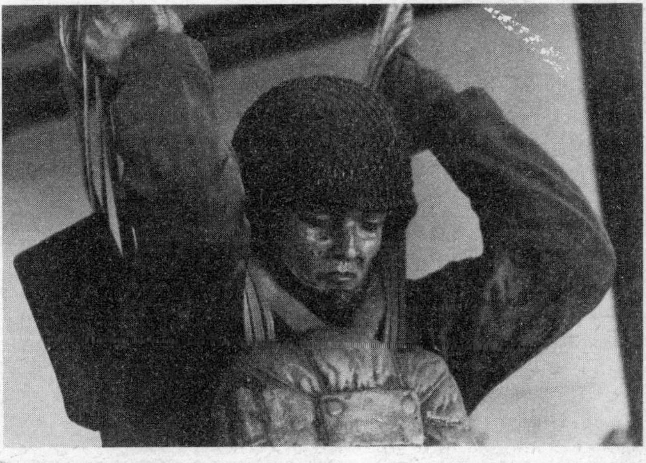

Die beiden X-Boote werden vor den Landeständen Stellung beziehen und der Invasionsflotte als Navigationsbojen dienen. Sie werden 20 Minuten vor Beginn der Landung auftauchen und ein automatisches Funkgerät einschalten, das ein fortlaufendes Signal ausstrahlt. Außerdem werden sie einen 10 m hohen Mast ausfahren, an dessen Spitze ein bis auf 10 km Entfernung sichtbares Blinklicht eingeschaltet wird.
Der Codename dieser Operation ist »Gambit«, was die Besatzungen der beiden X-Boote nicht gerade optimistisch stimmt; denn »Gambit« – normalerweise soviel wie »erster Schritt« – ist beim Schachspiel auch die Aufforderung an den Gegner, die vordersten Bauern zu opfern ...
Für die 90 Meilen weite Strecke benötigen die Boote fast zwei Tage. Am Nachmittag des 4. Juni liegen sie in Position: »X-23« vor der Ornemündung, dem kleinen Hafen von Ouistreham gegenüber, und »X-20« vor Arromanches – dort, wo wenige Tage später der Mulberry-Hafen errichtet werden soll.
Sie liegen so dicht vor der Küste, daß jede Einzelheit klar zu erkennen ist – sogar die deutschen Soldaten, die in aller Ruhe an ihren Strandhindernissen arbeiten.
Es herrscht starker Seegang, und die Männer in den Booten wissen, daß, falls ihr Boot sich aus seiner Verankerung losreißen und stranden wird, kein anderes Schiffsunglück so verhängnisvoll sein kann wie dieses. Alle sind müde, und die Abgase verursachen Schwindelgefühle. Damit Sauerstoff gespart wird, wagen die Männer kaum, sich zu bewegen und schon

Vire-Mündung bei Géfosse-Fontenay, früh am Morgen des 8. 6.. 1944

gar nicht zu sprechen. Wegen des Sturms ist die Invasion mittlerweile um 24 Stunden verschoben worden, was bedeutet, daß sie nun entsprechend länger, insgesamt fast 3 volle Tage und Nächte, in ihren Booten aushalten müssen.
Am 5. Juni, um 22.15 Uhr, nimmt der Abhördienst der 15. Armee in Tourcoing die zweite Zeile des »Herbstliedes« auf – die wahrscheinlich wichtigste Nachricht, die die Deutschen während des II. Weltkrieges abgefangen haben. Sie wissen jetzt zwar, daß die Invasion innerhalb der nächsten 48 Stunden stattfinden wird – und noch bestünde die Chance, die Alliierten zurückzuschlagen –, wenn Meldungen dieser Art die Deutschen nicht schon seit Monaten getäuscht hätten.
Am Abend des 5. Juni 1944 werden auf einem Flugplatz in Mittelengland die schweren Lancaster des populären 617. Geschwaders der »Dambusters« startklar gemacht, die durch die Zerstörung der deutschen Talsperren und die Versenkung des Schlachtschiffes »Tirpitz« bekanntgeworden sind.
Kurz bevor sie starten, verlassen 18 kleine Schiffe, über denen mit der Silberbronze von Ingenieur Suchy bestrichene Fesselballons schweben, ihren Hafen, formieren sich zu zwei Verbänden und nehmen Kurs auf Boulogne-sur-Mer und Le Havre. Vollbetankt und sorgfältig überprüft, starten die Bomber in bestimmten Zeitabständen. Einige tragen spezielle Radargeräte unter ihrem Rumpf, alle sind mit Störsendern ausgerüstet und tonnenweise mit Stanniolstreifen beladen. So täuschen sie zwei Geisterflotten vor, die sich in Richtung Pas-de-Calais bewegen. Die Bomber überfliegen in niedriger Höhe und gleichmäßigen Abständen in zwei Flottillen mit den Fesselballons und werfen die Stanniolstreifen über ihnen ab, und andere Bomber, mit Störsendern beladen, fliegen während der ganzen Zeit der Überfahrt zwischen den zwei Geisterarmadas hin und her, was die übliche Luftsicherung des Verbandes vortäuscht.
Fallschirmlandungen werden mit Gummipuppen vorgetäuscht. Mehr als 1 m groß, ausgerüstet mit Platzpatronen, eröffnen sie nach ihrer Landung das Feuer, bevor sie explodieren.

Inzwischen sind in England auch die letzten Vorbereitungen zur Invasion der Normandie abgeschlossen. Die Bomber starten von ihren Flugplätzen, die Lastensegler werden mit den Landetruppen beladen und rollen zur Startbahn.
Doch hat die deutsche 7. Armee in der Normandie – aus bis heute nicht geklärten Gründen – auch jetzt noch keine Meldung über die unmittelbare Invasionsgefahr. Die 7. Armee ist die einzige deutsche Heereseinheit in Frankreich, die nichts weiß von der bevorstehenden Landung – jene 7. Armee, die wenige Stunden später das ahnungslose Opfer des mächtigsten Angriffs der Kriegsgeschichte geworden ist.

Mehrere Bomber starten in Richtung der Halbinsel Cotentin, wo sie die letzten dort noch intakten deutschen Radarstationen lahmlegen. Im Schutz der von ihnen erzeugten Sperre gehen die Lastensegler mit den Landetruppen nieder und wirft die Invasionsflotte ihre Anker vor der Küste der Normandie.
Währenddessen führen in den Bunkern am Pas-de-Calais die deutschen Kanoniere ein verzweifeltes Feuerduell mit der Geisterflotte – ihre radargesteuerten Zielgeräte sind längst außer Kontrolle, und die Geschütze feuern in Richtung des echten und künstlichen Nebels, hinter dem einige kleine Schiffe mit Hilfe von Schallplatten und starken Lautsprechern die vor Anker gehende Invasionsflotte vortäuschen.
An der Normandieküste ist mittlerweile die Landung in vollem Gange, und während der Tag anbricht, machen die Männer der Propagandakompanie mit ihren Superkameras die ersten Aufnahmen von der Invasion.
Am frühen Morgen des Fronleichnamstages 1944 – die Invasion dauert schon zwei Tage an – findet eine Kosakenpatrouille des Ostbataillons 439, das zur 352. Infanteriedivision gehört, an der Mündung der Vire bei dem Badeort Géfosse-Fontenay ein gestrandetes amerikanisches Landungsboot.
Über einer der vielen wasserdichten Metallkisten an Bord liegt ein toter amerikanischer Offizier, der für den Landungsstrand verantwortliche sogenannte »Beachmaster«.
In seinem zum größten Teil aus Geheimakten bestehenden Gepäck finden sich die detaillierten Operationspläne für das V. und VII. amerikanische sowie das XXX. britische Korps mit Angabe sämtlicher Tagesziele für die nächsten Wochen.
General *Erich Marcks*, dem die Akten überbracht werden, schickt noch am 8. Juni seinen Stabsoffizier mit dem Fund zu Feldmarschall von Rundstedt und Rommel.
Die amerikanischen Geheimakten gelangen auch in Hitlers Hauptquartier. Doch vermögen selbst diese unmißverständlichen Dokumente ihn nicht von seiner Überzeugung abzubringen, daß die Invasion der Normandie ein Täuschungsmanöver ist.

Nur allzu gut ist ihm noch die Geschichte mit der Leiche des englischen Kuriers bei Huelva in Erinnerung, die ihn ein Jahr zuvor Sizilien gekostet hat.

Auf der Spur der fliegenden Bombe

Hitler unternimmt im Herbst 1944 den verzweifelten Versuch, mit Hilfe der »Geheimwaffen« die Agonie seines Reiches zu verlängern.
Statt der Abschußrampen, die zerschlagen an der französischen Küste liegen, sollen deutsche Bomber die V-1-Geschosse in Richtung London befördern.
Von der geplanten Anzahl von 50 000 V-1-Geschossen, die Englands Hauptstadt treffen sollten, explodieren nur ganze 2500 in Südengland; zu wenige und zu spät; denn es geschah nicht Ende 1943, wie Hitler es wollte, sondern erst Mitte 1944.
Schuld an diesem schicksalhaften Zeitverlust, der Hitlers Pläne durchkreuzte und der nach Eisenhowers Meinung nicht nur London rettete, sondern auch die Landung in der Normandie möglich gemacht hat, war ein kleiner, bescheidener Handelsvertreter aus Paris: Michel Hollard.

Eine V 1 wird von einer Heinkel 111 abgeschossen

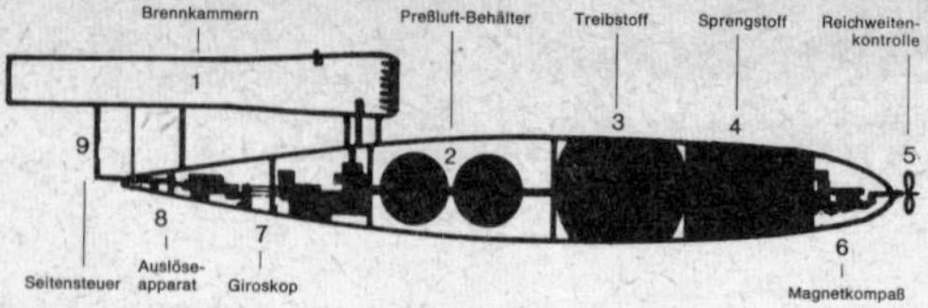

Peenemünde, Heiligabend 1942. Das erste einsatzfähige führerlose Flugzeug, in der Tarnbezeichnung FZG – Flakzielgerät – genannt, wird gestartet. Von der Auftragserteilung bis zu diesem Augenblick hat seine Entwicklung nicht mehr als sechs Monate in Anspruch genommen. Bei der Entstehung dieser fliegenden Bombe haben die Kasseler Flugzeugfabrik von Gerhard Fieseler und die Argus-Motorenwerke zusammengewirkt.

Die neue Waffe – sie wird bekannt unter dem Namen V 1, »Vergeltungswaffe« Nr. 1 – ist billig in der Herstellung; sie kostet ganze 3500 Reichsmark, ein Zehntel der Kosten für die spätere Rakete V 2, befördert jedoch dieselbe Menge an Sprengstoff, etwa 900 kg, und hat die gleiche Reichweite, etwa 400 km. Und es sind nur 280 Arbeitsstunden nötig, eine V 1 in Serie herzustellen. Sie ist 8 m lang, wiegt beim Start 1200 kg und erreicht eine Geschwindigkeit von 655 km/h. An ihrer Bugspitze befindet sich ein kleiner Propeller für die Reichweitenkontrolle und Raum für den Magnetkompaß, dahinter die Sprengstoffkammer. Zwei runde Behälter aus Kautschuk sind mit Preßluft gefüllt, die die Luft in die Brennkammern befördert. Das einstellbare Zählwerk, das gekoppelt ist mit dem Propeller an der Bugspitze, hat ganz besondere Bedeutung. Da bei festliegender Entfernung, gleichbleibender Geschwindigkeit und Flughöhe die Zahl der Propellerumdrehungen bekannt ist, kann man den Zählmechanismus jeweils auf einen festgelegten Zielpunkt einstellen, z. B. die Tower-Bridge, das Wahrzeichen Londons. Bei der Ankunft des Geschosses über dem Ziel und nach Erreichen der eingestellten Umdrehungszahl wird vom Zählwerk über einen Auslöseapparat das Triebwerk ausgeschaltet, das Höhenruder verstellt und so die V 1 zum Absturz gebracht. Der Abschuß der V 1 erfolgt von einem 55 m langen Katapult, das aus zwei Schienenträgern mit einem dazwischenliegenden geschlitzten Rohr besteht, durch das der Kolben für den Starthaken verläuft.

Die Idee des strahlgetriebenen Motors stammt von dem Franzosen *Victor de Karavodine*, dessen Forschungsergebnisse im Jahre 1907 patentiert worden sind.

Drei Jahre später, im Mai 1910, meldet der Belgier *Georges Marconnet* dem Patentamt in Paris eine ganze Reihe verschiedener Strahltriebmöglichkeiten, die seiner Ansicht nach »speziell für Flugzeuge und Luftschiffe geeignet scheinen«. Eine von

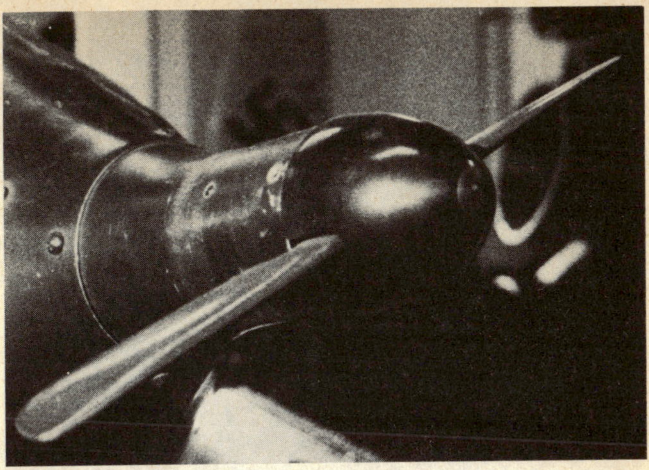

Der Propeller der V 1

ihnen zeigt auffallende Ähnlichkeit mit dem später in Deutschland entwickelten Triebwerk der V 1.
So unbekannt die Erprobungsstätte der V 1 – Peenemünde – in Deutschland auch sein mag, dem polnischen Nachrichtendienst ist der Aufbau der Versuchsanstalt schon deshalb nicht entgangen, weil auch hier die gröbste Arbeit von Zwangsarbeitern

Leitwerk und Steuerung der V 1

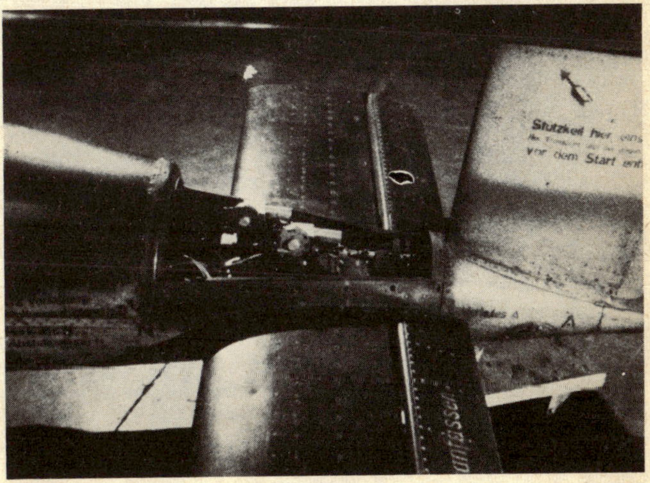

Der polnische Ingenieur Antoni Kocjan, 1939

verrichtet wird, von denen viele polnischer Nationalität sind. Gerüchte über mysteriöse Vorgänge auf der Insel Usedom dringen bis nach Warschau, und Ingenieur *Antoni Kocjan*, der für technische Aufklärung zuständige Sektionschef des Nachrichtendienstes, erhält Kenntnis von ihnen. Kocjan, von Beruf Flugzeugkonstrukteur – ihm sollte später die Entdeckung der deutschen Raketenversuche in Polen gelingen –, entsendet den Ingenieur *Jan Szreder* als freiwilligen Fremdarbeiter nach Stettin. Szreder hat Glück und landet als Hilfsarbeiter in einer Transportkolonne, die die Luftwaffenerprobungsstelle Peenemünde-West regelmäßig mit Lebensmitteln versorgt.

Schon bald trifft in Warschau sein erster Bericht ein, der zusammen mit den Zeichnungen auf Mikro-Film aufgenommen und von einem Kurier über Danzig und Schweden nach England gebracht wird.

In der kleinen englischen Ortschaft Medmenham an der Themse, 50 km westlich von London, ist in einem Landsitz aus dem

19. Jahrhundert die Zentrale der Luftbild-Auswertungseinheit untergebracht. Am 19. April 1943 erhalten die Spezialisten in Medmenham vom Luftfahrt-Ministerium ihre erste Anweisung, die Gefahr der deutschen »Geheimwaffen« mit Hilfe der Luftbildaufklärung zu untersuchen – ganze sechs Jahre, nachdem die Deutschen in Peenemünde ihre Laboratorien und Prüfstände gebaut haben, wird dieses Objekt in das Programm der britischen Luftaufklärung aufgenommen.
Noch ahnt niemand, welch entscheidenden Beitrag die britischen Bildinterpreten bei der Suche nach den deutschen Geheimwaffen leisten sollten. So prominente junge Leute wie *Sarah Churchill,* die Tochter des britischen Premiers, und *Peter Roosevelt,* der Sohn des amerikanischen Präsidenten, sind als Bildauswerter hier tätig. Doch ist es einem anderen Prominenten-Kind vorbehalten, mit seiner Arbeit in Medmenham Geschichte zu machen – der jungen *Constance Babington-Smith,* Tochter des Direktors der Bank von England, die später von Churchill »Miss Peenemünde« genannt wird:

»Meine Arbeit war sehr speziell. Ich und meine Abteilung von Fotointerpreten waren zuständig für die Beobachtung und Berichterstattung über die Flugzeuge und Flugzeugindustrie des Feindes und, was ebenso wichtig war, ihre Forschung und Ent-

Constance Babington-Smith, 1943

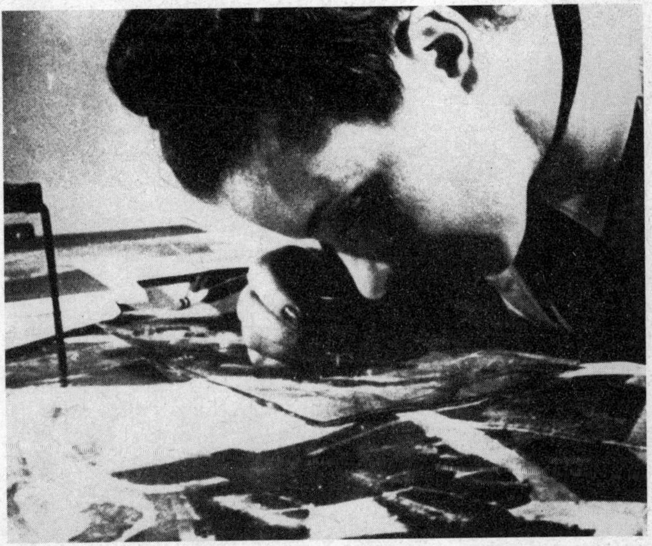

wicklung in den Versuchsstationen, wie z. B. Rechlin. Anfang 1943, besser gesagt im Frühjahr, wurde ich beauftragt, dem Flugplatz Peenemünde meine ganz besondere Aufmerksamkeit zuzuwenden. Mir wurde befohlen, nach allem Außergewöhnlichen Ausschau zu halten. Ich muß dazu erklären, daß wir natürlich in sogenannten ›wasserdichten Abteilungen‹ arbeiteten, und ich fragte also nicht, was das Außergewöhnliche war. Aber ich war auf der Hut. Und tatsächlich! Recht bald darauf, im Juni, sah ich etwas sehr Seltsames. Ich entdeckte ein ganz eigenartiges, wunderliches kleines Ding, das, wie wir später feststellten, die ›ME 163‹ war, das schwanzlose, strahlgetriebene Jagdflugzeug, das dort getestet wurde. Ich maß sie ab und machte meinen Bericht dazu. Ebenso fand ich dann die Luftströmungen, die die ›ME 163‹ verursachte, wenn ihre Triebwerke vor dem Start anliefen.
All dies war an sich von Bedeutung. Ein wenig später jedoch erhielt ich weitere Instruktionen, die wiederum reichlich mysteriös, obschon nicht sehr detailliert waren. Ich sollte nach einem sehr kleinen Flugzeug Ausschau halten. Dies war im Herbst 1943, und ich wußte zu der Zeit nicht, daß eine große Anzahl Berichte über ein führerloses Flugzeug eingegangen war, das gegen England eingesetzt werden sollte. Ein selbstgesteuertes Flugzeug mußte natürlich sehr klein sein, bedeutend kleiner in der Spannweite und auch insgesamt als die kleinsten Flugzeuge, die ich bisher zu beschreiben gewohnt war.
So ging ich also die neuen Fotos von Peenemünde durch und nahm auch die alten dazu. Dies ist ein ganz wesentlicher Teil der gesamten Technik der Fotospionage, nämlich der Vergleich neuer Aufnahmen mit alten, wobei man auf den alten, die schon einmal geprüft worden sind, im Licht der inzwischen erworbenen Kenntnisse sehr oft Dinge von Bedeutung erkennt, die einem beim ersten Mal überhaupt nichts sagten. Und ich entdeckte tatsächlich ein kleines Flugzeug in der Nähe der Hangars von Peenemünde. Es hatte eine Spannweite von etwa 20 Fuß. Aber dies an sich bedeutete nicht sehr viel. Ich machte meinen Bericht, und das war vorläufig alles.«

Eine andere Abteilung in Medmenham, die sich auf die Suche nach der geheimnisvollen deutschen Rakete konzentriert, macht bereits im Juni 1943 die bestürzende Entdeckung scheinbar abschußfertiger Raketen, die auf Lkw lagern, was das Kriegskabinett zu dem endgültigen Beschluß eines radikalen Bombardements der Anlagen von Peenemünde veranlaßt.
17. August 1943: Die Versuchsanstalt Peenemünde soll kurz nach Mitternacht von 600 schweren Bombern angegriffen werden – im Tiefflug und bei vollem Mondschein. Den 4000 britischen Fliegern wird erklärt, daß sie, falls ihr Angriff auf die

»Forschungsanstalt« in dieser Nacht nicht gelingt, Nacht für Nacht fliegen müssen, so lange, bis der Auftrag durchgeführt sei. Es sei »notwendig, die Versuchsanstalt zu zerstören, und die Fachleute, die dort tätig sind, zu töten oder arbeitsunfähig zu machen«.

Der Anflug über die Nordsee muß fast über den Wellen erfolgen, um das deutsche Frühwarnsystem zu unterfliegen. Der Angriff soll in drei Wellen durchgeführt werden und insgesamt 45 Minuten dauern. Bereits um 23 Uhr sollen acht Mosquitos einen kleinen, aber höchst wichtigen Ablenkungsangriff auf Berlin fliegen – auf einem Anflugkurs über Peenemünde. Was dann erfolgt, ist der größte Nachtjägereinsatz der deutschen Luftwaffe. Mehr als 200 Jäger sind in der Luft über Berlin, um die Hauptstadt vor der Masse der vermeintlich den Mosquitos folgenden 600 schweren Bomber zu schützen. Und währenddessen laden 600 Bomber ihre Last auf die ziemlich schutzlosen Peenemünder Anlagen ab, die bald im aufsteigenden Qualm verschwinden. Fast zweitausend Tonnen Bomben fallen auf die Versuchsanstalt, doch liegen die meisten Volltreffer auf dem Zwangsarbeiterlager Trassenheide, den Unterkünften deutscher Wissenschaftler und Teilen des Entwicklungswerkes. 300 britische Flieger kehren von diesem Einsatz nicht zurück.

Am nächsten Tag fliegt ein Mosquito-Aufklärer nach Peenemünde. Die Fotos, die er bringt, zeigen das gesamte Versuchsgelände. Die Bildinterpreten in Medmenham stellen fest: die beiden großen Fabrikhallen sind der Zerstörung zwar entgangen, trotzdem bietet die Anlage ein Bild starker Verwüstung.

»Der Sachschaden im Werk ist entgegen dem ersten Eindruck überraschend gering«, berichtet Oberst *Dr. Walter Dornberger*, Chef der Versuchsanstalt. Die entscheidenden Anlagen – der Windkanal, die Prüffelder und das Meßhaus – sind nicht getroffen worden. Die Wohnsiedlung der deutschen Wissenschaftler weist Spuren schwerer Zerstörung auf, und von den 30 Baracken, die das Zwangsarbeiterlager Trassenheide bildeten, sind 18 restlos vernichtet. Die SS-Wachen, die auf die im Lager eingesperrten Zwangsarbeiter schossen, als sie sich vor dem Feuer retten wollten, haben die Zahl der Toten noch erhöht. Keinem der ausländischen Arbeiter gelingt während der Verwirrung beim Angriff die Flucht, und die Berichte der beiden technisch ausgebildeten Mitglieder der polnischen Widerstandsbewegung versiegen nach dieser Nacht.

Da ein geschwätziger gefangener englischer Flieger bei den Vernehmungen droht, »wir werden so lange fliegen, bis alles kaputt ist«, entschließen die Deutschen sich zu einer großangelegten Täuschung. Die zerstörten Teile von Peenemünde werden nicht wieder aufgebaut, die Bombentrichter nicht planiert – alles sieht aus, als sei die gesamte Versuchsanlage stillgelegt worden –

mit dem Ergebnis, daß die Bomber im Laufe der nächsten neun Monate nicht wiederkommen.

Was die V 1 betrifft, kommt der Angriff ohnehin zu spät, um ihren Fronteinsatz zu verhindern. Sie wird nicht in Peenemünde, sondern im Volkswagen-Werk bei Fallersleben hergestellt, wo im September 1943 bereits die Serienproduktion anläuft. Die ersten der geplanten 50 000 Geschosse sollen bereits in drei Monaten, im Dezember 1943, auf London niedergehen.

Der Beschußplan sieht so aus: zwei Stunden vor dem Morgengrauen ›großes Wecken‹, dann ein Feuerschlag von 300 V 1 mit größtmöglicher Feuergeschwindigkeit. Um die Mittagszeit ›Salut‹: ein Feuerschlag von 100 Geschossen (ersatzweise tagsüber Störfeuer von zwei, drei Schuß je Stunde).

Am Abend ›großer Zapfenstreich‹: zusammengefaßter Feuerschlag mit größtmöglicher Feuergeschwindigkeit.

Daß dieser Plan nur auf dem Papier bleibt, ist nicht zuletzt *Michel Hollard*, einem Handelsvertreter aus Paris, zu verdanken, der nach dem Krieg als »Retter Londons« mit den höchsten Ehren, die Großbritannien an Ausländer zu vergeben hat, ausgezeichnet worden ist.

In Rouen in Frankreich beginnt im August 1943 die Geschichte der Aufdeckung des Einsatzes der V 1. Ein Eisenbahner aus Rouen, der Hollard gelegentlich Informationen liefert, schreibt ihm, daß er zwei Bauunternehmer von ungewöhnlichen Bauten habe sprechen hören, bei denen die Deutschen Riesenmengen Beton verwendeten.

Michel Hollard:

»Von einem Eisenbahningenieur aus Rouen, der zu meinem Netz von Erkundungsagenten gehörte, erfuhr ich, daß man in der Umgebung der Stadt mit unerklärlichen Bauarbeiten begonnen hatte, die von großer Wichtigkeit sein mußten. Der Agent lud mich ein, herzukommen und mir die Sache anzusehen, und so ging ich nach Rouen. Dort erhielt ich lediglich die Bestätigung, daß es sehr wichtige und geheimnisvolle Arbeiten waren, ohne zu erfahren, wo sie abliefen. Schon bevor ich mich auf die Suche gemacht hatte, wußte ich, daß auf den Baustellen Hunderte und aber Hunderte junger Arbeiter beschäftigt wurden. Und mir kam die Idee, wie ich die Plätze, wo die jungen Arbeiter beschäftigt wurden, ausfindig machen könnte. Nämlich indem ich zum Départemant-Arbeitsamt ging, mich dort als Fürsorger vorstellte, sagte, daß ich die Aufgabe hätte, diesen isoliert lebenden und weit weg von zu Hause großen Gefahren ausgesetzten jungen Leuten moralischen Beistand zu leisten. Und durch dieses Täuschungsmanöver erhielt ich die Liste derjenigen Städte, wo man diese jungen Leute zu den berüchtigtmysteriösen Arbeiten zusammengezogen hatte.

Michel Hollard, D. S. O.

Der erste dieser Orte war Auffay, eine kleine Bahnstation an der Linie Rouen—Dieppe. Mit dem nächsten Zug machte ich mich auf nach Auffay — schon verkleidet in Arbeitsmontur, was ebensogut die Kluft eines Bauern sein konnte —, und nach Verlassen des Bahnhofs machte ich mich auf die Suche nach den berühmten Baustellen. Ich machte einen Versuch, indem ich 4 km weit lief, doch ich fand nichts, ein zweiter Versuch mit einer anderen Straße war ebenso ergebnislos wie der erste, dann einen dritten — ebenfalls vergebens. Der vierte Versuch endlich brachte mich, 4 km vom Zentrum Auffays entfernt, mitten hinein in eine Baustelle, mitten in einen richtigen Ameisenhaufen von Arbeitermassen, Bulldozern, Traktoren, umgeben von bewaffneten Posten. Das Ganze spielte sich auf einem Quadrat mit je etwa 400 m Seitenlänge ab.

Für mich kam es nun darauf an, hineinzukommen, um zu versuchen, den Sinn und Zweck dieser Emsigkeit herauszufinden. Ich sah einen Schubkarren am Wege, den ich mir einfach packte, und ich schob mit ihm auf die Baustelle los. Die Wachen hielten mich wegen des Schubkarrens für einen der Arbeiter und ließen mich durch. Und dann, endlich auf der Baustelle, begann ich, die dort arbeitenden Männer auszufragen, um herauszufinden, woran sie überhaupt arbeiteten. Momentan, so wie es jetzt aussah, war es ihrer Ansicht nach der Bau einer Garage für größere Lastwagen. Diese Auskunft genügte mir freilich nicht, und ich war überzeugt, daß ich weitersuchen müsse. Und dann sagte einer von ihnen, indem er auf einen Bauführer zeigte, der von einem deutschen Offizier begleitet war, ›aber der da, der weiß es, warum fragst du den denn nicht?‹ Ich versuchte daraufhin, den Bauführer anzusprechen, dem der Offizier nicht von der Seite wich; ich nutzte den Moment, als er ihn verließ, um auszutreten. Ich stellte mich neben ihn und tat, als ob ich ebenso wie er ›mal müßte‹. Und dabei befragte ich ihn, doch konnte er mir nichts Brauchbares sagen — er schien gar nicht irgendwie überrascht über meine Frage, und er sagte mir nur noch ›aber es sind noch andere solcher Baustellen ganz in der Nähe‹, und zählte mir einige auf, was mir für die Zukunft nützlich schien.

Doch das, was mich am meisten beeindruckte, war, daß auf dem Rand dieser Bauwerke eine etwa 50 m lange Zement-Bahn verlief, die auf sonderbar präzise Art und Weise justiert wurde von einem blauen Zugdraht, der auf der Schmalseite weiterlief. Ich dachte mir, daß dieser blaue Zugdraht eine Richtung von großer Bedeutung markieren mußte, und habe ihn mit meinem kleinen Taschenkompaß angepeilt, wobei ich mein Bestes tat, kein Aufsehen zu erregen. Indem ich die Längsrichtung anpeilte, was diese blaue Schnur in Übereinstimmung mit der Nord-Süd-Achse auf meinem Kompaß brachte, war es mir möglich, noch am gleichen Abend, als ich den Kompaß auf eine Landkarte legte, festzustellen, daß die Linie, wenn man sie fortsetzte, die Stadt London passierte. Dies war also meine erste wichtige Entdeckung hinsichtlich der ›Geheimwaffe‹, wie man sie wenig später genannt hat.«

Hollard und vier seiner Leute setzen sich auf ihre Fahrräder und suchen ganz Nordfrankreich von Calais bis Cherbourg ab. Schon in den ersten drei Wochen entdecken sie mehr als 60 Bauten. Bis Mitte November sind es über 100 Bauten, die sie aufspüren. Alle diese geheimnisvollen Bauten liegen innerhalb eines 300 km langen und 50 km breiten Streifens, etwa parallel zur Küste – und alle weisen in Richtung London.

Während der letzten Novemberwoche 1943 führt die Royal Air Force erste Aufklärungsflüge zu den von Hollard angegebenen Plätzen durch – es gelingt, im Raum zwischen der Halbinsel Cotentin und dem Pas-de-Calais, entlang der Küste, 69 »Ski«-Stellungen, wie die Engländer die Bauwerke nach ihrem Aussehen nennen, zu fotografieren.

Es ist Constance Babington-Smith, die am 1. Dezember 1943 endgültig das Geheimnis der bis dahin immer noch unerklärlichen Bauten lüftet:

»Die Peenemünder Forschungsabteilungen hatten natürlich mehrere verschiedene Versuchsgelände, und ein Teil meiner Kollegen war verantwortlich für das Gelände, wo sich die großen Installationen für die V 2 befanden.

Meine Zuständigkeit war allein auf den Flugplatz beschränkt, und wir alle hüteten eifersüchtig unsere Sondergebiete. Jedenfalls suchte ich mit größter Sorgfalt und bei jeder Gelegenheit nach diesem kleinen Flugzeug. Ich folgte also meinem Weg, ich muß es so ausdrücken, denn wenn man Fotointerpret ist, versetzt man sich beim Anschauen eines jeden Bildes auf die Erde, und mein Weg verlief nicht mehr genau innerhalb der Grenzen des Flugplatzes, sondern in Richtung der Ostseeküste. Zu der Zeit wurden viele Arbeiten zur Erweiterung des Flugplatzes unternommen. Es waren Bagger und auch andere Baugeräte da, alles Dinge, die ich mir eigentlich gar nicht anzusehen hatte, da

Die englische Luftaufnahme vom 28. 11. 1943, auf der Constance Babington-Smith die V 1 auf der Rampe entdeckt (Pfeil)

ich ja für Flugzeuge zuständig war. Auf jeden Fall verfolgte ich diesen Maschinenpark hinunter zur Küste, und da, ganz nahe am Strand, entdeckte ich einige ganz seltsame Installationen, wie ich sie noch nie vorher gesehen hatte.

Alles, was man in solch einem Fall tun kann, wenn man erwartet, daß das soeben Entdeckte mit dem, wonach man sucht, etwas zu tun haben könnte, ist das Bemühen um eine einfache und einleuchtende Beweisführung. Ich erinnere mich, wie ich zu meinen Kollegen sagte: ›Sehen Sie sich das an! Es sieht mir aus, wie etwas, das man aufbaut, wenn man die Absicht hat, etwas über dem Meer abzuschießen.‹ Man sah schräge Rampen, deren aufwärtsstrebendes Ende gegen die See gerichtet war. Da dieses Gebiet nicht mehr in meinen Bereich fiel, suchte ich die betreffenden Auswerter auf und fragte sie, ob sie diese seltsamen Rampen gesehen hätten und was sie davon hielten? Man sagte mir, sie gesehen zu haben und daß man glaube, sie hätten etwas mit der Erweiterung des Flugplatzes zu tun.

Ich ging zu meiner Abteilung zurück und war ziemlich unzufrieden mit dem Ergebnis. Noch einmal prüfte ich die Aufnahmen, und in Gedanken an das unbemannte Flugzeug glaubte ich, sie Wing-Commander Kendall zeigen zu müssen. Er befand sich zu der Zeit in London, und ich hinterließ ihm

Die Lupe von C. Babington-Smith aus den Leitz-Werken in Wetzlar

eine Nachricht, mich sofort nach der Rückkehr aufzusuchen. Als er zurückkam, besuchte er mich sofort in meiner Abteilung. Als er die Fotos sah, herrschte lange Zeit tiefes Schweigen, und ich fürchtete, daß er denken würde, ich hätte mich geirrt. Ich sagte: ›Glauben Sie nicht, daß diese Art von Rampen dazu dient, die kleinen Flugzeuge abzuschießen?‹ Und er sagte: ›Ich weiß, daß es sie gibt.‹ Er war ganz fest davon überzeugt, da er schon von den Vorrichtungen in Frankreich wußte. Dies war am 1. Dezember 1943.

Einige Tage vorher, am 28. November, war eines der Aufklärungsflugzeuge, das von *John Merifield*, einem brillanten jungen Piloten, geflogen wurde, ausgeschickt worden, um Aufnahmen von Berlin zu machen. Das Wetter war jedoch sehr ungünstig, und Berlin war von Wolken verdeckt. Er flog weiter zu seinen Alternativzielen an der Ostseeküste, wo das Wetter besser war. Eines seiner Ziele war der Flugplatz Peenemünde. Und genau an dem Nachmittag, als ich jene Rampen entdeckte, die mein Interesse so sehr weckten und die Kendall mit dem, was er in Frankreich gefunden hatte, in Verbindung brachte, erreichten diese neuen Luftaufnahmen meine Abteilung, und es zeigte sich, daß Merifield gerade rechtzeitig seine Kameras ausgelöst hatte, um diesen Teil der Küste aufzunehmen. Die Rampen, die ich gesehen hatte, waren auf den ersten Fotos, die er gemacht hatte, und auf einem dieser Gebilde stand ein kleines Flugzeug. Die Aufnahme war zwar nicht sehr klar, aber da wir das Flugzeug und die Rampen schon auf anderen Fotos gesehen hatten, konnten wir ganz sicher sein, daß es so war. Es war ein sehr aufregender Augenblick. Es war eben nicht ein erster Hinweis, sondern wirklich der krönende Beweis, der zeigte, daß die Stellungen entlang dem Kanal für die fliegende Bombe vorgesehen waren. Wir fanden dann bald die Größe der fliegenden Bombe. Die Experten berechneten ihre Ladung, ihren Flugbereich usw., und man konnte mit der Planung von Schutzmaßnahmen und Vorrichtungen beginnen.«

Es ist schon Ironie des Schicksals, daß die Startrampe mit den kleinen, hellen Umrissen, die schon in das Korn der Bildfläche übergehen und von Miss Babington-Smith als unbemanntes

Flugzeug samt Rampe identifiziert werden, mit Hilfe eines optischen Gerätes entdeckt wird, das aus den Leitz-Werken in Wetzlar stammt und das, wie Miss Babington-Smith sagt, »ihr bestes Stück« gewesen ist.
Außer dem täglichen Luftaufklärungsdienst, während dem jeder Strich Nordfrankreichs fotografiert wird, setzt der britische Generalstab umgehend einen Ausschuß ein, der den Namen »Crossbow« (Armbrust) erhält und sich auf den Kampf gegen sämtliche deutschen Geheimwaffen konzentrieren soll. *Churchill* selbst übernimmt den Vorsitz dieses Ausschusses, und das Unternehmen »Crossbow« läuft an mit dem Beschluß der sofortigen Bombardierung aller bisher bekannten »Ski«-Stellungen in Frankreich.
Wie die R.A.F. meldet, sind manche durch Flak verteidigt und kunstvoll getarnt. Man nimmt an, daß einige Baustellen nur noch Attrappen sind, während andere, die nach einem Luftangriff nicht repariert werden, sich bei näherer Prüfung als repariert erweisen. Andere wiederum werden unter strenger Geheimhaltung instand gesetzt. Auf der anderen Seite des Kanals ist im März 1944 alles zum Empfang der Vergeltungswaffe Hitlers bereit. Die Flakstellungen an der Kanalküste sind verstärkt worden, das Gebiet von Groß-London ist darüber hinaus von mehr als 2000 Sperrballons abgeriegelt. Am 2. Mai 1944 stellt man fest, daß die Deutschen sich nicht einmal mehr die Mühe machen, ihre Rampen nach den Luftangriffen wieder aufzubauen.
Churchill, bestürzt über die Nachricht, befiehlt, ganz Nordfrankreich noch einmal – inzwischen zum vierten Mal – zu fotografieren. Es stellt sich heraus, daß die Deutschen die Verwendung der massiven, schweren Konstruktionen, die die alliierten Bomber mit solcher Mühe zerschlagen haben, schon längst aufgegeben haben und inzwischen in aller Heimlichkeit neue, kleine, leicht transportable und ausgezeichnet getarnte Rampen aufgestellt haben, die aus der Luft nur schwer zu entdecken sind.
Am 13. Juni 1944, kurz nach 4 Uhr morgens, hört der Posten einer Luftbeobachtungsstation in der südenglischen Grafschaft Kent einen »rauschenden Lärm« und sieht ein »winziges Flugzeug« über sich dahinfliegen, aus dessen Auspuffrohr orangefarbene Flammen schlagen. Für die Flak-Kanoniere sowohl als auch für die Jäger ist es zu spät, das seltsame Objekt abzufangen. Es fliegt unbeirrt weiter: »knatternd wie ein uralter Ford, der einen Berg hinauffährt«, und schlägt einige Minuten später in dem kleinen Städtchen Swanscombe ein, 32 km entfernt von seinem Ziel, der Tower-Bridge.
Während der ersten 10 Tage des Beschusses erreichen 370 V-1-Geschosse London; dann werden die Luftverteidigungsmaßnahmen reorganisiert: die Jäger werden die V 1 schon über dem Ka-

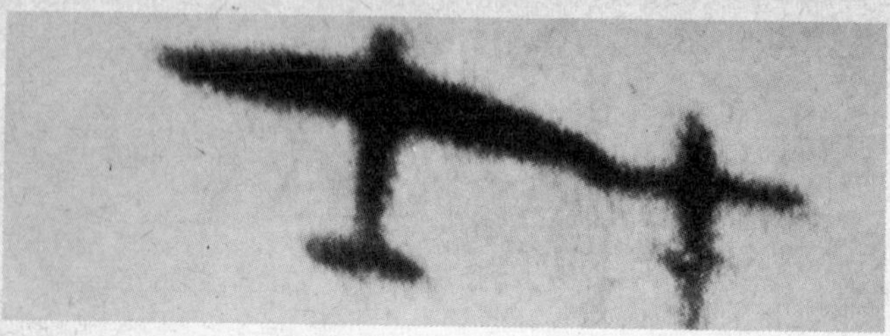

Tele-Aufnahme einer Spitfire-Jagdmaschine, die die V 1 aus ihrer Flugbahn bringt

nal abfangen. Alle Flakgeschütze werden an die Küste verlegt; außerhalb Londons entsteht eine dichte Ballonsperre, zwischen dem Flakgürtel an der Kanalküste und den Ballonsperren um London operieren wiederum Jagdflugzeuge. Die neuen Maßnahmen sind derart erfolgreich, daß von 97 Geschossen, die sich an einem Tag England nähern, nur 4 alle Sperren passieren und London erreichen.

Darüber hinaus verdanken Tausende Londoner einer technischen Besonderheit der V 1 ihr Leben: dem überlaut knatternden Triebwerk, durch dessen Ausschaltung das Geschoß zum Sturzflug übergeht. Die Sekunden, die diese Stille vom Einschlag trennen, genügen oft, um in Deckung zu gehen.

Und es gibt ein wichtiges Element, das den Deutschen während ihrer V-1-Offensive fehlt: die Schußergebnisse. Um sich wenigstens eine Vorstellung von der Zielgenauigkeit ihrer Geheimwaffe zu verschaffen, beziehen sie ihre Kenntnisse aus den während der ersten Tage des Beschusses veröffentlichten Todesanzeigen der englischen Tagespresse, die Opfer der V 1 vermuten lassen. Bald wird ihnen jedoch auch diese Möglichkeit entzogen; Todesanzeigen dürfen fortan keine genauen Angaben mehr beinhalten. Die letzte Informationsquelle sind die in England tätigen Agenten der Abwehr, die nunmehr aufgefordert werden, über alle Einschläge der V 1 zu berichten. Man ahnt in Deutschland nicht, daß zu dieser Zeit bereits sämtliche deutschen Agenten umgedreht worden sind. Unter der Kontrolle des britischen Geheimdienstes melden sie fortan zwar die richtigen Stellen der Einschläge, jedoch nur solcher Geschosse, die über das Stadtzentrum von London hinausgeflogen sind – und führen dazu die Einschlagzeiten derjenigen V 1 auf, die »zu kurz« geflogen sind, was mit der Absicht geschieht, die Reichweite jener Geschosse noch zu verkürzen, die sowieso schon zu kurz liegen.

Und tatsächlich korrigieren die Deutschen schon nach wenigen Tagen die Flugzeit der V 1 – mehr als 80 % der Geschosse stürzen fortan südlich der Themse ab.

Eine Rakete verschwindet

Nach dem schweren Luftangriff auf die Raketenversuchsanstalt Peenemünde an der Ostsee im August 1943 verlegen die Deutschen die Erprobungsstätten des »Aggregat 4«, das unter der Bezeichnung »V 2« bekannt wurde, in das Innere Polens. Sie hoffen, ihre Wunderwaffe dadurch unerreichbar zu machen für den Feind.
Sie unterschätzen dabei jedoch die Entschlossenheit und Ausdauer des Spionagedienstes der polnischen Widerstandsbewegung. Denn als in Blizna am 5. November 1943 das erste Geschoß zum Himmel emporsteigt, ist dies das Signal für ein Duell, das polnische Widerstandskämpfer den Deutschen lieferten. Es endete mit der Landung einer britischen Transportmaschine in London, die Teile einer V 2 an Bord hatte – lange bevor es den Deutschen gelang, die erste V 2 auf diese Stadt zum Abschuß zu bringen.

19. September 1939. Adolf Hitler hält triumphalen Einzug in die Stadt, die ihm Vorwand für die Entfesselung des größten Krieges aller Zeiten ist. Der Zweite Weltkrieg ist 19 Tage alt. Hier in Danzig, auf dem Höhepunkt seiner Macht, kündigt Hitler in einer Rundfunkansprache, mit der er sich an seine Gegner wendet, der Welt zum erstenmal eine Waffe an, die »noch nicht bekannt ist und mit der wir nicht angegriffen werden können«.
Was Hitler nicht weiß, ist die Tatsache, daß er mit diesem einen Satz den Kampf der Alliierten gegen seine mysteriösen Waffen auslöst, einen Kampf, der bis zum letzten Tag dieses Krieges andauern wird und dessen Preis – mehr als 2900 gefallene alliierte Flieger, Hunderte abgestürzter Bomber und rund 530 Millionen Dollar – ihnen dennoch nicht zu hoch sein wird.
Wie er jedoch richtig spekuliert, hören nicht nur Millionen Deutsche diese Rede. Die BBC in London nimmt sie auf und fertigt in aller Eile eine Übersetzung für die Regierung an.
Premierminister *Neville Chamberlain* weist den britischen Intelligence Service an, sofort festzustellen, um welche deutsche Waffe es sich handeln kann.
Professor *Reginald Victor Jones*, der seit 14 Tagen Leiter der Wissenschaftlichen Abwehr, einer völlig neuen Abteilung des Britischen Luftfahrtministeriums, ist, soll diese Antwort bringen:

Frühjahr 1944: Start eines Aggregat 4 (V 2) auf dem Erprobungsgelände bei Blizna (Polen)

»Anfang September 1939 erhielt ich den Auftrag, einen neuen wissenschaftlichen Nachrichtendienst zu übernehmen. Wir wußten zu wenig über das, was in Deutschland vorging, wie z. B. die Entwicklung von Wissenschaft und Technologie, und ich sollte versuchen, dem Abhilfe zu schaffen.

Meine erste Aufgabe bestand darin, ein Paket in Verwahrung zu nehmen, das von Oslo, von unserer dortigen Botschaft, nach London geschickt worden war. Die Geschichte des Paketes begann damit, daß einige Tage vorher ein Schreiben in den Briefkasten der Botschaft geworfen worden war, in dem stand, daß, wenn wir mehr über technische und wissenschaftliche Entwicklungen der Deutschen erfahren wollten, wir eine kleine Änderung in der Ansage einer unserer BBC-Übertragungen nach Deutschland vornehmen sollten. Ich glaube, wir sollten sagen: ›Hallo, hier ist London‹ anstelle der üblichen Ansage. So würden wir den Autor des Briefes wissen lassen, daß wir an seinen Informationen interessiert sind, und er würde versuchen, sie uns zukommen zu lassen.

Wir änderten die Ansage, und einen Tag später wurde der zweite Brief in den Briefkasten der Botschaft geworfen. Unser Marine-Attaché leitete ihn nach London weiter. Ein Offizier kam in mein Zimmer und sagte: ›Dies ist für Sie.‹ Und er legte mir ein Paket auf den Tisch. Ich fragte mich, was nun passieren würde; vielleicht war es eine Falle, und das Paket würde beim Öffnen in die Luft gehen. Jedenfalls öffnete ich es mit größter Vorsicht. Es explodierte nicht, obwohl es tatsächlich einen Zünder enthielt. Dieser Zünder war von dem Verfasser des Berichtes hineingelegt worden. Er schrieb, daß dies ein neuer Zünder sei, den die Deutschen als das grundlegende Element zu einem, wie wir heute wissen, Nahzünder entwickelt hatten für ein Flakgeschoß.

Das Geschoß sollte nicht in direktem Kontakt mit dem Flugzeug explodieren, sondern schon, wenn es sich in einem bestimmten Bereich vom Flugzeug befand. Außer diesem Zünder fand ich noch weitere Informationen. Eine besagte, daß die Deutschen zwei verschiedene Arten von Radar entwickelt hatten, durch die es ihnen gelang, viele unserer Flugzeuge bei den ersten Angriffen auf Kiel und Wilhelmshaven abzuschießen.

Wir waren natürlich sehr interessiert. Es wurde weiter berichtet, daß die Deutschen magnetische Torpedos konstruiert hatten, und außerdem war die Rede von einer Einrichtung, die Peenemünde genannt wurde und die von großer Bedeutung sei. Der Verfasser sagte zwar nichts über die dortigen Vorgänge, jedoch erwähnte er an einer anderen Stelle in seinem Bericht, daß sich dort eine Langstreckenrakete von 80 cm Durchmesser befände, die eben erst entwickelt worden sei. Eine weitere Information besagte, daß eine neue Methode zur Messung von Flugentfernungen erfunden worden war, die er ›Fliegerentfernungsmeßgeräte‹ nannte. Diese Geräte konnte man vom Boden aus bedienen und für Kontrollen von Bombern einsetzen. Gerade diese Information war von großem Wert, denn sie war die Grundlage für die Apparatur, die später als Y-Gerät bekannt wurde.

Prof. Dr. R. V. Jones, 1968

Wir erhielten all diese Informationen, und natürlich war für uns die Existenz Peenemündes von Bedeutung, wie auch die Tatsache, daß die Deutschen Versuche mit großen Raketen durchführten.
Der Bericht ging jedoch einen ungewöhnlichen Weg. Er war zu gut, er enthielt so viele Dinge und umfaßte ein so weites Gebiet von Radar, Raketen und auch Junkers 88, die als Sturzflugbomber eingesetzt wurden, was wir zu der Zeit nicht wußten, so daß er, als in unseren Ministerien, dem Marineamt, dem Luftfahrtministerium und Kriegsbüro gelesen wurde, nur allgemeine Skepsis hervorrief. Vor allem im Marineamt wurde großes Mißtrauen gezeigt, denn man hielt es für unmöglich, daß irgend jemand in Deutschland so viel über diese Dinge wissen konnte. Man hielt das Ganze für Betrug, d. h., daß der deutsche Nachrichtendienst uns diese Informationen absichtlich zugespielt habe, um uns von dem wirklichen Geschehen in Deutschland abzulenken. Ich selbst glaubte dies nicht, und ich verwahrte meine Kopie des Rapports. Ich glaube, die restlichen Kopien wurden alle vernichtet.«

Die dem Bericht in großer Zahl beigefügten Zeichnungen und Pläne und die verwirrende Vielzahl wissenschaftlicher Informationen, über die ein einzelner Forscher an sich gar nicht verfügen kann, und auch wohl wegen der teilweise unwahrscheinlichen Erkenntnisse, die wie ein Roman von Jules Verne anmuten, wird der Bericht von den zuständigen Stellen in London als ein Bluff der deutschen Propaganda abgetan und zu den Akten gelegt.
Lediglich Professor Jones und mit ihm *Duncan Sandys,* Schwiegersohn Churchills und seinerzeit parlamentarischer Sekretär im britischen Versorgungsministerium, ziehen den »Oslo-Bericht« im Verlauf des Krieges noch des öfteren zu Rate. Außerdem fehlt es dem britischen Nachrichtendienst vorläufig an Möglichkeiten, die einzelnen Auskünfte nachzuprüfen. Da überdies kein einheitlicher wissenschaftlicher Nachrichtendienst aller drei Waffengattungen existiert, hört die britische Abwehr bis Ende 1942 nichts mehr von den geheimen deutschen Waffen.

Im Jahre 1936 hat man in Deutschland bereits mit dem Aufbau einer zentralen Versuchsanstalt in Peenemünde auf der Insel Usedom begonnen, wo neben Experimenten mit Raketentriebwerken für Flugzeuge auch Versuche mit Großraumraketen durchgeführt werden.
Die Ballistische Abteilung des deutschen Heereswaffenamtes hat schon zu Anfang der dreißiger Jahre mit Proben zur Verwendung von Raketenantrieben begonnen. Ende 1932 bereits werden in der Versuchsstelle Kummersdorf südlich von Berlin die ersten Experimente mit einem Raketenofen durchgeführt, und im Jahre 1936 endlich zeichnen sich mit dem Aggregat 3 die endgültigen Konturen des Aggregat 4 ab, das die erste praktisch nutzbare Großrakete sein und später den Namen »V 2« bekommen wird.
Doch geraten die Entwicklungen nach Kriegsausbruch ins Stokken; sie verschlingen ein Großteil des Budgets der Luftwaffe, und im übrigen kommt Hitler durch die Erfolge seiner Blitzkriege zu der Überzeugung, daß zum Endsieg keine Raketen notwendig sind.
Erst am 20. August 1941 fordert Hitler die weitere Erprobung des Aggregat 4 bis zum Einsatz als Trägerrakete für Sprengstoffe, da sich nach den ersten britischen Bombenangriffen auf deutsche Großstädte und mit dem Beginn amerikanischer Waffenlieferungen an die Sowjetunion eine Wende abzuzeichnen beginnt.
Peenemünde wird weiter ausgebaut; die »Organisation Todt«, daneben private Baufirmen und ein Heer zumeist polnischer Zwangsarbeiter und russischer Kriegsgefangener errichten Werkhallen, Hangars, Unterkünfte, Laboratorien und Prüfstände.
Am 3. Oktober 1942 gelingt der erste Start eines Aggregat 4; es wiegt etwa 12 Tonnen, ist fast 12 m lang und 1,5 m im Durchmesser, besitzt einen Sprengkopf mit 1 Tonne Sprengstoff und eine Reichweite von 340 km. Kurz darauf dringen die ersten Gerüchte über deutsche Raketen an die Außenwelt, doch bleiben sie vage und unglaubwürdig, bis ab Ende 1942 drei Berichte eines dänischen Chemikers in London eintreffen, die ebenfalls auf Peenemünde als Zentrum der deutschen Waffenerforschung hindeuten. Meldungen, die der Nachrichtendienst der polnischen Widerstandsbewegung nach London sendet, bestätigen die dänischen Berichte.

Professor R. V. Jones:
»Während der Jahre 1940, 1941 und vor allem 1942 hatten wir im Nachrichtendienst entweder mit der Verteidigung Englands gegen die Luftwaffe oder mit dem Beginn unserer eigenen Angriffe der Royal Air Force gegen Deutschland zu tun. Doch im

Dezember 1942 wurde unsere Aufmerksamkeit erneut auf den Oslo-Rapport gelenkt, auf Peenemünde und die Möglichkeit einer Langstreckenrakete. Von einem dänischen Chemieingenieur, den ich selbst nie gesehen habe, erfuhren wir aus neuer Quelle, daß er zwei deutsche Ingenieure in Berlin belauscht habe, die über eine neue Waffe gesprochen hätten, die an der baltischen Küste in einem Bereich von 200 km abgeschossen worden war. Es war ein interessanter Bericht – aber wenn man von einem neuen Mann eine Information erhält, die von keinem anderen bestätigt wird, weiß man nicht genau, wieweit sie bedeutend ist. Jedoch – wir waren alarmiert. Während der ersten Monate 1942 erhielten wir drei oder vier weitere Berichte, die die gleiche Sache betrafen. Irgend etwas gehe an der baltischen Küste vor, Peenemünde wurde erwähnt, und ich erinnere mich sehr gut, daß, als eines Nachmittags mein Stellvertreter, Professor *Charles Frank,* die Gefangenenberichte las, er plötzlich zu mir sagte: ›Also, wir sollten diese Raketen wirklich ernster nehmen. Lesen Sie dies!‹ Er übergab mir die Aufzeichnung eines Gespräches zwischen General *Wilhelm Ritter von Thoma,* der nach dem Fall von El Alamein gefangengenommen worden war, und General *Ludwig Crüwell.* Die beiden Generäle waren in einem Raum untergebracht, in dem sich eine Abhöranlage befand. Soweit ich mich erinnere, hatte von Thoma zu Crüwell gesagt: ›Irgend etwas muß mit den Raketen schiefgegangen sein. Ich sah sie schon vor 18 Monaten zusammen mit Feldmarschall *von Brauchitsch,* und der befehlshabende Major hat uns gesagt, daß sie innerhalb eines Jahres eingesetzt würden. Wir müssen doch irgendwo in der Nähe von London sein, und wir haben doch überhaupt nichts gehört. Also muß da irgend etwas verkehrt gelaufen sein.‹

Dies erklärte meiner Ansicht nach die gesamte Situation; denn von Thoma war ein sehr guter technischer Offizier, er war, glaube ich, insbesondere ein Panzergeneral, wir kannten ihn jedenfalls als einen guten technischen Offizier, und die Tatsache, daß er die Sache so ernst nahm, brachte uns sofort dahin zu sagen, jetzt muß etwas getan werden.

Sowenig Aufmerksamkeit wir Peenemünde bisher geschenkt hatten, so intensiv begannen wir nun, alle uns erreichbaren Quellen einzuschalten und sie zu veranlassen, sich auf Peenemünde zu konzentrieren und auf die Möglichkeit, daß es dort wirklich eine Langstreckenrakete geben könnte.«

Im März 1943 endlich wird die Zentrale Luftauswertungseinheit in Medmenham angewiesen, bei der Untersuchung von Luftaufnahmen auf kurze Eisenbahngeleise oder sonstige Rampen zu achten, da Berichte über die Entwicklung eines deutschen »Werfers« vorlägen, der von der französischen Küste nach England abgefeuert werden könnte.

Diese mehr andeutungsweise Empfehlung entspricht der in Großbritannien immer noch vorherrschenden Meinung, daß die Deutschen den alliierten Agenten die Informationen über Raketenerprobungen in der Absicht zuspielen, England in Panik zu versetzen und daneben seine Bomberverbände in eine Einöde an der Ostsee zu locken, statt sie über den Rüstungszentren im Reichsinnern zu sehen. Der Nachrichtendienst der polnischen Heimatarmee, der schon seit Ende 1941 über Agenten unter den Zwangsarbeitern von Peenemünde verfügt, liefert schließlich das Material, das zum Stein des Anstoßes wird: die zwar dilettantische, aber alarmierende Zeichnung einer Werkhalle mit einer der Raketen und dazu den Bericht, daß die Rakete ein aufdringlich donnerndes Geräusch von sich gibt.

Am 20. April 1943 wird der 35 Jahre alte Duncan Sandys beauftragt, alle Beweise für eine deutsche Fernraketenentwicklung zu prüfen. Sandys, dessen Ministerium die gesamte britische Raketenforschung untersteht, veranlaßt den Aufklärungsflug einer mit Kameras bestückten Spitfire-Maschine nach Peenemünde.
Am 23. Juni 1943 endlich hat man den Beweis: Peenemünde übertrifft die Phantasie selbst der größten Pessimisten!
Auf Grund der Luftaufnahmen wird ein Modell der wichtigsten Anlagen gefertigt, und in einer außerordentlichen Sitzung beschließt das Kriegskabinett einen einzigen, massiven und tödlichen Schlag gegen Peenemünde, auf den das Bomberkommando in aller Eile vorbereitet wird. Um die amerikanischen Alliierten nicht in das Ausmaß der neuen besorgniserregenden Erkenntnisse einweihen zu müssen, besteht *Churchill* auf einem rein britischen Unternehmen.
In der Nacht vom 17. auf den 18. August 1943 laden 598 schwere Bomber in drei Wellen ihre Last über Peenemünde ab; innerhalb von ungefähr 10 Minuten fallen mehr als 2000 Tonnen Sprengmaterial auf die Anlagen hinab.
Nicht weniger als 203 deutsche Abfangjäger der näheren und weiteren Umgebung sind von einer kurze Zeit früher zur Täuschung in Richtung Berlin eingeflogenen Einheit von Mosquito-Maschinen weggelockt worden.
Ziel der Operation ist nicht nur die Zerstörung der gesamten technischen Anlagen, sondern auch und vor allem die Vernichtung der Wissenschaftler, Ingenieure und Techniker, die in Peenemünde untergebracht sind.
Die Luftaufnahmen des nächsten Tages weisen beträchtliche Zerstörungen auf – nicht nur die Unterkünfte des wissenschaftlich-technischen Personals, sondern auch die Baracken der Zwangsarbeiter und Kriegsgefangenen sind von den Brandbomben vernichtet worden.

Wenige Wochen zuvor, am 7. Juli, hatte Hitler das A-4-Programm an die erste Stelle in der Reihe der Dringlichkeitsstufen des Rüstungsprogramms gesetzt; nach dem Angriff, den er sich nur als das Ergebnis von Verrat erklären kann, werden ganze Einheiten von Gestapo- und SS-Spitzeln nach Peenemünde entsandt, um den Verräter ausfindig zu machen.
Den Zorn des Führers bekommt ferner die Luftwaffe zu spüren — nach einem Telefongespräch mit Göring nimmt sich General *Hans Jeschonnek*, als Stabschef der Luftwaffe zuständig für die Verteidigung von Peenemünde, das Leben.
Nach dem Luftangriff auf Peenemünde entschließt man sich zu einem großangelegten Täuschungsmanöver — man wird den Feind im Glauben lassen, die deutsche Geheimwaffenentwicklung und -produktion mit diesem Schlag vernichtet zu haben. Die Bombentrichter werden nicht eingeebnet, und die Luftaufnahmen zeigen, daß die zerstörten Werkhallen nicht wieder aufgebaut worden sind.
Bei näherer Betrachtung ist der Effekt des Angriffes nämlich gar nicht so groß. Man ist 1943 in Deutschland an Improvisation gewöhnt und hat in Voraussicht eines Angriffes die Peenemünder Anlagen zwar zur Erprobung und Weiterentwicklung neuer Waffen benutzt — einige der Versuche sowie die eigentliche Produktion laufen gerade unter der Erde an: in mörderischem Tempo und unter unmenschlichen Bedingungen haben Tausende von KZ-Häftlingen bei Nordhausen am Harz unterirdische Stollen gebaut, in denen Hitlers Geheimwaffen fortan produziert werden. Die sogenannten Mittelwerke, besser bekannt unter ihrem Decknamen »Dora«, sind ein kilometerlanges Labyrinth gigantischer Höhlen und Tunnels, deren Bau das Leben Tausender Häftlinge gekostet hat. Bereits am 1. September 1943 wird hier mit der Fließbandproduktion der V 2 begonnen.
Die Flugversuche mit dem Aggregat 4, der V 2, sind in Peenemünde nahezu abgeschlossen — lediglich ihr Aufschlageffekt mit und ohne Ladung sowie letzte Feinheiten der Zündung müssen noch erprobt werden.
Zur Herstellung und Montage der einzelnen Teile der V 2 wird ein ganzes Heer von Häftlingen eingesetzt. Unter Bewachung durch die SS, nur mit kargen Hungerrationen versorgt, verrichten sie auch die verantwortungsvolle und gefährliche Arbeit an der Montagekette, wo trotz Bewachung und Aussichtslosigkeit immer wieder Sabotageakte gelingen. Viele Exemplare der V 2, die England nicht erreichen, diejenigen, die schon auf der Rampe explodieren, die von ihrer Bahn abkommen oder die sogenannten »Luftzerleger« — alles in allem etwa ein Drittel der Gesamtproduktion — gehen zum großen Teil auf das Konto der Fronarbeiter im Werk »Dora«.
Im Sommer 1943 entstehen in Nordfrankreich, in der Nähe

Englische Luftaufnahme von Peenemünde nach dem Angriff vom 18. August 1943

des Dorfes Winzernes, gewaltige Betonbunker – die zukünftigen Abschußbasen für das Aggregat 4. Mit der Absicht eines Dauerbeschusses der britischen Hauptstadt mit der V 2 sollen die Raketen hier zusammengesetzt, aufgetankt und abgeschossen werden.

Auch hier wird die Schwerstarbeit von Zwangsarbeitern, Kriegsgefangenen und KZ-Häftlingen durchgeführt, die Wege finden, über die französische Résistance die bedrohten Alliierten zu warnen und die Vollendung der Bunkerbauten zu vereiteln. Engländer und Amerikaner setzen alle zur Verfügung stehenden Bomber gegen die gigantischen Bunker ein. Sie sollen aus Millionen Kubikmetern Zement bestehen; eine Menge, die dem Zweijahresbedarf einer Stadt wie Köln entspricht – allein die Stahlkuppel des größten Bunkers soll 1000 Tonnen wiegen.

Selbst ein Angriff mit viermotorigen amerikanischen Bombern schlägt fehl, obwohl man sie für den Angriff auf die Bunker von Winzernes mit Sprengstoff vollgepackt hat und sie als ferngelenkte Lufttorpedos benutzt, nachdem über dem Kanal die Piloten abgesprungen sind.

In einem der Bomber, der vorzeitig, noch über der Britischen In-

sel, explodierte, ist Leutnant *Joseph Kennedy*, der Bruder des späteren Präsidenten der Vereinigten Staaten, umgekommen.
Die endgültige Vernichtung der Bunker von Winzernes ist einer Neuentwicklung von Professor *Dr. Barnes Wallis*, bekannt durch die Konstruktion der Talsperren-Bombe, gelungen. Wallis' 10-Tonnen-Bombe, die er selbst »Erdbebenbombe« nennt, bringt die meterdicken Eisenbetonwände zum Einsturz.
Inzwischen hat Hitler die weiteren Versuche mit der »Wunderwaffe« V 2 dem Schutz der SS anvertraut, und *Himmler* stellt den SS-Truppenübungsplatz ›Heidelager‹ zur Verfügung. ›Heidelager‹ liegt in der Nähe von Debica in Südpolen, unmittelbar angrenzend an das ausgesiedelte Dorf Blizna. Hier, in der weiten Landschaft der polnischen Tiefebene, 50 km von Tarnòw entfernt und versteckt in tiefen Wäldern, glaubt man sich unbeobachtet — in der Tat liegt diese Gegend im Herbst 1943 noch außerhalb der Reichweite der alliierten Aufklärer.

Schon im September 1943 wird mit dem Ausbau des Übungsplatzes begonnen — die KZ-Häftlinge und russischen Kriegsgefangenen aus dem nahen Heidelager Pustkòw übernehmen die Arbeit, während die bisher im Heidelager beschäftigten polnischen Arbeiter entlassen werden.
Innerhalb weniger Wochen wird eine Abzweigung der Bahnlinie Krakau—Lemberg nach Blizna gelegt, eine Straße dorthin gebaut; es entsteht eine Landebahn, es werden Hangars, Werkhallen und Wohnhäuser aus dem Boden gestampft. Das Gelände des ehemaligen Dorfes Blizna wird mit mehreren Stacheldrahtverhauen und Elektrozäunen umgeben, die zusätzlich von SS-Patrouillen mit Spürhunden bewacht werden. Die bisher ge-

Leutnant Joseph Kennedy, 1943

Eine von der polnischen Untergrundbewegung aufgenommene startende V 2

ringe Zahl von Wachmannschaften wird erhöht auf 650 Soldaten.

Schon von dem Augenblick an, da die Deutschen mit dem Bau der Eisenbahnlinie beginnen, macht der polnische Widerstand routinemäßig Meldung nach London. Neugieriger wird man jedoch erst, als die Deutschen auf den leeren Weiden des Dorfes Blizna Kühe aus Holz aufstellen, im Dorf Puppen vor die leeren Häuser setzen, Gipshunde vor die Hütten legen und Wäsche im Wind flattern lassen, während im Wald eine Lichtung gehauen wird, auf der Baracken gebaut werden, die man mit größter Sorgfalt tarnt. Schwere Flakgeschütze und Scheinwerfer werden aufgestellt, hinzu kommt noch eine große Anzahl von MG-Posten.

Ab November 1943 herrscht reger Verkehr auf dem Flugplatz; Tag für Tag kommen geheimnisvolle Eisenbahntransporte an; eine neue Abteilung der Wehrmacht und Luftwaffe und immer mehr Zivilisten ziehen in Blizna ein, und es erweist sich, daß nicht einmal mehr die SS-Angehörigen des Truppenübungsplatzes Zutritt haben zu dem toten Dorf, das die Bezeichnung »Artillerie-Zielfeld Blizna« erhält.

Berichte über diese Geschehnisse und Fotografien einiger der Transporte gehen nach Warschau zum Hauptquartier der Heimatarmee, doch ist man dort der Meinung, daß es sich hier möglicherweise um die Evakuierung einer Flugzeugfabrik handelt, bis Ende 1943 auf dem Platz Rondo Washingtona im Warschauer Stadtviertel Praga ein Pkw mit drei Insassen einen Unfall hat. Die drei schwerverletzten Deutschen werden ins

Krankenhaus eingeliefert, wo sich bald hohe Beamte nach ihrem Befinden erkundigen.

Wenige Stunden später erliegen alle drei ihren Verletzungen. Das außergewöhnliche Interesse an diesen drei Zivilisten und das echte Bedauern, das ihr Tod bei den Deutschen hervorruft, macht das Krankenhauspersonal aufmerksam.

Der polnische Nachrichtendienst stellt fest, daß die drei als »unersetzlich« beschriebenen Spezialisten aus Blizna nach Warschau gekommen waren. Ingenieur *Antoni Kocjan*, schon vor dem Kriege bekannter polnischer Flugzeugkonstrukteur, wird vom Hauptquartier der Heimatarmee mit der weiteren Verfolgung der Sache beauftragt. Ingenieur Kocjan beordert einen Kundschafter nach Blizna.

Im Forsthaus, dessen Gelände an das des Heidelagers grenzt, findet der Kundschafter Quartier, und der Förster erzählt ihm von merkwürdigen Geschehnissen, die sich seit dem Herbst hier abspielen. Jeden Morgen kreise über dem Wald von Blizna ein Flugzeug, verschwände dann in der Ferne, und darauf ertöne ein Dröhnen, und ein großes Geschoß steige langsam über dem Wald auf und zerplatze schließlich in einer gewaltigen Explosion in der Luft.

Dem Kundschafter gelingt es schon nach wenigen Tagen, einige Fotos von einem der Geschosse zu machen, als es langsam über dem Wald emporsteigt und in nordöstlicher Richtung verschwindet. Fotos und Berichte werden sofort nach Warschau gesandt. Der Kundschafter versteckt sich dann im Bahnhofsgebäude von Kochanòwka, von wo die neuverlegte Strecke nach Blizna abgeht und wo er schon bald einen Transport mit mehreren langen Eisenbahnwaggons sieht, auf denen, mit Planen bezogen, Gebilde wie Flugzeugrümpfe liegen. Andere Waggons haben Tanks geladen, deren Abzapf-Verschlüsse dick vereist sind, obwohl die Außentemperatur mehrere Grad plus beträgt.

Alle Waggons weisen Breslau als Versandbahnhof aus. Die Heimatarmee veranlaßt Nachforschungen in Breslau, und es zeigt sich, daß die Waggons in Breslau nur rangiert werden und der tatsächliche Versandbahnhof irgendwo in Thüringen liegt. Ende Januar 1944 trifft bei Ingenieur Kocjan ein Bericht aus der Umgebung von Lublin ein. Über einem Gutshof in der Nähe des Städtchens Rejowiec bei Lublin ist eines Mittags, wie ein Blitz aus heiterem Himmel, ein deutsches Flugzeug abgestürzt. Die Maschine war, so vermutet man, mit Sprengstoff beladen, da kein Fetzen heil geblieben sei und man nicht einmal mehr eine Spur von ihrer Besatzung habe finden können. Merkwürdig vor allem aber sei das Verhalten der Deutschen nach dem Unfall gewesen, die unmittelbar nach dem Absturz herangebraust seien und die Absturzstelle zuerst fotografiert und ausgemessen und danach, bis auf das letzte Teilchen, alle Reste des

Flugzeuges eingesammelt hätten. Und noch etwas sei komisch gewesen an der ganzen Sache: der ranghöchste deutsche Offizier habe sich bei dem polnischen Gutsbesitzer für den Unfall entschuldigt und ihm sofortige volle Entschädigung zugesagt.

Ein derartiges Verhalten der Deutschen in Polen ist etwas so Außergewöhnliches, daß Ingenieur Kocjan die Explosion des Flugzeuges bei Rejowiec gleich mit dem Start eines der Geschosse vom Heidelager Blizna in Verbindung bringt. Doch bestätigt sich dieser Verdacht lange Zeit nicht – bis Anfang April 1944 eine neue Meldung bei ihm eintrifft. Sie kommt aus Sarnaki im Kreis Siedlce, einem kleinen, 150 km östlich von Warschau entfernt gelegenen Ort, und stammt von *Dr. Marian Korczik*, dessen Bruder *Tadeusz*, Ingenieur in der Brauerei von Sarnaki, seit einigen Tagen interessante Beobachtungen macht.

In die Dienstwohnung der Brauerei ist ein deutscher Offizier eingezogen, der mit einer Einheit von etwa 40 Soldaten nach Sarnaki gekommen ist. Die Soldaten haben Quartier genommen in der Schule von Sarnaki, die das größte Gebäude des Ortes ist. Vom Fenster der Brauerei aus kann Ingenieur Korczik den ganzen Schulhof überblicken. Und regelmäßig an jedem Vormittag ertönt aus einem der hier abgestellten Funkwagen zweimal laut und deutlich der Ruf: »Krakau, Krakau – hier Sarnaki.« Gleich nach ihrer Ankunft haben die Deutschen den jüdischen Friedhof von Sarnaki eingeebnet und dort einen Beobachtungsposten eingerichtet. Und eines Morgens, ein paar Minuten nach dem Ruf »Krakau, Krakau – hier Sarnaki«, er-

Kühe aus Holz sind nur eine der zahlreichen Maßnahmen zur Tarnung des Übungsgeländes

schüttert eine wuchtige Explosion das Dorf – es ist, als ob ein Flugzeug in der Luft explodiert sei.
Ingenieur Korczik, der in Richtung der Explosion gerannt ist, findet einige 100 m von den letzten Häusern Sarnakis entfernt Teile von Aluminiumblech, dicke Klumpen Glaswolle, Teile einer Maschine, winzige Bakelitplatten und verschiedene Teile, die zu einem Radio zu gehören scheinen. Er hat sich gerade einige der Teile in die Tasche stecken können, als der Lkw der Deutschen ankommt. Sie beginnen, bis auf das kleinste Drahtstück, alle herumliegenden Reste einzusammeln.
Tag für Tag werden nun die stillen Dörfer rings um Sarnaki, manchmal viermal täglich, erschüttert von den gewaltigen Explosionen – die Geschosse kommen unerwartet, man hört und sieht nichts bis zu ihrer Explosion; sie schlagen wahllos, Tod und Vernichtung bringend, ein.
Doch lassen sich die einfachen Bauern um Sarnaki nicht beirren; sie nehmen den ihnen aufgezwungenen Kampf gegen die mächtigste Waffe Hitlers auf. Statt die Gefahrenzone zu verlassen, sammeln sie jedes, auch das kleinste Reststück der explodierten Geschosse, um es einem Kundschafter der Heimatarmee aus Warschau zu übergeben.
Aufgrund der nun fast täglich in Warschau eingehenden Meldungen gelingt es, das Einschlaggebiet ziemlich exakt zu lokalisieren: ein Quadrat von etwa 60 km um Sarnaki, dicht besiedelt, mit mehreren Dörfern und Kleinstädten, die nun als naturgetreues Versuchsgelände dienen, damit das Ausmaß der Vernichtungskraft dieser neuen Waffe erprobt werde.
Nach jeder Explosion vollzieht sich aufs neue der Wettlauf – sehr oft sind die Bauern und Widerstandskämpfer aufgrund ihrer Ortkenntnis schon per Fahrrad und zu Fuß an der Aufschlagstelle, während sich die Deutschen noch einen Weg durch Sand und Waldgestrüpp bahnen.
Das führt dazu, daß die Deutschen über dem Gebiet von Sarnaki Flugblätter abwerfen, in denen die Bevölkerung über die eigenartigen Explosionen aufgeklärt wird und in denen es heißt, daß es sich um Abwürfe von Treibstoff-Zusatzbehältern handelt und daß es Pflicht eines jeden Polen sei, die Teile, die er findet, sofort bei der nächsten deutschen Dienststelle abzuliefern bzw. dort Bescheid zu geben, wo die Teile liegen. Rückgaben bzw. Angaben über die Abwurfstelle werden mit einem Liter Wodka belohnt, während für das Nichtabgeben oder Nichtmelden Strafen angedroht werden.
Doch rührt das den polnischen Widerstand nicht. Bald gehen die Männer der Heimatarmee mit der gleichen Pedanterie vor wie die Deutschen. Sie fotografieren die Einschlagstellen und machen Messungen, bevor mit dem Einsammeln der Teile begonnen wird. Es kommt vor, daß die Aufschlagstellen bereits auf-

geräumt und wieder eingeebnet sind, wenn die Deutschen eintreffen.
Während aus der Umgebung von Sarnaki nun fast täglich Teile und Meldungen Warschau erreichen, erhält das Oberkommando der Heimatarmee neues Material aus Blizna – Anfang Mai 1944 überbringt ein Kurier einen Plan, der im Maßstab 1 : 10 000 bis ins Detail das gesamte Schießgelände von Blizna zeigt. Ferner kommt die Nachricht, daß die rätselhaften Tanks, an deren Öffnungen sich Eis bildet, den Treibstoff der Raketen enthalten, und daß neuerdings kein Flugzeug – auch kein deutsches – das »Artillerie-Zielfeld Blizna« überfliegen darf. Interessant ist ferner die Meldung, daß die Einheit, die die Abschüsse vornimmt, die sogenannte Versuchs- und Lehrbatterie Nummer 444 ist, die früher in Köslin stationiert war und die am 5. November 1943 nach Blizna verlegt worden ist.
Alle diese Nachrichten werden nach London gefunkt, wo man an jeder Einzelheit brennend interessiert ist und von wo um

Die Umgebung von Sarnaki (Kreis): Hier wurde die komplette V 2 gefunden
Die angezeichneten Teile (rechts) werden nach London geschafft

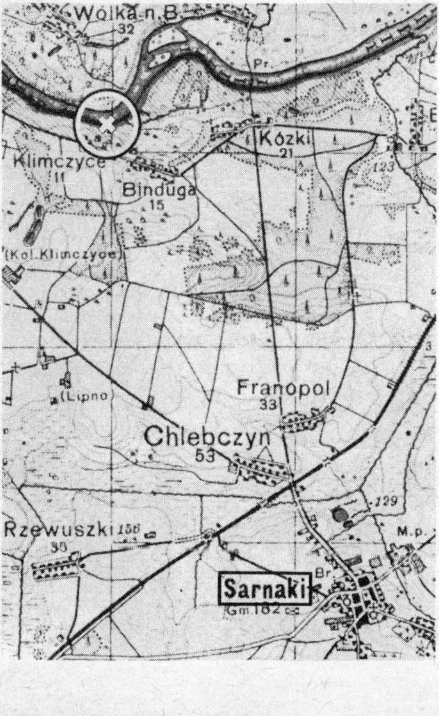

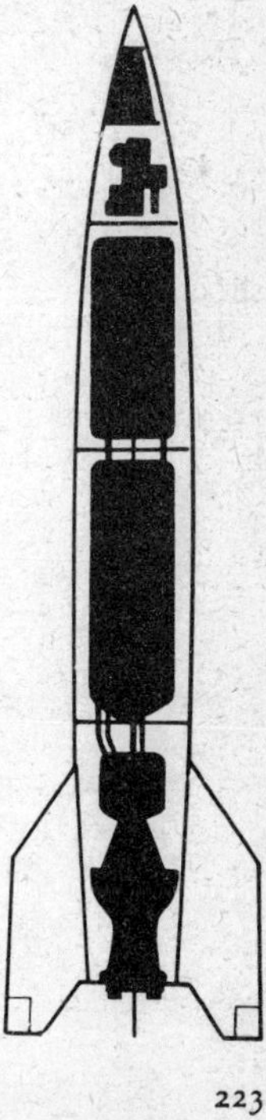

die Übermittlung von Teilen einer intakten Rakete gebeten wird.

Eines Tages, gegen Ende Mai 1944, stürzt der Bauer *Jan Lopaciuk* aus dem Dorf Klimczyce, das am Ufer des Bug liegt, in die Praxis von Dr. Martin Korczik in Sarnaki und meldet, daß eine Rakete, ohne zu explodieren, im Sumpf des Bugufers, nicht weit vom Dorf entfernt, abgestürzt ist.

Ihre Nase hat sich in den Schlamm gebohrt, während der hintere Teil abgebrochen ist. Dr. Korczik schickt nach seinem Bruder, der mit dem Bauern losrennt und die Rakete fotografiert, bevor sie sie, so gut es geht, verstecken: der hintere, größere Teil mit den Flossen wird mit Hilfe mehrerer Bauern ins Wasser geschoben und mit Schilf bedeckt, während der kleinere Teil mit Heu überschüttet wird.

Inzwischen haben die Deutschen mit einer großangelegten Suchaktion begonnen, die jedoch nach 3 Tagen ohne Ergebnis abgebrochen wird.

Gleich am nächsten Abend findet die Raketenspitze mit ihren Steuerungsgeräten ein sicheres Versteck in einer Scheune des Dorfes Holowczyce, während der hintere Teil der Rakete tiefer in das Wasser des Bug gezogen wird.

Dann treffen zwei Spezialisten aus Warschau ein, die mit der Demontage der Raketenspitze beginnen, nachdem sie fotografiert, abgezeichnet und gemessen worden ist. Die Teile werden auf drei verschiedenen Lastwagen mit Kartoffeln versteckt und machen ihren Weg nach Warschau, wo weitere Untersuchungen angestellt werden sollen.

Die Funkanlage wird Professor *Dr.-Ing. Janusz Groszkowski* als der größten polnischen Kapazität auf dem Gebiet der Funktechnik übergeben:

»Zuerst befaßte ich mich mit der Untersuchung der Quarzoszillatoren, um die Frequenz der Funkeinrichtung zu ermitteln. Diese Angaben konnten vielleicht den Schlüssel bilden, den Flug der deutschen Raketen zu stören. Alle Funkeinrichtungen des Geschosses waren vortrefflich ausgeführt, von höchster Qualität und besaßen minuziöse Präzision.«

Während Professor Groszkowski zu diesen Ermittlungen kommt, ist ein anderer polnischer Gelehrter mit der Analyse des Treibstoffes der Rakete beschäftigt; Professor *Dr.-Ing. Marceli Struszynski* von der Technischen Hochschule in Warschau, die während des Krieges in eine gewöhnliche Techniker-Schule umgewandelt ist und in deren Keller er sich ein kleines Labor eingerichtet hat:

»Ich hatte im Verlauf des Krieges von den Kurieren der Heimatarmee schon sehr oft die verschiedensten Stoffe zur Analyse bekommen; meistens waren es Bombenzünder, Giftstoffe usw. Dieses Mal brachte mir die Meldegängerin ein kleines Fläschchen, das mit einem Glaskorken verschlossen war, und sie erklärte mir, das Fläschchen enthalte den ›Treibstoff‹ einer deutschen Rakete. Ich schaute mir den Inhalt des Fläschchens genau an. Es war eine ölige, farblose, ziemlich dicke Flüssigkeit. Weil man mir gesagt hatte, es sei ein Treibstoff, machte ich mich an die gewöhnliche Destillation. Dabei spritzten mir einige Tröpfchen der Flüssigkeit auf die Hand. Ich fühlte Schmerzen und drehte blitzschnell den Bunsenbrenner ab. Voller Erstaunen sah ich, daß die Haut an den verbrannten Stellen sich unverzüglich mit weißen Flecken bedeckte. Ich begriff, daß ich es mit einer chemischen Substanz zu tun hatte, die ich absolut nicht erwartet hatte.
Das Ergebnis der Analyse war für mich – und nicht nur für mich – eine Sensation. Wie sich herausstellte, war die Flüssigkeit in dem Fläschchen ganz einfach Perhydrol (Wasserstoffsuperoxyd). Aber es war kein gewöhnliches Perhydrol! Im allgemeinen Gebrauch kannten wir nämlich damals nur 30%iges Perhydrol. Die Flüssigkeit in dem Fläschchen aber war Perhydrol in der gewaltigen Verdichtung von 80%! Die Entdeckung, daß die Deutschen 80%iges Perhydrol hergestellt hatten, war eine wissenschaftliche Überraschung.«

Alle Untersuchungsergebnisse werden nach London gefunkt, von wo aus eine Dakota-Transportmaschine nach Brindisi in Süditalien entsandt wird. Auf ein Signal der Heimatarmee soll sie nach Polen fliegen, um die wichtigsten Teile der V 2 dort abzuholen.

Ein geeigneter Landeplatz ist bald gefunden – eine Wiese bei Tarnòw unweit der Mündung des Dunajec in die Weichsel, nördlich des Dorfes Wal Ruda. Ingenieur Kocjan bereitet inzwischen mehrere Sauerstoffflaschen vor, die zum Transport der Teile von Warschau nach Wal Ruda dienen sollen. Die Sockel der Flaschen werden abgesägt, Kreiselkopf und Funksteuerungsanlage der Rakete werden zerlegt und darin verstaut. Nachdem die Sockel wieder zugeschweißt sind, werden die Nahtstellen bemalt, so daß die Behälter sich in nichts unterscheiden von normalen Sauerstoffflaschen.

Es ist Juli 1944, das Land zwischen Warschau und dem mehrere 100 km entfernten Landeplatz ist übersät von den sich zurückziehenden deutschen Truppen; doch verläuft der Transport der Sauerstoffflaschen trotz zahlreicher Kontrollen reibungslos. Der Landeplatz ist eine Wiese zwischen den Wäldern – ein schmaler Streifen Erde, etwa 3 km lang und einige 100 m breit. Schon vor dem Krieg ist der Platz von der polnischen Luftwaffe als

Feldflugplatz benutzt worden; er ist jedoch nur während längerer Trockenperioden verwendungsfähig, da sein Boden sehr weich ist.
Erst um den 15. Juli ist der Platz trocken genug. Das vereinbarte Signal wird nach Brindisi durchgegeben. In diesen Tagen kommen in den ringsum liegenden Dörfern mehrere neue deutsche Einheiten an, von denen eine in nur 1 km Entfernung vom Landeplatz Quartier bezieht. Bei dieser Einheit handelt es sich um das Bodenpersonal für einen Flugplatz – allem Anschein nach soll die Wiese wieder als Feldflugplatz verwendet werden. An einem der nächsten Tage landet der erste deutsche Bomber auf der Wiese – die Maschine überschlägt sich und geht zwischen den Bäumen am Rand des Landeplatzes zu Bruch. Während der nächsten Tage landen regelmäßig zwei deutsche Maschinen vom Typ Fieseler Storch.
Am 26. Juli abends kommt der Funkspruch aus Brindisi, daß die Dakota gerade starte und gegen Mitternacht auf der Wiese bei Wal Ruda landen werde. Gegen Abend treffen auch wie jeden Tag die zwei Fieseler-Storch-Maschinen ein, außerdem kommen mehrere deutsche Pkw auf dem Platz an. Die Partisanen bereiten sich vor, im Notfall Gewalt anzuwenden, als kurz vor Einbruch der Dunkelheit die zwei Maschinen wieder abfliegen und auch die Pkw davonfahren.
Pünktlich um 24 Uhr landet die Maschine sicher auf dem mit Petroleumlampen markierten Platz.
Marek Celt, seinerzeit Mitglied der polnischen Sektion der SOE und als solches Kurier zwischen Warschau und London, hat zu den Passagieren der Dakota gehört, die in jener Nacht zusammen mit den Raketenteilen aus Polen abgeholt werden sollten:

»Der Start der Dakota war dramatisch. Es war in der Nacht vom 25. auf den 26. Juli 1944 auf einer Wiese in der Gabelung der Weichsel und des Dunajec, nicht weit von Tarnòw.
Die Nacht war sehr still – ganz in der Ferne hörte man das Dröhnen der Artillerie. Die Front war nur noch 100 km entfernt. In dieses Kanonendröhnen mischte sich dann das brummende Geräusch eines herankommenden Flugzeuges, wir sahen einen großen Schatten über uns hinwegfliegen, die Dakota flog einen Bogen über uns, um dann, den Platz mit ihren zwei Reflektoren hell erleuchtend, zu landen.
Die Maschine wurde sofort nach der Landung beladen, wir stiegen sehr schnell ein, und die Motoren heulten wieder auf. Doch das Flugzeug rührte sich nicht von der Stelle. Irgend etwas schien passiert zu sein, denn der Pilot schaltete die Motoren wieder aus, sprang aus der Maschine und forderte uns auf, ebenfalls auszusteigen und auch unser Gepäck mit hinauszunehmen.

Draußen sah ich, wie meine Kameraden begonnen hatten, die Räder der Maschine zu untersuchen, und sie fragten den Piloten, ob er sicher sei, daß die Bremsen nicht blockiert gewesen wären. Ein neuer Startversuch sollte gemacht werden, wir stiegen alle wieder ein, doch es war wieder dasselbe. Die Motoren heulten auf, die Maschine rührte sich nicht. Es war schrecklich. Wieder stiegen wir mit unseren Sachen aus; die Räder des Flugzeugs waren in den Boden der Wiese eingesunken.

Marek Celt, 1968

Eine furchtbare Spannung lag über uns. Die Wiese war von den Lichtern des Flugzeuges hell erleuchtet, und das Dröhnen der Motoren, das durch sein Echo in den Wäldern noch verstärkt wurde, muß bis nach Tarnòw hin zu hören gewesen sein. Jeden Augenblick konnten die Deutschen kommen, sie waren ja nicht weit weg von unserer Wiese. In aller Eile wurden Zweige herangeholt, die vor den Rädern der Maschine ausgelegt wurden. Alle sprangen wieder in das Flugzeug zurück; ein neuer Startversuch wurde gemacht, die Motoren heulten dieses Mal noch stärker als zuvor auf, schon hob sich der Schwanz der Maschine in die Höhe – nichts. Das Flugzeug rührte sich nicht vom Fleck.

Und wieder hieß es: Alle aussteigen. Dieses Mal schaltete der Pilot sogar schon die Lichter des Flugzeuges aus. Die Räder hatten sich inzwischen sehr tief in den Boden gesenkt. Die englische Besatzung traf Vorbereitungen, die Maschine in Brand zu setzen.

Wir waren verzweifelt. Es hatte soviel Mühe gekostet, alles zu arrangieren, wir hatten hier fast zwei Wochen lang auf das Flugzeug gewartet und gefährliche Augenblicke erlebt – und nun sollte all das umsonst gewesen sein? Ich hatte einen ganzen Sack wichtiger Post bei mir, den ich so schnell wie möglich in London abliefern sollte, und meinen Kameraden, deren Gepäck ich noch nicht kannte, ging es genau wie mir. Wir alle standen wie gelähmt da, jeder einen schweren Sack mit Nachrichtenmaterial bei sich. Doch unsere Kameraden von der Heimatarmee gaben nicht auf. Einige begannen, die Räder mit den Händen von der Erde freizuschaufeln, und andere schleppten Bretter von Pferdewagen und ganze Zaunteile heran. Nachdem die Räder frei waren, schoben sie die Latten unter sie, und wir stiegen wieder ein. Wieder heulten die Motoren auf, und dann endlich begann die Maschine zu rollen, wurde immer schneller und hob sich schließlich von der Erde ab.«

Zwei Tage später landet die Maschine in London. Die Raketenteile werden genauestens untersucht, doch wird man sich bezüglich des Steuerungssystems und der Schlagkraft der Rakete nicht einig. Es wird jedoch klar, daß die Rakete während des Fluges nicht, wie man ursprünglich angenommen hatte, durch Störfunk beeinflußt werden kann, da sie von einem Kreisel in ihrer Spitze gesteuert wird, den man nicht stören kann. Dadurch, daß sie sich mit Überschallgeschwindigkeit ihrem Ziel nähert, gibt es auch keine andere Möglichkeit, eine einmal fliegende Rakete anzugreifen.
Am 3. September 1944, kurz nach 18 Uhr, ereignet sich im Londoner Vorort Chiswick eine schwere Explosion. Zwanzig Häuser werden zerstört, zahlreiche Menschen getötet oder schwer verletzt. Schnell verbreitet sich das Gerücht von der Explosion einer Gashauptleitung, mit dem man diesen ersten Einschlag einer V 2 zu erklären sucht.
Erst am 10. November 1944, 8 Wochen nach Beginn der Beschießung Londons mit der V 2, klärt Churchill das Parlament darüber auf, daß die gewaltigen Explosionen der letzten Wochen, die jedesmal Dutzende von Häusern niederreißen, keine Gasexplosionen sind.

Die Wetterfront

Der Kanaldurchbruch der deutschen Schlachtschiffe »Scharnhorst« und »Gneisenau«, des schweren Kreuzers »Prinz Eugen« sowie einiger Zerstörer und Schnellboote am 12. Februar 1942 ist das kühnste deutsche Seekriegsunternehmen des II. Weltkrieges genannt worden.
Gleichzeitig aber ist es ein Musterbeispiel für die Bedeutung der Wetterstationen im Polarkreis gewesen; denn nur dank der minuziösen Wettervorhersagen einer dieser Stationen für die entscheidenden 48 Stunden des Durchbruches ist dieses Unternehmen gewagt worden und gelungen.
Die Wetterstationen der Arktis haben den ganzen Krieg hindurch bei der Planung und Durchführung aller wichtigen Operationen zu Lande, zu Wasser und in der Luft eine stetig wachsende Bedeutung gehabt — im Eis des Nordens ist der Kampf um die »Schlüssel zum Wetter von morgen« noch bis Mitte 1945 weitergeführt worden.

Die Schlachtschiffe »Scharnhorst« und »Gneisenau« während des Kanaldurchbruchs am 12. Februar 1942

Der seltsamste Kriegsschauplatz des II.Weltkrieges reicht bis auf wenige hundert km an den Nordpol heran. Er weist keine Frontlinien auf; denn hier geht es nicht um den Besitz weiter Gebiete, sondern um die Beobachtung der Elemente und des Wetters. Von hier strömen die Winde aus, die die Sturm- und Gewitterfronten über dem Nordatlantik und Europa hervorrufen — wer dieses Gebiet kontrolliert, hat das Wetter auf seiner Seite. Exakte Wettervorhersagen sind erstmals im II. Weltkrieg zeitweise entscheidender als die Kräfte des Feindes.

Der Kampf um die Wetter-Informationen ist weder vom Einsatz gewaltiger Armeen noch von weiten Offensiven geprägt. Er ist ein Katz-und-Maus-Spiel, bei dem kleine Gruppen von Männern sich in einer Wüste von Schnee und Eis und in verlassenen Fjorden jagen — in den Eiswüsten Grönlands ebenso wie auf Spitzbergen und Franz-Josef-Land.

Schon im September 1940 entsendet die deutsche Kriegsmarine den ehemaligen Fischdampfer »Sachsen« als Wetter-Beobachtungsschiff in die See westlich von Island. Der britischen Home-Fleet ausweichend, bezieht die »Sachsen« später Position in der Nähe der Jan-Mayen-Insel.

Diese in der Weite der Grönländischen See gelegene einsame, geheimnisvolle Insel ist zerklüftet und wild wie das Meer um sie herum. In meteorologischer Hinsicht jedoch ist die Jan-Mayen-Insel geradezu der Angelpunkt der Arktis. Es ist deshalb auch erstes Ziel der Engländer, die Kontrolle über diese Insel zu gewinnen. Sie geht unter dem Codenamen »Insel X« in die strategischen Pläne Englands ein.

Bald nach der Besetzung Norwegens beginnt die deutsche Luftwaffe im Mai 1940 mit regelmäßigen Wetter-Beobachtungsflügen.

In Vaernes bei Trondheim ist die Wetterstaffel V stationiert; daneben wird in Banak, südlich des Nordkaps, ein Hilfsstützpunkt für Wetterbeobachtungsflüge eingerichtet.

Zu Beginn des Krieges fliegen die Maschinen der Wetterstaffel zumeist in Richtung Island und der Färöer-Inseln; im Sommer 1941 überfliegt man die Jan-Mayen-Insel und während der nächsten Jahre, von Banak aus, weit über Spitzbergen hinweg in Richtung Nordpol oder nach Nowaja Semlja.

Die Maschinen fliegen in Höhen zwischen 100 und 3000 Metern; jede Stunde gehen sie im Sturzflug auf Wellenhöhe hinunter und kurz vor der Rückkehr bis auf 6000 m Höhe hinauf, um jeweils die meteorologischen Werte festzuhalten.

Etwa 800 km vom Nordpol entfernt liegt, in einer der nebligsten Regionen der Arktis die Inselgruppe Spitzbergen, die norwegisches Hoheitsgebiet ist. Die Hauptinsel Westspitzbergen ist im Jahre 1940 von etwa 1300 Norwegern und 2000 Russen bewohnt.

In den Morgenstunden des 25. August 1941 taucht vor Westspitzbergen eine britische Armada auf, bestehend aus zwei Kreuzern, drei Zerstörern und dem ehemaligen Luxusdampfer »Empress of Canada«, der seit Kriegsausbruch als Transportschiff dient. Die Kanonen der Kriegsschiffe sind auf die kleine Bergarbeitersiedlung Barentsberg gerichtet; kanadische Pioniere und norwegische Soldaten stehen an ihren Bordstationen. Da keine Landungsfahrzeuge zur Verfügung stehen, müssen die verwundbaren Rettungsboote als solche dienen. Wider Erwarten bleibt jedoch am Ufer alles still, und die erste Soldatengruppe geht an Land, ohne daß ein Schuß fällt. Inmitten der nächsten Gruppe befindet sich der Chef des Unternehmens »Gauntlet«, Brigadier *Arthur E. Potts,* zusammen mit seinem Stab sowie einigen sowjetischen Offizieren, die aus London mitkamen.
Man findet nicht einmal deutsche Posten vor, und die Aktion kann programmgemäß ablaufen. Den überraschten Inselbewohnern wird bekanntgegeben, daß sie innerhalb von 9 Stunden evakuiert werden sollen — die Russen nach Archangelsk, die Norweger nach Schottland.
Bei den Russen, die die Insel als erste verlassen sollen, gibt es einige Unruhe: viele weigern sich, das Schiff zu betreten, bevor nicht eine entsprechende Weisung aus Moskau vorläge.
Die Ungeduld der Engländer ist jedoch nicht von ungefähr: in jedem Augenblick kann ein deutsches U-Boot oder Aufklärungsflugzeug auftauchen und ihr Vorhaben zunichte machen.
Inzwischen tun die Pioniere ihr Werk: sämtliche Bergwerksanlagen und -maschinen werden zerstört, die riesigen Kohlehalden mit Benzin übergossen und angezündet; keine Feldbahn bleibt intakt, ja selbst jeder Telegraphenmast wird gesprengt. Auch die Öltanks stehen bald in Flammen, und von den hölzernen Werkhallen treibt der Wind das Feuer auf die Siedlung der russischen Bergarbeiter hinüber. Die Sprengtrupps bleiben zwei Tage lang auf der Insel. Doch obwohl die dichte, schwarze Wolke, die über Spitzbergen hängt, ein mehrere Dutzend km weit sichtbares Zeichen ist, erscheint kein deutsches Aufklärungsflugzeug. Man hat die Funkstation vorläufig intakt gelassen, in der der norwegische Funker wie jeden Tag die Wetterberichte nach Norwegen sendet. Da er eine tiefe Wolkendecke über Spitzbergen gemeldet hat, bleiben die deutschen Aufklärer aus.
Drei Schiffe, die aus Norwegen kommen, um Kohle zu holen, werden samt ihrer deutschen Besatzung aufgebracht.
Die Funker und Pioniere bleiben so lange in Barentsberg, bis der britische Verband den Eisfjord verlassen und die freien Gewässer des Nordatlantiks erreicht hat. Dann sprengen sie auch das E-Werk, die Funkstation und das Wichtigste, die Wetterstation, und verlassen Spitzbergen an Bord eines Zerstörers.

Erst Tage später erfahren die Deutschen vom Besuch der Engländer auf Spitzbergen. Da auch eine zweite norwegische Station auf der Bäreninsel nicht mehr arbeitet, entschließt sich das deutsche Oberkommando, eigene Wetterstationen in der Arktis zu errichten.
Die Luftwaffe fliegt bereits am 25. September – 3 Wochen, nachdem die Engländer Spitzbergen verlassen haben – eine Gruppe von zehn Meteorologen in die Nähe von Longyearbyen. Der Wettertrupp, der aus der Luft versorgt wird, wird im Juni 1942 von einem Flugzeug zurückgeholt.
Anfang Oktober 1941 hat auch die Kriegsmarine eine Wetterstation auf Spitzbergen eingerichtet – zwei deutsche Schiffe bringen die Gruppe von Meteorologen in die Bucht von Signehamma auf Spitzbergen.
Die beiden Schiffe werden sofort entladen; die Ausrüstung wird mit Schlauchbooten und eiligst zusammengebauten Flößen an Land gebracht. Am 29. Oktober schon ist die Wetterstation einsatzbereit – sie besteht aus zwei Winterhütten, die als Unterkunfts- und Arbeitsräume dienen.
Die nach dem Namen des führenden Meteorologen *Prof. Hans Knöspel* »Wettertrupp Knospe« benannte Gruppe arbeitet den ganzen Winter 1941/42 hindurch und wird Ende Juni 1942 auf dem Luftweg nach Norwegen zurückgeholt, nachdem sie auf der Insel eine der sogenannten automatischen Wetterstationen eingerichtet hat.
Die automatischen Wetterstationen, auch »Wetterfunkgeräte« genannt, können bis zu neun Monaten ohne jede Wartung arbeiten. Ihre Sendungen werden sorgfältig abgehört. Jedes der Geräte funkt täglich zu bestimmten Zeiten über mehrere tausend Kilometer hinweg die Daten der Lufttemperatur, Luftfeuchtigkeit und des Luftdruckes sowie der Stärke und Richtung des Windes an seinem Standort.
Die Wetterfunkgeräte für die See werden entweder von Flugzeugen oder von U-Booten ausgesetzt; sie tauchen alle 12 Stunden auf, funken die wichtigsten meteorologischen Daten und tauchen wieder ab. Sie können zwei Monate lang ohne Wartung in der See arbeiten und werden zur begehrtesten Trophäe englischer Fischer, als die britische Admiralität eine Prämie von 1000 Pound Sterling für jede überbrachte deutsche Wetterstation aussetzt.
Im Herbst 1942 stellt die Kriegsmarine einen neuen Wettertrupp zusammen, der nach Signehamma in die verlassene Station »Knospe« gehen soll. Sein Kommandant ist der Meteorologe *Dr. Franz Nusser,* sein Kennwort »Wettertrupp Nußbaum«. Die Männer werden in ein U-Boot eingeschifft, um die Gefahr der Versenkung durch die Alliierten zu mindern. Obwohl auch aus diesem Grund die noch vorhandenen Hütten der Station

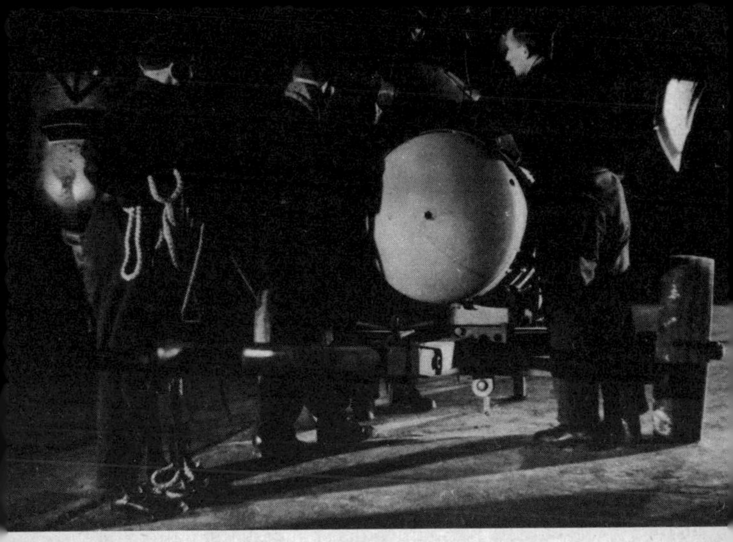

Banak/Nordnorwegen: Letzte Vorbereitungen zum Start mit der für die Jan-Mayen-Insel bestimmten automatischen Wetterstation

»Knospe« übernommen werden sollen, muß das U-Boot die Reise von Tromsö nach Signehamma doch zweimal machen, um nur das notwendigste Inventar herüberzuschaffen.
Der Wettertrupp »Nußbaum« findet die Station in bester Ordnung. Die Witterung hat lediglich die von Prof. Knöspel hinterlassene automatische Wetterstation zerstört. Die Gruppe »Nußbaum« macht den ganzen Winter 1942/43 hindurch ungestört ihre Wettermeldungen, bis die Männer am 20. Juni 1943 entdecken, daß sich ein alliiertes Kommando in der Bucht von Signehamma befindet.
Ein U-Boot holt sie nach Tromsö zurück, nachdem sie ihre Heimatstation in Norwegen alarmiert und sich fast zwei Monate lang in einem Versteck aufgehalten haben.
Seitdem die Deutschen am 9. April 1940 Kopenhagen besetzt haben, ist die zum dänischen Königreich gehörige Insel Grönland völlig schutzlos. Von den 22 000 Bewohnern der Insel ist nicht ein einziger militärisch ausgebildet.
Der Gouverneur Grönlands, *Eske Brun*, befürchtet eine deutsche Invasion der Insel und wendet sich – da Großbritannien, das momentan selbst von einer Invasion bedroht ist, keine Hilfe geben kann – an die Vereinigten Staaten und bittet sie um ihren Schutz. Die USA können jedoch eine Bewachung der Küste Grönlands durch Marine- und Luftstreitkräfte vorerst nur für die Sommermonate zusichern. Am 9. April 1941 – ein Jahr nach der Besetzung Dänemarks durch die Deutschen – kommt

es zur Unterzeichnung eines entsprechenden Abkommens zwischen den USA und der Verwaltung Grönlands.
Die Amerikaner errichten noch vor Ausbruch des Winters in Narsarssuak im Süden Grönlands einen Luftstützpunkt, während die Schiffe der amerikanischen Küstenwache angewiesen werden, während des Sommers auch die Ostküste Grönlands zu überwachen.
Gouverneur Brun hat mittlerweile einige Schlitten-Patrouillen organisiert, die die Ostküste der Insel während der Polarnacht überwachen und deutsche Landeversuche entweder verhindern oder zumindest melden sollen.
Diesen Schlitten-Patrouillen gehören Dänen, Norweger und Eskimos an. Der Gouverneur hat alle Einwohner des nordöstlichen Teils Grönlands in der kleinen Siedlung Scoresby-Sund zusammengezogen — insgesamt 26 Robbenfänger, Fallensteller und eine Frau. 15 von ihnen bilden fortan eine Schlitten-Patrouille, deren Hauptquartier in der Station Eskimonaes eingerichtet wird, wo 7 Männer sich mit einer Funkstation niederlassen. Neben ihrem Patrouillendienst müssen sie alle 6 Stunden einen Wetterbericht durchgeben.
In der Siedlung Scoresby-Sund sind für den Winter 1942 zusätzlich zwei amerikanische Funker untergebracht. Es dauert

Sabinen-Insel, Nordost-Grönland, Mai 1943. Der Wettertrupp »Holzauge« kurz nach dem Luftangriff (von rechts nach links): N. Müller, H. Henning, O. Pritsch, F. Koch, H. Wenglorz, K. Kaiser. Im Vordergrund die eroberten Hunde der grönländischen Schlittenpatrouille

April 1942. Die Hunde der grönländischen Schlittenpatrouille im geheimen Ausbildungslager für die Wettertrupps auf der Goldhöhe am Fuße der Schneekoppe/Riesengebirge. Rechts, mit Hunden, Dr. Wilhelm Dege; links (mit Brille) der Leiter des Ausbildungslagers Kapitän z. S. Wesemann

nicht lange, bis sie eines Tages einen deutschen Sender auf Grönland feststellen.

Die bewaffneten Eisbrecher der Küstenwache, die amerikanischen Luftstreitkräfte sowie die Schlitten-Patrouille werden alarmiert.

Doch sind die Flugzeuge während der Polarnacht nicht einsatzfähig; die Eisbrecher der Küstenwache müssen auf halbem Wege vor dem Packeis kapitulieren. Es bleibt nur die Schlitten-Patrouille. Drei ihrer Männer brechen auf. Ein 1000 km langer Patrouillenweg durch die Eiswüste, in der Finsternis der Polarnacht, liegt vor ihnen. Die von den Amerikanern aufgefangenen Funksprüche kommen von der »Sachsen«, die nach den Abenteuern, die sie während der letzten Jahre in der Grönländischen See und nahe der Jan-Mayen-Insel hinter sich gebracht hat, nun seit dem August 1942 im Eis vor der Sabinen-Insel an der Ostküste Grönlands festliegt. Der Wettertrupp »Holzauge« unter der Leitung von *Dr. Gottfried Weiss* ist am 22. August an Bord der »Sachsen« aus Tromsö ausgelaufen. Schon unterwegs machen die Meteorologen Radiosondenaufstiege und Wetterbeobachtungen. Der Wettertrupp »Holzauge« soll der deutschen Kriegsmarine von Ostgrönland aus Wetterinformationen übermitteln, während der Wettertrupp »Nußbaum« seine Informationen von Spitzbergen sendet. Die »Sachsen« ankert am 27. August vor der Sabinen-Insel; mit der Entladung des Schiffes wartet man, bis es eingefroren ist. Dann trennen sich Wettertrupp und Schiffsbesatzung – zusammen 27 Mann – in zwei Gruppen: eine Gruppe baut an Land eine Hütte, die andere bleibt an Bord des Schiffes und führt die Radiosondenaufstiege durch.

Die Station hat nicht nur die Aufgabe, das Wetter zu erkunden; sie dient daneben als vorgeschobener Posten der deutschen U-Boot-Führung.

Am 13. März 1943 kommt es zu einer Begegnung der Schlitten-Patrouille mit den Deutschen. Die Männer der Schlitten-Patrouille werden überwältigt, und einer von ihnen, der Däne *Eli Knudsen*, wird getötet. Während seinen zwei Kameraden die Flucht gelingt, fällt eines der Hundegespanne samt Schlitten in deutsche Hand. Einige der Deutschen nehmen mit dem eroberten Schlitten die Verfolgung der Dänen auf. Sie finden jedoch nur die Funkstation von Eskimonaes, nach deren Vernichtung sie zu ihrer Wetterstation zurückkehren.

Ende Mai wird die deutsche Station von amerikanischen Maschinen des Typs B 29 bombardiert und völlig zerstört. Doch kommt keiner der Deutschen ums Leben. Die Männer ziehen sich in eine Ausweichhütte zurück, wo sie bis Mitte Juni durchhalten, als ein Flugzeug landet und sie zurückholt. Die durch den Druck der Eismassen stark beschädigte »Sachsen« wird an Ort und Stelle versenkt.

Selbst die Schlittenhunde werden nach Deutschland geflogen. Sie finden auf der Goldhöhe im Riesengebirge am Fuß der Schneekoppe in Schlesien Verwendung, wo die deutsche Kriegsmarine ein höchst geheimes Ausbildungszentrum für die Wettertrupps unterhält. Jeder Angehörige eines Wettertrupps – zumeist sind es 10 Männer – muß neben einer militärischen auch eine alpine Ausbildung beendet haben, die er neben einer Spezialausbildung in meteorologischer Hinsicht hier erfährt. Neben dem wissenschaftlichen Leiter eines Wettertrupps fungiert ein militärischer Führer, jeder Gruppe gehören zwei bis sechs sogenannte »Nautische Inspekteure« sowie einige erfahrene Funker an.

Am frühen Morgen des 7. September 1943 fängt die norwegisch-englische Funkstation auf Spitzbergen – nach der Zerstörung 1941 haben die Engländer sie mittlerweile wieder aufgebaut – einen Funkspruch auf, dem zu entnehmen ist, daß sich zwei schwere Kreuzer und sechs Zerstörer im Anmarsch auf Spitzbergen befinden. Da ein englisches Geschwader von etwa dieser Größe erwartet wird, ist dies keine Überraschung. Erst als die Schiffe am Horizont auftauchen und das Feuer eröffnen, wird klar, daß es sich um deutsche Schiffe handelt. Es sind die zwei Schlachtschiffe »Tirpitz« und »Scharnhorst« sowie neun Zerstörer. Wieder einmal brennt Barentsberg lichterloh. Die kleine norwegische Batterie wehrt sich energisch, doch vergebens gegen die Übermacht. Die Norweger versuchen, sich in die Berge zu retten. Deutsche Sprengtrupps kommen an Land. Sie vernichten die Wetterstation und das E-Werk, bevor sie die Holzhalden in Brand stecken und die Förderungsanlagen zerstören. Um 11 Uhr vormittags, nach knapp vier Stunden Kampf, ist die »Operation Sizilien«, wie die Deutschen sie nennen, beendet.

Während die »Tirpitz« an ihren Liegeplatz im Alta-Fjord zurückkehrt, ahnt noch niemand, daß die »Operation Sizilien« ihr vorläufig letzter Einsatz gewesen ist.

In einem schottischen Hafen rüstet sich gerade in diesen Tagen eine Armada von sechs U-Booten mit je einem Kleinst-U-Boot im Schlepp zum Auslaufen in derselben Richtung, um das Schlachtschiff »Tirpitz« im Alta-Fjord anzugreifen.

Mitte Oktober 1943 laufen einige britische Kriegsschiffe in Longyearbyen auf Spitzbergen ein. Schon im Winter steht die Wetterstation der Alliierten wieder.

Der britische Verband ist noch nicht heimgekehrt, als, geleitet von einem U-Boot, der deutsche Fischdampfer »Carl J. Busch« in den Liefdel-Fjord im Norden Spitzbergens einläuft. Er bringt den neuen deutschen Wettertrupp – Kennwort »Kreuzritter«. Eine günstige Stelle für den Trupp wird gefunden – sie ist von der See her nicht einzusehen und auf dem Landweg praktisch nicht erreichbar. Laufend versorgt von der Luftwaffe, macht der Wettertrupp von Dezember 1943 bis Juli 1944 vier Beobachtungen täglich und insgesamt mehr als 220 Radiosondenaufstiege. Im Juli kommt ein U-Boot und holt die Männer wieder zurück nach Norwegen. Während sie die Station räumen, geht eine Mine vorzeitig hoch und zerreißt Dr. Knöspel, den Leiter des Wettertrupps. Knöspel wird von seinen Kameraden beerdigt, die außer seinem Grab eine automatische Wetterstation auf Spitzbergen zurücklassen.

Auch eine andere Gruppe hat wenig Glück. Es ist der »Wettertrupp Schatzgräber«, der im September 1943 an Bord des Fischdampfers »Kehdingen« aus Tromsö ausgelaufen ist. Geleitet von einem U-Boot, geht der Wettertrupp in die sowjetische Arktis. Auf Franz-Josef-Land wird eine Station errichtet, und der Wettertrupp arbeitet ohne Störung bis Mai 1944, als es den Männern gelingt, einen Eisbären zu erlegen. Die Freude ist groß, da die Konserven-Mahlzeiten ihnen schon lange nicht mehr schmecken. Wenige Tage nach dem Verzehr des frischen Fleisches erkrankt die gesamte Truppe. Über Funk diagnostiziert ein Arzt Trichinose. Noch im gleichen Monat wird ein Flugzeug entsandt, das die Patienten nach Norwegen holt.

Das Beispiel des Wettertrupps »Holzauge« in Grönland hat den Amerikanern schon 1942 bewiesen, daß es nicht das Problem ist, einen deutschen Wettertrupp zu vernichten, sondern ihn auszumachen. Die Schlitten-Patrouillen reichen bei weitem nicht zur Überwachung aus, und selbst die Seepatrouillen sind nicht immer geeignet. Um trotzdem ihr Ziel zu erreichen, errichten die Alliierten auf der Insel »X«, der Jan-Mayen-Insel, eine Funk-Überwachungsstelle, die in Zukunft die Sender der deutschen Wettertrupps abhören und lokalisieren soll, damit sie von Bombern vernichtet werden können. Kaum hat die Peilstation ihre Arbeit aufgenommen, als sie die Entdeckung macht, daß die Deutschen schon wieder von Ostgrönland aus Wetterberichte funken.

Dieses Mal handelt es sich um den Wettertrupp »Baßgeiger« unter der Leitung des Meteorologen Heinrich Schatzer. Er sitzt mit seinem Schiff »Coburg« 80 Seemeilen vor der Küste im Eis fest. Ende August 1943 hat der Trupp Narvik verlassen und ist, nachdem die »Coburg« bei einem Sturm von ihrem Geleit-U-Boot getrennt wurde, bis hierher gekommen. In Höhe des 77. Breitengrades ist die »Coburg« vom Packeis eingeschlossen worden. Die Besatzung versucht, dem Schiff durch Eis-Sprengungen den weiteren Weg zu bahnen, doch kommt die »Coburg« nur wenige hundert Meter täglich voran. Das Schiff erhält Befehl, als schwimmende Station zu arbeiten. Im Oktober schließlich gelingt es, durch einen Spalt im Eis fast bis zur Küste der Shannon-Insel vorzudringen, wo das Schiff dann endgültig im Eis steckenbleibt. Die Männer ahnen nicht, daß sie längst von den amerikanischen Horchfunkern auf Jan-Mayen angepeilt worden sind.

Durch Eispressung bekommt die »Coburg« Schlagseite. Ein Teil des wertvollen Materials geht verloren, doch die meteorologischen Beobachtungen gehen ununterbrochen weiter. Auf dem Eis werden Posten aufgestellt, die vor Überraschungsangriffen der Schlitten-Patrouillen schützen sollen. Doch erst am 22. April 1944 gelingt es sechs Männern der Schlitten-Patrouille, den deutschen Trupp auszumachen und anzugreifen. Während des Kampfes fällt der militärische Leiter der Expedition, Leutnant *Röder*. Die Schlitten-Patrouille zieht sich zurück.

Es gelingt den Deutschen, ihre Arbeit noch zwei Monate lang fortzusetzen. Im Juni 1944 landet ein deutsches Flugboot, das den Wettertrupp nach Norwegen zurückbringt. Erst im Oktober finden die Amerikaner das verlassene Wrack der »Coburg« und die zerstörte Station und nehmen beides in Besitz.

Seit Ende August 1944 ist bereits ein neuer deutscher Wettertrupp unterwegs zur Ostküste Grönlands. Es ist der Wettertrupp »Edelweiß« unter Leitung von *Dr. Gottfried Weiss*, der mit seinem Schiff »Kehdingen« kurz vor der Landung am Einsatzort, der Koldewey-Insel in Ostgrönland, von einem Eisbrecher der amerikanischen Küstenwache gestellt wird. Das deutsche Geleit-U-Boot, das wegen einer früheren Beschädigung nur noch über halbe Öltanks verfügt, hat gerade vom Fischdampfer Öl übernommen, als das amerikanische Schiff auftaucht. Das U-Boot schießt seine Torpedos ab, die jedoch auf eine Eisscholle treffen. Daraufhin flieht das U-Boot und kehrt nach Norwegen zurück. Dr. Weiss bleibt keine Wahl. Er läßt das Expeditionsschiff versenken und begibt sich in Gefangenschaft.

Nach diesem Verlust entsendet die deutsche Kriegsmarine eine ursprünglich für die Überwinterung in der Station auf Franz-Josef-Land bestimmte Gruppe an Bord des Fischdampfers »Externsteine« nach Ostgrönland. Es ist der Wettertrupp »Edelweiß II« unter *Dr. K. Schmid.*

Ende Oktober 1944 erreicht die »Externsteine« die Insel Koldewey. Bereits wenige Tage nach der Entladung – die »Externsteine« ist auf dem Heimweg von amerikanischen Aufklärern entdeckt und von einem Schiff der Küstenwache aufgebracht worden – wird auch die Wetterstation »Edelweiß II« von den Aufklärerflugzeugen entdeckt. In der Nacht vom 3. auf den 4. Oktober 1944 landen etwa 200 amerikanische Soldaten der Küstenwache und nehmen die Männer der Wetterstation gefangen. Während sie in Gefangenschaft gehen, wird der Dampfer »Externsteine« von einer amerikanischen Besatzung nach Boston gebracht.

Der dänische Offizier, Captain *N. O. Jensen,* war einer der Begründer der grönländischen Schlitten-Patrouillen:

»Bei Ausbruch des Krieges war ich Leiter der Polizeistation von

Der Wettertrupp »Baßgeiger« mit seinem Schiff »Coburg« im Eis vor der Shannon-Insel, Nordost-Grönland, Oktober 1943

Eskimonaes auf Grönland. Im Jahre 1941 wurde die Polizei-Küstenwache dadurch verstärkt, daß wir die besten Trapper zur Mithilfe heranzogen.

Während ich im Sommer 1942 meine Ferien an der Westküste Grönlands verbrachte, übernahm Major *Carlos Poulsen*, der mittlerweile aus Dänemark herübergekommen war, die Leitung der Schlitten-Patrouille. Noch im Sommer fuhr er mit einem Kutter zum Norden Grönlands, um unterwegs Depots mit Lebensmitteln, Petroleum usw. anzulegen. So war die Winterpatrouille beweglicher, als wenn sie auf die weite Reise noch mehrere Gepäckschlitten hätte mitnehmen müssen.

Im nächsten Jahr wurde von unseren Leuten eine deutsche Station am Hansa-Bay auf der Insel Pendulum entdeckt. Eine Patrouille von drei Männern, die aus dem Norden zurückkamen, wurde von den Deutschen angegriffen. Einer unserer Leute, *Eli Knudsen*, wurde getötet, und die Deutschen zerstörten die Station von Eskimonaes. Der deutsche Angriff auf die nicht-militärische Polizei-Einheit führte dazu, daß die Männer der Patrouillen fortan militärische Ränge erhielten, wodurch sich auch ihr Kampfwert erheblich steigerte.

Im Sommer 1943 kehrte ich an die Küste zurück; eines der amerikanischen Patrouillenschiffe brachte mich mit Material für eine neue Station nach Deadmans Bay an der Südküste von Clavering Island. Währenddessen übernahm Major Poulsen die Patrouille am südlichen Küstenteil; sein Hauptquartier lag in Scoresby-Sund.

Im Winter wurde dann eine deutsche Station am Cap Sussi auf der Shannon-Insel festgestellt. Wir griffen die Deutschen zu

Insel Koldewey, Nordost-Grönland. 4. Oktober 1944, Gefangennahme des Wettertrupps »Edelweiß II«

Beginn des Frühlings 1944 an, waren aber gezwungen, uns vor der gewaltigen Übermacht zurückziehen. Bei diesem Angriff verloren die Deutschen ihren kommandierenden Offizier, während wir ohne Verluste fliehen konnten.
Während des letzten Kriegsjahres wurden dann die Patrouillen der amerikanischen Marine-Küstenwache stark intensiviert, und obwohl die Deutschen viele Versuche machten, diese Blockade zu durchbrechen, hatte keiner von ihnen Erfolg.«

Dr. Wilhelm Dege, 1944

Doch gibt die deutsche Kriegsmarine nicht auf. Ein neuer Wettertrupp ist bereit, in die Arktis zu gehen — der Wettertrupp »Haudegen«, der nach Nordostland auf Spitzbergen gebracht werden soll. Der Leiter dieses Wettertrupps ist der namhafte Meteorologe *Dr. Wilhelm Dege,* der bereits mehrere Vorkriegsexpeditionen nach Spitzbergen hinter sich hat. Sicherheitshalber läßt Dege seinen Trupp für zwei Überwinterungen ausrüsten. Insgesamt 80 000 kg Material, 3000 verschiedene Artikel, werden in 1800 Kisten verpackt und an Bord des Fischdampfers »Carl J. Busch« und eines Geleit-U-Bootes verstaut.

Professor Dr. Dege:
»Im Herbst 1943 hörte ich zum ersten Mal Authentisches über die Existenz deutscher Wettertrupps in der Arktis. Ich war damals nautischer Inspektor am Marineobservatorium in Greifswald und wurde Herrn Admiral Dr. Conrad von der Seekriegsleitung vorgestellt. Dr. Conrad fragte mich: ›Sagen Sie, sind Sie nicht eigentlich der Mann, der früher in Spitzbergen gearbeitet hat und den man den Spitzbergen-Dege nennt?‹ Ich konnte das nur bejahen. Daraufhin sagte er: ›Wollen Sie denn länger hier in einem wissenschaftlichen Apparat arbeiten nur mit Tabellen und Büchern, wollen Sie nicht 'rauskommen? Besuchen Sie mich in den nächsten Tagen in Berlin, und dann werden wir die Sache weiter besprechen.‹
Dieser Besuch in Berlin war sehr wesentlich für das kommende Jahr. Dr. Conrad legte mir nahe, mich zu einem Vorbereitungskursus bereit zu finden, der Wettertrupps für die Arktis ausbildete. Im März 1944 war es soweit, und ich fand mich mit einer

ganzen Gruppe von Freiwilligen auf der Goldhöhe am Fuße der Schneekoppe im Riesengebirge wieder. Die vorhergehenden Wettertrupps hatten, wie ich hörte, ziemlich starke Verluste gehabt, und es hatten sich erhebliche Schwierigkeiten in technischer und auch personeller Beziehung ergeben. Inzwischen war die Vorbereitung dieser Wettertrupps jedoch so weit gediehen, daß eine erstklassige Ausbildung auf der Goldhöhe durchgeführt wurde; und zwar bezog sich diese Ausbildung einmal auf die Durchführung der wettermäßigen Aufgaben und Funkaufgaben; dann aber auch auf rein expeditionstechnische Dinge, wie z. B. Bau von Schneehütten, Fahren von Hundeschlitten, Krankentransporte, Verwundetentransporte, ärztliche Ausbildung usw. Hier fand dann auch nach einigen Monaten der Ausbildung die Auswahl der einzelnen Mannschaften statt, und zwar in der Weise, daß den anwesenden Wissenschaftlern, die zumeist Reserveoffiziere waren, die Führung der einzelnen Trupps in Aussicht gestellt wurde, falls sie eine genügend große Mannschaft unter den Wetterdienstinspektoren und Unteroffizieren und Mannschaften fanden – also, die Mannschaften wählten ihren Führer, der Führer allerdings hatte das Recht, unter diesen Mannschaften, die ihn gewählt hatten, nun seinerseits eine Auswahl zu treffen. Das Prinzip war absolute Zuverlässigkeit im Hinblick auf die Wetterbeobachtung und auf die funkmäßige Weitergabe der Wetterbeobachtungen, andererseits absolute Autarkie hinsichtlich der vertretenen Berufe, vorwiegend hinsichtlich der Handwerker, die den Trupps angehörten.

So wurden die Trupps zusammengestellt und kamen dann noch einmal zu einer pioniermäßigen und Gebirgskriegsausbildung in die Alpen. Die gesamte Ausbildung war abgeschlossen im Juni, und nun standen wir, nach einem kurzen Urlaub in der Heimat, bereit zum Abmarsch. Dieser Abmarsch erfolgte von Saßnitz aus mit einer hervorragenden Ausstattung und mit einer ganz klaren Anordnung: Sie haben Wetterbeobachtungen zu machen. Sie haben alle Angriffshandlungen auf feindliche Trupps zu unterlassen, und Sie haben alle Möglichkeiten zu nutzen, über die kriegsbedingten Aufgaben hinaus genaue wissenschaftliche Untersuchungen in Ihrem Einsatzgebiet durchzuführen, um die einmalige Chance zu nutzen, die diese arktischen Wettertrupps während des Krieges bieten, nämlich die Überleitung in die friedliche Forschung der Nachkriegsjahre.

Wir fuhren von Saßnitz aus nach Narvik, erhielten dort ein Geleit-U-Boot unter Oberleutnant Stahmer; das Geleit-U-Boot lief uns voraus, prallte auf einen alliierten Flugzeugträger, versenkte ihn und ging ebenfalls verloren. Wir selbst konnten uns nach Narvik zurückziehen und erhielten ein neues U-Boot als Geleitschutz. Es war das U-Boot unter dem Kommando von

Oberleutnant Herrle. Die verlorene Ausstattung – denn ein Teil unserer Ausstattung befand sich auf dem U-Boot, der Rest auf dem Wetterbeobachtungsschiff ›Busch‹ – wurde in Tromsö ergänzt, und die Zeit, in unser eigentliches Arbeitsgebiet zu gelangen, wurde nun langsam knapp.
Ich hatte mir als Arbeitsgebiet die Insel Nordostland von Spitzbergen ausgesucht, rund 15 000 qkm groß und zu den schwierigsten Gebieten gehörend, die die Arktis überhaupt nur bietet. In über hundertjähriger Eisbeobachtung hat sich gezeigt, daß diese Insel nur im günstigsten Falle bis zum 15. September zu erreichen ist. Es wurde also Zeit, aufzubrechen. Am 9. September war es soweit. Wir verließen Hammerfest und gingen auf Kriegsmarsch nach Spitzbergen. Das Geleit-U-Boot Herrle hatte festgestellt, daß zu unserem Empfang vor der Westküste Spitzbergens 6 bis 7 englische Zerstörer standen. Wir hatten darum unseren Plan geändert und wollten um die schwierige Ostküste Spitzbergens herumlaufen. Aber noch war es nicht soweit. In Höhe der Bäreninsel gerieten wir in einen gewaltigen alliierten Geleitzug und konnten uns trotz aller möglichen Schwierigkeiten diesem Geleitzug entziehen.
Am 13. September kamen wir auf Nordostland an und fanden eine ungewöhnliche Eissituation vor, wie sie seit hundert Jahren nicht mehr beobachtet worden war: Das Gebiet war völlig frei von Eis. Hier bauten wir nun mit Hilfe der Besatzung der ›Busch‹ und der Besatzung des U-Bootes unsere Station auf, eine Stationshütte. Später kam dazu noch eine Hütte für die Entwicklung von Wasserstoff, für Ballonaufstiege, und schließlich eine Sauna. Die Arbeit nahm unsere ganze Zeit in Anspruch, aber ich machte mich mit zwei Kameraden frei, denn das Kriegs-U-Boot, ein 500-Tonnen-Kampf-U-Boot, war uns für 14 Tage für meine privaten wissenschaftlichen Forschungen auf Nordostland zur Verfügung gestellt worden. Ich konnte diese Zeit gut nutzen. Ich habe als erster Wissenschaftler bei der Gelegenheit die Insel umrundet. Als ich zurückkam, liefen die beiden Boote in die Heimat ab, und wir waren allein.«

Während der Polarnacht ist der Wettertrupp – wie alle seine Vorgänger – in der drei Monate lang anhaltenden völligen Dunkelheit starken Nervenkrisen ausgesetzt. Die Männer müssen alle drei Stunden eine Observation der Bodenwerte vornehmen und sie sofort verschlüsselt an die Seekriegsleitung durchgeben. Einmal täglich lassen sie Ballons mit Radio-Sonden bis an den unteren Rand der Stratosphäre aufsteigen. Die Aufstieglinie der Ballons zeigt ihnen die Windrichtung und -stärke an, während der Ballon auch Luftdruck und Temperatur aus der Höhe übermittelt.
Die Kriegsmarine hat mittlerweile noch einmal eine schwim-

mende Station in Marsch gesetzt. Der Wettertrupp »Zugvogel« unter dem nautischen Inspektor Hofmann soll an Bord des Schiffes »Wuppertal« zwischen Grönland und Spitzbergen kreuzen. In seinem letzten Funkspruch vom Oktober 1944 meldet er einen Motorschaden. Das Schiff liegt zu dieser Zeit nur wenige hundert Kilometer vom Nordpol entfernt, und das Versagen der Maschinen bedeutet das Ende für Mannschaft und Wettertrupp. Der Wettertrupp »Haudegen« ist der letzte von insgesamt neun arktischen Wettertrupps der Kriegsmarine; er ist der einzige deutsche Wettertrupp, der während des Winters 1944/45 planmäßig arbeitet.
Neben der Wetterbeobachtung sammeln die Angehörigen des Wettertrupps wertvolles wissenschaftliches Material durch die Beobachtung des Klimas, der Pflanzen- und Tierwelt sowie der geographischen und geologischen Gegebenheiten.

Professor Dr. Dege:
»Am 19. Oktober war bereits die Sonne endgültig verschwunden, und eine Polarnacht von 127 Tagen brach an. Diese Zeit ist als harte Zeit zu bezeichnen. Aber ich hatte das Glück, eine ungewöhnlich gute Mannschaft zu haben mit kameradschaftlichen Verhältnissen, wie man sie selten findet, und wir hatten

März 1945. Angehörige des Wettertrupps »Haudegen« brechen zu einer Patrouillenfahrt auf

mit unserer Wetter- und Eisbeobachtung und den zahlreichen wissenschaftlichen Untersuchungen, die vor allen Dingen mein Kamerad Baumann und ich durchführten, mehr als genug zu tun. Für die Mannschaft galt es, den Polarkoller zu verhindern. Dazu war zunächst einmal nötig, daß die Mannschaft sinnvoll beschäftigt wurde. Diese sinnvolle Beschäftigung bestand bei der jugendlichen Mannschaft z. T. darin, daß wir uns als Fallensteller versuchten oder daß wir in ständigen Schwierigkeiten mit den zahllosen Eisbären in unserer Umgebung standen, von denen wir neun erlegen und zwei fangen konnten, und sie bestand darin, daß die Kameraden den Vorschlag machten, die lange Polarnacht zu nutzen, ihr während der Kriegsjahre verlorenes Schulwissen wieder aufzufrischen. So wurde also regelrecht Schulunterricht abgehalten, und ein Polarkoller kam in keiner Weise auf.

Die Wetterbeobachtungen funktionierten ganz ausgezeichnet, und wir waren der erste Trupp, dem es gelungen ist, auch funkmäßig jeden Tag die Verbindung mit unserer Nebenfunkstelle in Tromsö aufrechtzuerhalten. Das war vor allen Dingen das Verdienst des Oberfunkmeisters *Heinz Ehrich*, der ein besonders guter Techniker war, und eines Unteroffiziers, *Gustav Scheidtweiler*, der geradezu ein technisches Genie war.

So ging die Polarnacht herum, aber gegen Ende der Polarnacht, gegen Anfang März zu, meldeten sich die alliierten Sender und beschimpften uns auf die wüsteste Weise und kündigten uns ihren Besuch an. Wir hatten keineswegs die Absicht, irgendwie militärisch in Aktion zu treten, aber wir wollten uns auch nicht überfallen lassen und haben dann die Station befestigt. Von einem alliierten Besuch war später allerdings nicht mehr die Rede, es geschah nichts.

Dagegen waren wir auf zahlreichen Patrouillen unterwegs. Diese Patrouillen hatten sowohl die Aufgabe, aufzuklären als auch das Nordostland zu erforschen, soweit es in unserer wissenschaftlichen Möglichkeit lag. Wir hatten natürlich Verbindung mit der Heimat und erfuhren auch vom Zusammenbruch der Front in der Heimat.

Damals bekamen wir aus Oslo die Anfrage, ob wir nicht statt bis zum Herbst 1945 bis zum Herbst 1946 auf Spitzbergen bleiben wollten. Man wollte uns in diesem Falle zwei Flugzeuge mit Nachschub zur Verfügung stellen.

Es ist kriegsgeschichtlich sehr interessant, daß offensichtlich die Absicht bestand, von Norwegen aus den Krieg fortzuführen. Aus dem Besuch dieser Flugzeuge wurde aber nichts. Statt dessen erfuhren wir über unsere Funkgeräte von dem deutschen Zusammenbruch an allen Fronten und von der deutschen Kapitulation. Und damit wurden wir nun zum verlorenen Haufen des Zweiten Weltkrieges. Alle Geheimakten über uns und damit auch die Angaben über unsere Position waren vernichtet worden, und wir hörten von unserer Gegenfunkstelle nichts mehr. Was wir aber hörten, interessierte uns wissenschaftlich. Die Sowjets nämlich begannen als erste wieder, die Wetternachrichten unverschlüsselt in den Weltraum zu funken. Und was die Sowjets konnten, das konnten auch wir, sagten wir uns und setzten unsere Wettermeldungen nunmehr unverschlüsselt fort.

Jetzt sah es mit diesen Wettermeldungen einfacher aus. Im Winter noch hatten wir unter schwersten Schneestürmen bei Temperaturen bis 48° unsere Ballons in die Stratosphäre steigen lassen und unsere Bodenwetterbeobachtungen durchgeführt. Jetzt war es nicht mehr so kalt, und ein Trupp von uns – da wir ja jetzt auch keine militärischen Aufgaben mehr hatten, nämlich die Verteidigung der Station – stand frei zu weiten Forschungsreisen. Wir haben bis in den Sommer hinein auf Reisen von über 1000 km mit selbstgezogenen Hundeschlitten und auf Skiern das Land erforscht.

Aber mehr und mehr beunruhigte uns die Situation in der Heimat. Wir selber waren in bestem körperlichen und seelischen Zustand, aber wir waren beunruhigt, wie es in der Heimat stehen würde. Und als dann im August die ersten Eisschleier wieder in den Fjord hineintrieben, da fragten wir bei unserer Gegenfunkstelle an, ob man uns noch in diesem Jahre abholen würde. Zu unserer Überraschung bekamen wir umgehend Nachricht, daß am 3. September 1945, also lange nach der Kapitulation, ein norwegischer Robbenschläger kommen würde, um uns abzuholen. Dieses Boot hat uns erst nach einigen Schwierigkeiten erreicht, weil wir in einem gar zu abgelegenen Gebiet am Rande der menschlichen Existenzmöglichkeit lebten.

Am 4. September mußte ich dem Kapitän dieses Robbenschlägers gegenüber eine eigene Kapitulationsverhandlung unterschreiben. Es war die Kapitulation der letzten deutschen Einheit des Zweiten Weltkrieges.

Dann waren wir soweit, das Wesentlichste von unserem Material einzuladen, die Station umzubauen in eine Hilfsstation für Schiffbrüchige, und wir fuhren dann bei schwerer See nach Tromsö zurück.

Am 13. September 1945 kamen wir in Tromsö an. Der erste Empfang war von alliierter Seite sehr zurückhaltend, aber dann wurden wir sehr freundlich behandelt. Meine Kameraden wurden sofort in die Heimat befördert. Ich selbst mußte zunächst eine erste Auswertung unserer wissenschaftlichen Beobachtungen durchführen und wurde dann ebenfalls in die Heimat geschickt.

Das gesamte dienstliche und private wissenschaftliche Material wurde im Hinblick auf die unruhigen Verhältnisse in Deutschland zunächst von den norwegischen Behörden beschlagnahmt, mir aber hinterher durch Vermittlung des späteren Bundeskanzlers Adenauer und des späteren Bundespräsidenten Heuss zur Verfügung gestellt und stand nunmehr zu einer Auswertung als Reisebericht und als wissenschaftliche Arbeit zur Verfügung.«

Unternehmen Greif

In den Morgenstunden des 18. Dezember 1944 stoppt amerikanische Militär-Polizei einige Dutzend Kilometer hinter der Front, in der Nähe der belgischen Stadt Dinant, an der Straße, die zur Maas-Brücke führt, einen Jeep mit vier amerikanischen Soldaten.
Sie kennen zwar die Parole nicht, machen aber sonst durchaus überzeugende Angaben, und ihre Papiere als Angehörige der 5. US-Panzerdivision sind in bester Ordnung.
Die MP-Streife will sie schon weiterfahren lassen, als einer der MP's auf den Scheinwerfern des Jeeps Stoffüberzüge mit schmalen Schlitzen sieht.
»Are you Germans??« — er entsichert seine Maschinenpistole.
Die vier heben die Hände hoch.

Eine Stunde nach Mitternacht des 26. Oktober 1944 verläßt ein Fernschreiben das Führerhauptquartier.
Es ist an alle Einheiten der Wehrmacht, Kriegsmarine, Luftwaffe und Waffen-SS gerichtet, mit Ausnahme der eingeschlossenen Festungen am Atlantik — Lorient, St-Nazaire, La Rochelle, Royan —, der Kanalinseln und der ›fremdvölkischen‹ Truppen:
»Der Führer hat die Aufstellung einer Sondertruppe für den Einsatz in Erkundungs- und Sonderunternehmen im Westraum in einer Stärke von etwa 2 Bataillonen befohlen.
Alle erbeuteten US-Uniformen, Ausrüstungsgegenstände, Waffen und Fahrzeuge sollen an diese Sondereinheit übergeben werden, und alle Einzelheiten der Wehrmacht, Kriegsmarine, Luftwaffe und Waffen-SS sollen Freiwillige melden, die folgenden Anforderungen entsprechen müssen:
a) körperlich vollkriegsverwendungsfähig, für Sondereinsatz geeignet, geistig rege, starker Persönlichkeitswert;
b) vollwertig ausgebildeter Einzelkämpfer;
c) englische Sprachkenntnisse, auch amerikanischer Dialekt, besonders wichtig Kenntnisse in militärischer Fachsprache.
Befehl ist sofort allen Truppen und Dienststellen bekanntzugeben.
Freiwillige sind der Einheit des Obersturmbannführers Skorzeny in Friedenthal bei Berlin zu melden.
gez. *Keitel.*«
Bereits 5 Tage später ist der Inhalt des Fernschreibens dem alliierten Nachrichtendienst bekannt, doch weiß man nichts damit anzufangen und legt die Sache zunächst beiseite.

Es ist eine Idee Hitlers, die dem Befehl zugrunde liegt. Am 22. Oktober hat er sie in seinem Hauptquartier mit Obersturmbannführer *Otto Skorzeny* durchgesprochen. Der Wiener Otto Skorzeny, von Beruf Ingenieur und Geschäftsführer eines Gerüstbaubetriebes, ist erst 1939 der »Leibstandarte Adolf Hitler« beigetreten, über die technische Offizierslaufbahn in den Auslands-SD gelangt und hat seither Sabotage- und Kommandotrupps geleitet. Er ist ein Schulfreund von *Ernst Kaltenbrunner*, dem jetzigen Chef des Reichssicherheitshauptamtes, und populär geworden vor allem durch die Befreiung Mussolinis aus dem Berghotel am Gran Sasso im September 1943. Obwohl im Rang eines Obersturmbannführers-SS, was dem eines Obersten der Wehrmacht gleichkommt, hat Skorzeny größere Vollmachten als die meisten Generäle der Wehrmacht.

Hitler hat ihm den Befehl erteilt, eine Sondereinheit, die

Ardennen, 17. Dezember 1944

Obersturmbannführer Otto Skorzeny

»Panzerbrigade 150« genannt werden soll, aufzustellen. Zu Beginn der Offensive, die Hitler für den Dezember in den Ardennen plant und mit der er den Alliierten ein zweites Dünkirchen zu bereiten gedenkt, sollen die Männer Skorzenys, als amerikanische Soldaten und mit amerikanischen Fahrzeugen den deutschen Überraschungs-Durchbruch dazu nutzen, sich unter die zurückflutenden US-Truppen zu mischen und mit ihnen bis an die Maas-Brücken zu fliehen. Diese Brücken sollen sie dann halten, bis die vorstürmenden deutschen Divisionen eintreffen, damit der rasche Vormarsch bis Antwerpen, dem ersten Tagesziel garantiert sei.

Außer der »Panzerbrigade 150« wird als Voraustrupp ein weiteres Sonderkommando gebildet. Die Männer dieses Kommandos sollen mit Beginn der Offensive als amerikanische Soldaten unbemerkt die alliierten Linien überschreiten und im rückwärtigen amerikanischen Frontgebiet Aufklärung und Sabotage-Überfälle durchzuführen, um durch größtmögliche Verwirrung bei der Gegenseite den deutschen Verbänden ihren Vorstoß zu erleichtern.

Feldwebel Heinz Rohde, 1944

Das ganze erhält den Namen »Unternehmen Greif«.

Vorgesehene Gesamtstärke der Brigade: 3300 Mann — zwei Panzerkompanien mit je 10 amerikanischen Shermans drei Panzerspäh-Kompanien mit je 10 Fahrzeugen. Doch melden sich nur insgesamt 600 Freiwillige, von denen nur 10 einwandfreie englische Sprachkenntnisse haben, 40

Schulenglisch sprechen und der Rest sich kaum englisch verständigen kann.
Im übrigen können ganze 2 Sherman-Panzer und einige alliierte Panzerspähwagen aufgetrieben werden.
Die englischsprechenden Freiwilligen werden dem Sonderkommando zugeteilt, das in drei Gruppen unterteilt wird:
Sabotagegruppen — je 5 bis 6 Mann bilden einen Trupp, der die Brücken, Munitions- und Treibstoffdepots überfallen soll;
Leit-Kommandos — Trupps von je 3 oder 4 Mann, die die Nachrichtenverbindungen der Alliierten zerstören, Telefonleitungen zerschneiden, Funk- und Nachrichtenstellen überfallen und Falschmeldungen verbreiten sollen — und
Aufklärungsgruppen — 3 oder 4 Mann pro Trupp sollen möglichst tief nach Westen vordringen und per Funk über Bewaffnung, Artillerie und Truppenbewegungen des Feindes berichten. Daneben sollen sie feindlichen Truppen falsche Befehle übermitteln, Straßenschilder verstellen, Minenfeld-Markierungen auswechseln und durch Verkehrsumleitungen Verwirrung und Stauungen verursachen.

Einem solchen Aufklärungstrupp gehört der Feldwebel *Heinz Rohde* an:
»Etwa Mitte des Monats Oktober 1944 — zu einem Zeitpunkt, in dem ich mich nach einer Verwundung als Ausbilder in einer Funkkompanie in einer Hamburger Nachrichteneinheit aufhielt, tauchte neben routinemäßigen Befehlserteilungen die ungewöhnliche Aufforderung auf, daß sich Wehrmachtsangehörige mit englischen Sprachkenntnissen für Sonderaufgaben zu melden hätten.
Mein Eindruck über den Sinn dieses Ukasses ging zunächst dahin, daß es sich wahrscheinlich um Ortungen und Abhöraufgaben gegen englischsprachige Feindverbände handeln würde. Ich hielt diese Sonderaufgabe eigentlich für harmlos; eine Auffassung, die ich einige Wochen später allerdings gründlich revidieren mußte.
So zogen wir dann nach kurzen Sprechtests als übriggebliebene zwei Mann, wohlversehen mit Marschpapieren und Verpflegungsmarken als stolze Recken durch das Tor des Hauses. Unser Ziel: die kleine Bahnstation Rappenberg am Rande des bayerischen Truppenübungsplatzes Grafenwöhr.
Es war eine lange, ermüdende Reise quer durch das Reichsgebiet; der Zug überfüllt von Wehrmachtsangehörigen aller Waffengattungen und Dienstgrade, Wehrmachtsstreifen und kurze Aufenthalte auf irgendwelchen Bahnhöfen. Auf einer Bahnstation südlich Bayreuths — es war bereits wieder Nacht geworden — wurden wir plötzlich in die Wirklichkeit zurückgerufen. Eine plärrende Lautsprecherdurchsage wiederholte immer wieder die Aufforderung, daß Wehrmachtsangehörige mit dem Ziel Rappenberg den

Zug zu verlassen und sich auf der Bahnhofskommandantur zu melden hätten. So sammelten sich in der Bahnhofshalle nach und nach ca. 30 Gestalten. Bei genauerem Hinsehen war es doch ein recht ungewöhnliches Bild, das sich da bot. Uniformen und Dienstgrade aus glatt allen Wehrmachtsteilen — vom Kapitän der Marine bis zum Obergefreiten der Luftwaffe, vom Leutnant der Infanterie bis zum Angehörigen der Waffen-SS.

Während wir uns gewohnheitsgemäß zu einer Kolonne formierten, verschwand ein älterer Kapitän in Richtung des Kommandanturgebäudes. Es war Korvettenkapitän *von Beer*, den ich später noch gut kennenlernen sollte. Er erschien wenig später in Begleitung zweier SS-Offiziere, die uns kurz auf die folgenden Neuigkeiten hinwiesen. Sie begrüßten uns als Angehörige der Panzerbrigade 150, die ab sofort strengster Geheimhaltung unterworfen sei. Sämtliche Marschpapiere und Truppenausweise seien einzusammeln und dem Kapitänleutnant von Beer zu überreichen. Im weiteren ständen am Bahnhof zwei Mannschafts-Lkw, auf welche wir uns zum Weitertransport zu begeben hätten. Nur schnelle Bewegung sicherte gute Plätze auf diesen Wagen. Nach etwa zwei Stunden Fahrt, während der wir längst die normalen Straßen verlassen hatten, erreichte unsere Equipage ein schwach beleuchtetes Kasernengebäude, vor dessen Tor Aufstellung genommen wurde. Eine Gruppe bewaffneter Posten ließ uns unschwer erkennen, daß wir nach Betreten dieses Areals einiges hinter uns zu lassen hätten. Unsere Bemühungen, mit ihnen ins Gespräch zu kommen, scheiterten an der schlichten Tatsache, daß sie als ukrainische Freiwillige der deutschen Sprache nicht mächtig waren. Alsdann wiederholte sich, wie schon in der heimatlichen Kaserne — diesmal etwas intensiver — die Sprachprüfung. Hier bereits trennte mich mein Weg von meinem Hamburger Kameraden, den ich leider nie wiedergesehen habe. Mein künftiges Quartier war ein Kasernenblock, in dem die sogenannte Kommandokompanie von Hauptmann Stielau Aufenthalt genommen hatte. Schon zu Beginn fiel mir die ungewöhnliche, fast möchte ich sagen unsoldatische Art und Atmosphäre der Dienstgrade untereinander auf. Es war unschwer festzustellen, daß sich der betont saloppe und kameradschaftliche Ton recht sympathisch und erfrischend auf alle Angehörigen dieser merkwürdigen Einheit auswirkte. In erstaunlich kurzer Zeit entstand gerade in dieser Einheit ein Zusammengehörigkeitsgefühl, das den Frontsoldaten nur aus den Zeiten schwerster Einsätze in Erinnerung sein dürfte. Unsere erste Zeit erschöpfte sich im wesentlichen in der Durchführung von Sprachunterricht, wobei das amerikanische Idiom eine bevorzugte Rolle spielte. Die Vorführung amerikanischer Spielfilme, insbesondere Kriegsfilme, sowie auf Tage befristete Ab-

kommandierungen in amerikanische Kriegsgefangenenlager ließen mehr und mehr den Eindruck entstehen, daß man uns irgendwie zu perfekten Yankees machen wollte.
Wie von unsichtbaren Fäden geleitet, wurden Stubengemeinschaften in dieser Zeit aufgelöst, ergänzt oder geändert. Verständlich, daß jeder von uns seine Nase hoch in den Wind trug, um über die üblichen Parolen hinaus einige effektive Tatsachen aus diesen nebulösen Vorgängen zu erkennen. Ein Verlassen unserer Kaserne sowie auch Schriftverkehr mit den Angehörigen oder Kontaktaufnahme zu anderen Angehörigen der sogenannten Panzerbrigade 150 war nicht möglich, zum Teil sogar glatt verboten. Spannend wurde die Angelegenheit, als uns eines Tages ein Mann vorgestellt wurde, dessen Ritterkreuz uns schon einiges erwarten ließ. Es war *Otto Skorzeny*, seines Zeichens Obersturmbannführer der Waffen-SS und Führer der deutschen Kommandounternehmen.
Bereits an diesem Tage wurden wir in zwei Gruppen geteilt. Die Gruppe I — sie wurde als Sabotagegruppe bezeichnet — fand in einer Kraftfahrzeughalle ca. 10 fahrbereite amerikanische Armeefahrzeuge vor, auf die dann die einzelnen Gruppen verteilt wurden. Gruppe III, die Gruppe, zu der ich gehörte, galt als Agentengruppe, der 6 Jeeps mit Nachrichtengerät — und zwar mit deutschem Kanisterempfänger und -sender —, gleichfalls fahrbereit, übergeben wurden. Im Verlauf der nächsten Tage wurde auch hier eine Unterteilung vorgenommen, und zwar für vier Jeep-Besatzungen, die die Bezeichnung Ford-Distance-Teams trugen; für die unterstehenden Zweigbesatzungen galten die Einsatzbezeichnungen Long-Range-Teams. Von diesem Zeitpunkt an wurde ein Treff der Gruppen untereinander nicht mehr gern gesehen — eine Maßnahme, die sich später als richtig erweisen sollte. Alsdann erfolgte für die einzelnen Team-Leiter auch die Einweisung in ihre speziellen Aufgabengebiete, ohne daß allerdings der wesentliche spätere taktische Einsatz dargestellt wurde.
Es sollte ein Durchbruch mit einer Panzerangriffsspitze vorgenommen werden, dann Abschwenken in ein möglichst uneinsehbares Gelände, Überfahren der amerikanischen Hauptkampflinie, Fortsetzung der Reise, Erreichen des Zielpunktes — und dort Erfüllung der Aufgabe. Das also war von meiner Vorstellung wenige Wochen vorher in meiner Hamburger Nachrichteneinheit übriggeblieben. Eine offensichtlich kurz bevorstehende Großoffensive, während der ich zwar ein vertrautes Funkgerät bedienen konnte, dabei allerdings, um vor frühzeitigen Feindmeldungen verschont zu sein, mich deren Fahrzeuge und Uniformen bedienen mußte.
Die darauffolgenden Wochen waren nunmehr von einem Ausbildungsbetrieb ausgefüllt, wie er wohl vorher von keinem von

uns in solcher Konzentration und Vielseitigkeit erlebt worden war.
Neben stundenlanger Nahkampf-Ausbildung, hartem sportlichen Drill, Ausbildung durch erfahrene Sprengpioniere an dem für uns bisher unbekannten Plastik-Sprengstoff, Exerzier-Ausbildung nach amerikanischen Kommandos, deren Frontgliederungen und Dienstgrade, Funkübungen und Sprech- und Morsestil, Schießtraining mit schallgedämpften Maschinenpistolen. Außer dem Wecken war eigentlich von einem Dienstplan nichts mehr vorhanden. Die einzelnen Ausbilder eilten von Gruppe zu Gruppe, um dort mit ihres Geistes Blitz und Scharfsinn gähnende Lücken schließen zu helfen. Ein Unterfangen, dem im schon immer größeren Zeitdruck ein echter Erfolg versagt bleiben mußte. Die täglich sichtbaren Kondensstreifen amerikanischer Bomberverbände und ebenso häufigen Hiobsbotschaften der Fronten ließen uns klarwerden, daß unsere Zeit gekommen sein müßte.
Als wir uns an einem Nachmittag der ersten Dezembertage in der Bekleidungskammer meldeten, lagen dort auch tatsächlich unsere amerikanischen Bekleidungsstücke in Mengen. So konnten wir uns, von der Unterwäsche angefangen, bis zur kompletten Oberbekleidung, der Dinge bedienen. Von einem beachtlichen Stapel pass-ports erhielten wir die Ausweise, denen wir – nach weiß Gott welchen Maßstäben – entsprachen. Damit war also in meinem Fall der Sergeant *Morris Woodahl* für den Fronteinsatz wiedererstanden.
Ein unwahrscheinliches Bild – den nun so bekannten Soldatenhaufen kurzum in GIs verwandelt zu sehen. So unwahrscheinlich und unheimlich, daß uns über diesen neuen Kleidungsschmuck schleunigst eine deutsche Fallschirmjägerkombination mit der dazugehörigen Feldmütze dekoriert wurde. So stelzten wir in unserem Gamaschenschmuck dann zu unseren Einsatz-

Deutscher Panzer vom Typ »Panther« in der Tarnung der Panzerbrigade 150

Ausbildung der Panzerbrigade 150

Jeeps, um in ihnen unsere Waffen, das Gerät und die Helme abzulegen.
Schon am Tage darauf räumten wir unsere Unterkünfte und wurden auf einen in unmittelbarer Nähe stehenden kombinierten Güter- und Personenzug verladen. Hier endlich konnten wir unsere Panzerbrigade 150 in ihrem vollen Umfange einmal genauer studieren. Ein unerwartetes Gewimmel von Menschen und Fahrzeugen. Jeeps, Sherman-Panzer, Sankas, deutsche M-IV-Panzer mit Turm und Rohrverkleidungen, amerikanische Lastwagen usw. Keines der Fahrzeuge ohne den amerikanischen weißen Stern, die meisten davon natürlich stäubchenfrisch.
Das alles verschwand in kürzester Frist in die Personenwagen oder unter riesigen Planen. Und wieder einmal ging die Reise ab. Unser Ziel war der Truppenübungsplatz Köln-Wahn. Dieser Transport ging unglaublich flüssig und wurde bereits bei Einbruch der Dunkelheit am nächsten Abend entladen. Wir hatten nicht viel Zeit, uns an unsere neue Umgebung zu gewöhnen. Sie war auch denkbar reizlos: zerschossene Hausruinen, verschlammte und zerfahrene Wege; ein Bild vollendeter Trostlosigkeit.«

Unter Androhung der Todesstrafe hat Hitler den wenigen eingeweihten Generälen und Stabsoffizieren verboten, über die geplante Offensive in den Ardennen zu sprechen.
Die Generalfeldmarschälle *von Rundstedt* und *Model*, die die Offensive anführen sollen, müssen die sogenannten Geheimhaltungs-Reverse unterzeichnen – jeder hohen Dienststelle wird sogar ein anderes Kennwort für die Operation mitgeteilt, das alle zwei Wochen wechselt.
Die deutschen Generäle sind darüber hinaus zum ersten Male angewiesen worden, sämtliche Operationsskizzen selbst zu zeichnen und auch alle Schreibarbeiten im Zusammenhang mit der Offensive persönlich zu erledigen. Außerdem müssen sie das Geheimmaterial Tag und Nacht bei sich tragen.
Der bis Anfang Dezember gültige Deckname für die Offensive ist »Wacht am Rhein«; er wird sodann in »Herbstnebel« geändert, was um so verwirrender ist, als dieser Name bereits im September 1944 bei der Evakuierung der Po-Ebene verwendet worden ist.

Zur Täuschung erläßt Generalfeldmarschall Keitel am 12. Oktober an alle Kommandeure der Westfront einen Tagesbefehl, in dem es heißt, eine Gegenoffensive sei z. Z. undenkbar, da alle Kräfte zur Verteidigung des Reiches eingesetzt werden müßten. Der dann folgende Aufmarsch ist getarnt, wie es nie zuvor der Fall gewesen ist. Funkspiele simulieren eine gar nicht vorhandene 25. deutsche Armee nördlich der geplanten Angriffslinie, und das schwere Kriegsgerät wird von Pferden herangezogen, während Tiefflieger bei Tag und Nacht dafür sorgen, daß selbst der dabei verursachte Lärm übertönt wird.

Seit dem Abend des 10. Dezember 1944 gibt der von den alliierten Streitkräften dirigierte Sender Luxemburg in seinem täglichen Propaganda-Programm für die deutschen Soldaten regelmäßig verschlüsselte Meldungen durch, wie z. B.: »Gefreiter Otto Meier läßt Tante Emmy grüßen«, und ähnliches. Alle diese Meldungen sind vom alliierten Nachrichtendienst veranlaßt worden, nachdem sich Anfang Dezember bei einigen seiner Stellen hinter der Front wiederholt belgische und holländische Widerstandskämpfer gemeldet haben, die Nachrichten über die deutschen Frontlinien geschmuggelt hatten. Sie gehören einer Widerstandsgruppe an, die sich aus Zwangsarbeitern der Organisation Todt, die gegenwärtig die Siegfriedlinie ausbauen, rekrutiert.

Die Meldungen informieren die Alliierten über gewaltige deutsche Aufmarschbewegungen im Raum Aachen–Mönchengladbach, wo die Deutschen eine alliierte Offensive erwarten. Sie geben Aufschluß über Bezeichnung und Stärke zahlreicher deutscher Divisionen, die in dieses Gebiet verlegt worden sind.

Allen Meldungen ist die dringende Bitte des Chefs der Gruppe angefügt, daß er durch eine kurze Nachricht über Radio Luxemburg den ordnungsmäßigen Empfang seiner Berichte bestätigt haben möchte.

Die Gegenseite handelt entsprechend. Nicht nur, daß der Empfang der Meldungen bestätigt wird — es werden sogar Abwehrtruppen im Raum Aachen–Mönchengladbach zusammengezogen! Das »Unternehmen Heinrich« benannte Täuschungsmanöver ist eine der zahlreichen deutschen Aktionen dieser Art im Rahmen der Vorbereitungen zur Ardennenoffensive.

Mittlerweile läuft der Aufmarsch weiter. Fahrbare Rampen werden benutzt, um die schweren Tiger-Panzer über die sogenannten »Drachenzähne«, die Panzerhindernisse der Siegfriedlinie, zu transportieren. Strohgedeckte Holzknüppel sind ausgelegt worden, die das Rasseln der Panzerketten dämpfen sollen. Um Benzin zu sparen und jeden Motorenlärm zu vermeiden, wird die Munition für das erste große Sperrfeuer von Soldaten und Pferdefuhrwerken nach vorn geschleppt.

Er herrscht Funkverbot, und die Privat-Telefonleitungen hinter den Linien werden überwacht. Jedes Dorf erhält einen sogenannten Tarnoffizier; Feldgendarmerie durchkämmt die Gegend und unterbindet jeden unnötigen Straßenverkehr; Spähtrupps werden zurückgerufen, und die Artillerie verstummt. Um Desertion zu vermeiden, sind bereits Anfang Dezember Soldaten, die aus dem Elsaß, Belgien oder Luxemburg stammen, von ihren Einheiten abgezogen und hinter die Front versetzt worden. Für die Küchen an der Front wird sogar Holzkohle verteilt, damit der Rauch sie nicht verrät.

Schon in der Morgendämmerung des 15. Dezember startet als erstes das »Unternehmen Währung«, als zwei Jeeps mit Leuten Skorzenys in US-Uniformen die deutschen Hauptkampflinien verlassen und auf das Dorf Hundsfeld zufahren.

Da in der Zeit vom 16. bis 24. Dezember der Nachschub des Gegners unauffällig, durch Arbeitssabotage der Zivilbevölkerung, gedrosselt werden soll, ist die Sondereinsatzgruppe »Währung« aufgestellt worden. Vier Trupps zu je 5 bis 7 Mann sollen 30 Millionen belgische und französische Francs an V-Leute der deutschen Abwehr in Holland und Belgien verteilen, die Auftrag haben, das Geld an Hafenarbeiter und Eisenbahner weiterzugeben. Die Banknoten sind nagelneu und entstammen den Fälscherwerkstätten des Sicherheitsdienstes.

Man hofft, die Hafenarbeiter würden, wenn man ihnen einen Wochenlohn schenkt, gern zu Hause bleiben, statt amerikanische und englische Schiffe zu entladen. Ebenso soll den Eisenbahnern durch entsprechende Summen für einige Tage die Lust an der Arbeit genommen werden.

Heinz Rohde:

»Am Abend des 13. Dezember begann dann die Panzerbrigade 150 in einem Schneewehen erster Qualität ihre erste Kolonnenfahrt. Kurz vor Morgengrauen erreichte das Gros die schützenden Wälder des Blankenheimer Forstes. Wir von den Kommando-Teams durften leider nicht am fröhlichen Lagerleben teilnehmen, sondern hockten schön separat in unseren Zelten und harrten der Dinge, die da kommen sollten. Sie kamen dann auch in Gestalt eines freundlich grinsenden Offiziers, begleitet von einigen Männern, die mehrere Kisten heranschleppten und in einem größeren Zelt verschwanden. Wenig später hatte sich dort dann auch erlauchtes Publikum versammelt – Kommandochef Stielau, Korvettenkapitän von Beer und wir Team-Leiter. Nach einer letzten umfangreichen Lagebesprechung, die sich insbesondere noch einmal mit den Einsätzen unseres Kommandos befaßte, wurde alsdann feierlich die Kisteneröffnung durchgeführt.

Was sich dort unseren müden Augen bot, ließ uns schnell um einige Grade munterer werden. Die eine Kiste war randvoll mit amerikanischen Zigaretten, Kaffeedosen, Streichhölzern und Konserven aller erdenklichen Provenienzen. Dieses alles wurde in nunmehr wieder preußischer Korrektheit aufgeteilt und ließ eine besonders originelle Einlage folgen. Die nächste Kiste nämlich hätte mich als Alleinbesitzer für die Zukunft aller materiellen Sorgen enthoben: randvoll mit amerikanischen Dollars und englischen Pfundnoten. Auch hier trat sofort der Verteilerschlüssel in Tätigkeit mit dem dringenden Hinweis, daß unser vorübergehender Besitz dieser Pfründe lediglich für eventuelle Bestechungen gegnerischer Posten und dergleichen dienen sollte und die Noten zur Tarnung erst einmal beschmutzt und zerknittert werden mußten. Aber nicht genug dieser guten Gaben. Die nächste und absolut unheilschwerste, wenn auch handlichste Kiste, bot uns den Anblick einer Anzahl fabrikneuer Feuerzeuge. Da sie weder von besonderer Qualität noch mit einer Andenkengravur versehen waren, begegnete unser freundlicher Major unserem anfänglichen Unverständnis mit dem diskreten Hinweis, daß sich in der Feuerzeugwatte eine kleine Blausäureampulle befinde. Sollten wir während des Einsatzes entdeckt und gestellt werden, würde das Zerbeißen der kleinen Glaskapsel uns und dem Gegner jede weitere Schererei ersparen. Ansonsten – guten Appetit.

Nachdem wir uns mit all diesen guten Gaben auf unsere Wigwams zurückgezogen hatten, wurde uns eigentlich erst jetzt so recht klar, auf welch verrücktes Unternehmen wir uns in den letzten Wochen mehr recht als schlecht eingelassen hatten. So richtig bedacht, glich der ganze Einsatz doch einem Himmelfahrtskommando, bei dem wir nicht mehr so genau wußten, ob wir unsere müden Seelen nicht schon jetzt dem großen Marsch empfehlen sollten.

In den Abendstunden des 15. Dezember 1944 setzten sich unsere Einsatzteams unabhängig von der übrigen Panzerbrigade in Richtung der Stadt Kehl in Marsch. Meldung nach Eintreffen auf dem Vorgefechtsstand des 1. Panzerkorps bei Korvettenkapitän von Beer war befohlen. Von dort sollten wir Einweisung in die vordersten Gefechtsräume des Panzerregiments Peiper bekommen. Und dort standen wir nun: die schweren Panzerkolosse vom Typ Königstiger, die Truppen, unter deren Fittichen wir in wenigen Stunden die Frontseiten wechseln sollten. Da sich die Panzerspitze auf knapp 100 m an die amerikanische Kampflinie herangeschoben hatte, war absolutes Sprech- und Rauchverbot ergangen. Die Stunden bis zum Angriffsbeginn – er war in diesem Fall auf 5.15 Uhr des 16. 12. bestimmt – sind in ihrer unnatürlichen Stille wohl für jeden Soldaten Zeiträume höchster Nervenanspannung und Unruhe.

Wenige Minuten vor der X-Zeit verabschiedeten wir uns mit Händedruck von unseren Kameraden und begaben uns in unsere Jeeps, von denen jeder hinter ›seinem‹ Panzerkoloß Aufstellung genommen hatte. Der Kommandant unseres gepanzerten Schlachtrosses – ein junger Offizier der Division Hitlerjugend – hatte unsere kleine Gruppe schon bei ihrer Ankunft wiederholt kopfschüttelnd, aber ohne besondere Fragestellungen inspiziert; er würde nach der ersten Vorverlegung der Artillerie- und der Raketenwerfersalven ein ca. 500 m voraus befindliches Waldstück ansteuern, um uns dort dem aufkommenden Morgenwind zu überlassen.

5.15 Uhr. Auf die Sekunde genau erwuchs um uns herum ein höllisches Bild. Neben Hunderten von grellichtigen Scheinwerfern ringsum auf den Bergen des Hohen Venn, die mit ihren Leichenfingern auf die amerikanischen Stellungen wiesen, erhob sich aus dem Hintergrund der Artillerie- und Raketenwerferstellungen mit ihren unzähligen Rohren ein Feuerzauber, wie wir ihn auf solch engem Raum noch bei keinem Angriff erlebt hatten. Das unverkennbar hohe Zischen der eigenen Granaten ließ uns klarwerden, daß wir dicht vor den Feindstellungen sein mußten. Eine Serie aufsteigender Leuchtkugeln verhieß uns einen baldigen Szenenwechsel, der bis dahin stumm und drohend verharrende Panzer erwachte zum Leben. Nach knapp 50 m Fahrt stoppte der Panzer, an dessen Heck wir mit unserem Jeep gehangen hatten. Die zurückbleibende Panzerspitze ließ erkennen, daß wir uns zumindest jetzt im Niemandsland befanden – höchste Zeit, unsere Fallschirmjägerkombination abzuwerfen. Für unseren Fahrer war dies eine echte akrobatische Leistung, da wir unmöglich halten durften und er während der Fahrt seinen Striptease durchführen mußte. Unser Jeep sprang wie ein junger Bock, und während der Fahrer wie wild das Gaspedal traktierte, versuchte der Beifahrer das Fahrzeug in verzweifelten Lenkradausschlägen an den Hindernissen vorbeizusteuern. Neben uns tauchte der erste brennende Lastwagen der Amerikaner auf – unseren Begleitpanzer hatten wir in einem ungewollten weiten Bogen hinter uns gelassen. Erst jetzt stülpten wir uns die harten Hüte der Yankees auf – keinen Augenblick zu früh, denn unmittelbar vor uns versuchte eine Gruppe amerikanischer Infanteristen ein Panzerabwehrgeschütz in Stellung zu bringen. Wie beruhigend, daß wir feststellten, daß uns außer dem frischen Dreck wirklich nichts voneinander unterschied.

Ein Sergeant versuchte uns durch Rufen und Winken zur Dienstleistung heranzuziehen; welch ein Ansinnen, schließlich hatten wir strengste anderslautende Order und unterstanden mit Sicherheit nicht seiner Einheit. So rauschten wir also an ihm vorüber, um wenige Augenblicke später vor uns auf der Straße eines Hüters der militärischen Disziplin ansichtig zu werden. Ein baumlanger Ami stand dort; der weiße Streifen um den Helm mit dem MP-Emblem ließ keinen Zweifel an seiner Echtheit. Achtlos neben sich ein Motorrad geworfen, winkte er uns in einen abzweigenden Seitenweg, das voraus auf dem Hauptweg liegende Artilleriefeuer ließ uns schnell den humanen Zweck seiner Bemühungen erkennen. Noch heute weiß ich nicht, wie wir in unserer Aufregung um die Kurve gekommen sind. Jedenfalls — weg waren wir!

Hatte doch ohnehin jeder von uns in den ersten Stunden das ekelhafte Gefühl, daß der echte GI uns auf tausend Meter die deutsche Nase ansehen müßte. Die dauernd wechselnden Einschläge der eigenen Granaten um unseren Fahrweg herum, die träge Dämmerung des Morgens, das Durcheinander der gegnerischen Kampfverbände begünstigte uns in den ersten Stunden unerwartet. Mit Genugtuung stellten wir immer wieder fest, daß unsere Tarnung ziemlich vollkommen war, so daß wir mehr und mehr Sicherheit gewannen.

Wie trügerisch diese Sicherheit war, sollten wir später erfahren. Woher konnten wir auch ahnen, daß kein amerikanischer Jeep mit mehr als zwei, höchstens drei Soldaten besetzt wurde? Wer hatte uns gesagt, daß man hier entweder völlig ohne Licht oder mit voller Festbeleuchtung durch die Landschaft karrte. Keinesfalls aber wie wir mit Stoffüberzügen über den Scheinwerfern, dem sogenannten Tarnlicht! So aber kutschierten wir auf dem verräterischen Gefährt ahnungslos und wohlgemut unserem Maas-Städtchen Huy entgegen. Ein trübgrauer Tag war angebrochen, und ein ständiger Schneefall gab der flacher werdenden Landschaft ein recht tristes Bild, dem die hin und her jagenden Fahrzeuge aller denkbaren Größenordnungen und Typen kaum einen Lichtstrahl aufsetzen konnten. Eine kurze Fahrt-Unterbrechung in einer Waldschneise nutzten wir zu einer schnellen Orientierung auf unserer Karte und stellten fest, daß unmittelbar am Ausgang des Waldweges die Hauptstraße nach Huy vorüberführte. Die erste Funkmeldung über unseren gelungenen Frontwechsel wurde abgesetzt; wer beschreibt unsere Freude, als unsere Gegenseite prompt und mit schönster Lautstärke unseren Anruf quittierte! Eigentlich gar kein besonderes Wunder, waren wir doch erst knapp 15 km ins gegnerische Gebiet eingedrungen.

Nur recht umständlich konnten wir uns auf der Hauptstraße in den westlich flutenden Kolonnenverkehr einfädeln. Der Fahrer eines Sherman-Panzers gab uns unerwartete Schützenhilfe, indem er uns freundlich aus der Fahrerluke zur Vorfahrt einwinkte.

Ein Erlebnis, das uns besonders berührte, erwartete uns, als wir vor uns einen Lastwagen hatten, aus dessen rückwärtig geöffneter Plane eine besondere Sorte Soldaten interessiert unsere Fahrkünste verfolgte. Eine Gruppe deutscher Kriegsgefangener hatte es sich bequem gemacht und ließ sich durch die Gegend schaukeln. Es ist wohl nicht verwunderlich, daß wir hier unsere Eile bremsten, um diese Erscheinung eingehender zu studieren. Sehr betroffen schienen uns die Herren nicht zu sein, ganz bestimmt nicht sehr unglücklich, dem Krieg soweit entkommen zu sein. Erst als der Transport in einer Ortschaft abbog, verloren wir sie aus den Augen. Wenn die geahnt hätten —!

Immer häufiger kam es nun vor Kreuzungen zu Kolonnenstauungen, nach deren Auflösung wir regelmäßig ganze Gruppen von Militärpolizisten, die sich auf den Kreuzungen postiert hatten, passierten. Mit tiefstem Mißtrauen und berechtigter Skepsis beobachteten wir ihr Hantieren mit den tragbaren Funksprechgeräten (walkie-talkie), immer in der trüben Ahnung, daß einem unserer Kameradenteams der Übergang vielleicht nicht so geglückt wäre. Hatten wir zu Beginn unseres Einsatzes

Angehörige der 1. SS-Panzerdivision erobern eine amerikanische Stellung

mit unserem Eintreffen in Huy um die Mittagszeit gerechnet, so wurde es nun schon Nachmittag und dämmerig. Die Fahrzeuge um uns herum schalteten völlig unbekümmert ihr volles Licht ein. Erst jetzt bemerkten wir zu unserem Entsetzen, welch verräterische Bezüge wir auf unseren Autoscheinwerfern hatten! Da wir einen Kolonnenstopp nicht erst abwarten konnten, ließen wir das Fahrzeug am Straßenrand ausrollen. Eine Panne vortäuschend, rissen wir die Motorhaube auf, die Tarnbezüge herunter, die Haube wieder zu und – schon stand ein Jeep neben uns! Ein Captain schwang seine langen Beine aus dem Fahrzeug und bot uns mit seiner Stentorstimme Schlepphilfe bis zur nächsten Instandsetzungsgruppe an. Zur absolut beiderseitigen Freude setzte sich unser Karren jedoch ohne weiteres wieder in Schwung, so daß nach einem freundlichen »thanks« und »okay« jeder seines Weges zog.

Unsere Sorgen galten gerade in diesem Augenblick unseren Kameraden der anderen Teams, hoffentlich bemerkten sie rechtzeitig diesen verheerenden Kardinalfehler. Trotz unserer wegen der Peilgefahr streng befristeten Sendezeit würden wir unsere Leitstelle schnellstens auf dieses unmittelbare Gefahrenmoment hinweisen. Wie wir später erfahren sollten, war unsere Warnung jedoch zu spät gekommen und waren zwei unserer Kommando-Teams schon erkannt und gestellt worden. Bereits in der Dunkelheit, so gegen 17.30 Uhr am 16. 12. 1944, erreichten wir die ersten Häuser von Huy. Die überall um die Häuser herum aufgestellten Militärfahrzeuge ließen unsere Aussicht auf ein diskretes Quartier schwinden. Unmittelbar vor dem östlichen Maasufer fuhren wir nunmehr aufs Geratewohl eine Straße hinunter. Eine parkähnliche Waldanlage in unmittelbarer Nähe der Maas bot sich uns als idealer Unterschlupf an. Nach kurzer Fahrt über eine Grasfläche nahm uns das angrenzende Buschwerk in seine schützenden Arme. Nachdem Licht und Motor ausgeschaltet waren, umgab uns plötzlich eine unwirkliche Stille, die nur von dem Geräusch der entfernt rollenden Kolonnen und dem fernen Geschützdonner der Front unterbrochen war. Nachdem wir uns mit unserer Umgebung vertraut gemacht hatten, konnten wir feststellen, daß wir für unsere Zwecke ein ideales Plätzchen gefunden hatten. Die sofort aufgenommene Funkbereitschaft und das Absetzen unserer Funkmeldung waren ohne besondere Gefahr durchzuführen.

Nun hatten wir auch zum ersten Mal Zeit, uns aus unseren Konservenbeständen ein erstes Essen zu gönnen. Nach eingehender Besprechung der Lage kamen wir dann zu dem Entschluß, daß unser Speaker bei der ersten Morgendämmerung allein mit dem Jeep zur Brücke fahren sollte, um dort seine Beobachtungen etwa eine Stunde lang aufzunehmen. Da an Schlaf ohnehin nicht zu denken war, gingen wir zu dritt einige hundert Meter zum Maasufer hinunter, während der Fahrer am Fahrzeug zurückblieb. Jetzt konnten wir erkennen, daß wir von der Maasbrücke ca. 300–400 m entfernt waren. Die Brücke selbst war durch die Scheinwerferlichter der pausenlos rollenden Kolonnen deutlich erkennbar. Da wir mit Recht vermuten konnten, daß wir in der Dunkelheit kaum gesehen werden würden, näherten wir uns auf der Uferböschung der Brücke. Wir gelangten so etwa auf Steinwurfweite an sie heran, um jetzt gegen den hellen Hintergrund der Scheinwerfer erkennen zu können, daß die Brücke von einer Wacheinheit abgeschirmt wurde. In kurzer Entfernung zur Brückenauffahrt befand sich am Ostufer eine Anzahl der typischen amerikanischen Spitzzelte, in denen und um die herum ein pausenloses Kommen und Gehen feststellbar war. Als wir auf der anderen Brückenseite den grellen Lichtschein eines scheinbar erst jetzt in Stellung gebrachten Scheinwerfers ausmachten, war uns klar, daß der Amerikaner irgendwie von unseren Aufträgen Wind bekommen haben mußte.

Logischerweise zogen wir uns schnellstens auf dem gleichen Weg zurück, um uns im Laufschritt zu unserem Fahrzeug zu begeben. Wie richtig unsere Ahnung war, sollten wir bald erfahren: Zur festgesetzten Sendezeit meldeten wir unsere Beobachtungen und baten um Abmarscherlaubnis zur eigenen Truppe, da eine sinngemäße Durchführung unseres Auftrages offensichtlich nicht mehr möglich war; eine Einsicht, der sich unser Einsatzstab nicht verschließen konnte und uns deshalb in den Morgenstunden per Funk die Erlaubnis zur Rückkehr erteilte.

Da von uns dringend vermutet wurde, daß eines unserer Teams in Feindhände geraten war, wollten wir keinesfalls mehr die Hauptstraße benutzen. So kam es, daß wir in den Morgenstunden des 17. Dezember unser Versteck verließen, um uns entlang des östlichen Maasufers einen Weg zu suchen. Unser Kartenmaterial wurde uns hier zu einer unschätzbaren Hilfe.

Nach etwa einer Stunde Fahrt, bei der wir aber immer wieder in dichten Militärkolonnenverkehr gerieten, hatten wir vor uns bereits wieder die Berge des Hohen Venn. Ich erinnere mich heute nicht mehr an die Namen der Orte, in denen wir auf starke amerikanische Artilleriestellungen stießen, deren Geschützfeuer ununterbrochen auf unseren Linien lag. Das freie Gelände ließ uns an dieser Stelle einen Frontwechsel nicht ratsam erscheinen, so daß wir wieder in ein benachbartes Waldgelände fuhren. Zu unserer Überraschung war dort keinerlei Spur gegnerischer Kampfverbände feststellbar.

Ca. 1–2 km entfernt konnten wir heftiges Infanteriefeuer hören, das uns erkennen ließ, daß wir nahe der Hauptkampflinie waren. Wir verließen mit unserem Jeep den Waldweg, um nun-

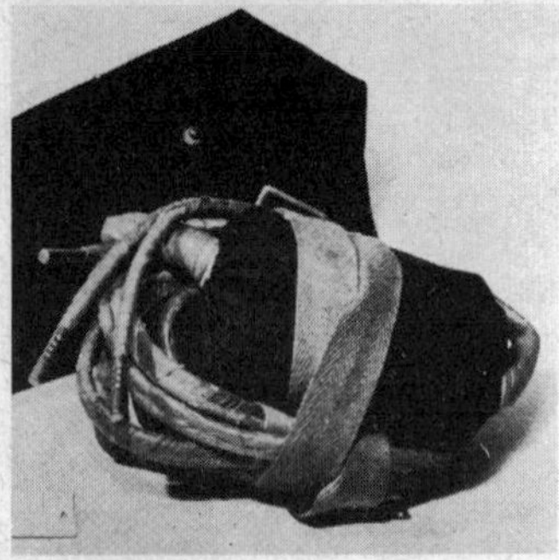

Die am 18. Dezember 1944 im Jeep von Unteroffizier Günther Billing gefundenen Gegenstände: Funkgerät, Sprengladung, Feuerzeug mit Zyankalikapsel

mehr in möglichst gerader Richtung auf die Ortschaft Recht zuzusteuern. Nach etwa einer Stunde planlosen Fahrens legten wir eine Rast ein. Wir stellten den Motor ab und hörten in einiger Entfernung das Motorengeräusch eines schweren Fahrzeuges. Während zwei Mann an unserem Fahrzeug blieben, gingen wir anderen dem Geräusch nach. Nach kurzer Zeit erkannten wir auf einer freien Waldfläche einen größeren Lastwagen, um den herum sich deutsche Soldaten bewegten. Es war, wie sich später herausstellte, der Kabelwagen einer Fernsprechkompanie. Nachdem wir ihnen auf ca. 50 m zugerufen hatten, warfen wir Helm und Gewehr auf den Boden und gingen klopfenden Herzens auf sie zu. Ihre Frage, ›von welchem Mond‹ wir denn kämen, durften wir nur mit der Bitte beantworten, uns zu ihrem Kommandeur zu führen, während ich in Begleitung zweier Unteroffiziere zu unserem Jeep zurückging, um auch die anderen beiden Kameraden in den Schoß unserer Truppenverbände zurückzuführen.«

Während der ersten beiden Nächte der Offensive sickern alle Jeeps mit den Kommandos Skorzenys durch die wankende Front der 1. US-Armee.

Sie schießen Meldefahrer, Kuriere und Verbindungsoffiziere ab, überbringen falsche Befehle, spannen rote Bänder über die Wege, um dadurch Minenfelder zu markieren; überfallen Funk- und Nachrichtenstellungen.

Sie stellen sich als Verkehrsposten auf Kreuzungen und leiten die in Richtung Front marschierenden Truppen in die falsche Richtung oder stecken Benzin-Depots in Brand, funken die gesammelten Informationen und Beobachtungen über die Linien und legen an den Straßen Autofallen und Baumsperren an — selbst die Telefon- und Telegrafenleitungen, die die Hauptquartiere der Generäle *Bradley* und *Hodges* miteinander verbinden, werden zerschnitten.

Das Unternehmen platzt am 18. Dezember.

An diesem Tag fragt ein Posten der MP in dem Dorf Aywaille südlich von Liège, etwa 20 km von d'Engis-sur-Meuse, 3 Männer in einem Jeep nach der Parole. Natürlich wissen sie sie nicht und werden sofort festgenommen. Man findet in ihrem Jeep druckfrische 100-Dollar-Noten, 2 Sten-Maschinenpistolen, 2 Colts, eine deutsche Walther-Pistole, mehrere Sprengladungen, ein Funkgerät, 6 amerikanische Granaten und Feuerzeuge mit Gift.

Die drei Festgenommenen, der Unteroffizier Günther Billing alias Private 1st class Charles W. Lawrence, der Feldwebel Wilhelm Schmidt alias Private 1st class George Sensenbach und der Unteroffizier Manfred Pernass alias Private 1st class Clarence van der Werth werden am 23. Dezember 1944 erschossen.

Die allenthalben auftauchenden falschen Amerikaner lösen in diesen Tagen Razzien von ungeahnter Schärfe aus.

Scharen alliierter Abwehroffiziere und Militärpolizei sind Tag und Nacht unterwegs, stoppen jedes verdächtige Fahrzeug, jeden Meldefahrer, und alle müssen, die Pistole im Nacken und mit erhobenen Händen, schnell und ohne Akzent die eigenartigsten Fragen beantworten, da Parolen und Ausweise keine Gewähr bieten.

Ein amerikanischer Offizier, der zufällig deutsche Stiefel trägt, verbringt mehrere Tage in Einzelhaft, während der amerikanische General *Bruce Clark* ausgelacht wird, als er nördlich von St. Vith einer MP-Streife gegenüber beteuert, wer er ist: »Erzähl' doch keine Witze, du bist doch einer von Skorzenys Männern!!«

Gleichzeitig mit dem Beginn der Offensive der Deutschen ist auch das letzte deutsche Fallschirm-Unternehmen während des Krieges gestartet. Unter dem Befehl von Oberstleutnant *Friedrich-August von der Heydte* sind die deutschen Fallschirmjäger hinter den amerikanischen Linien gelandet, allerdings durch starken Wind und z. T. die Unerfahrenheit der Flugzeugbesatzungen weit verstreut worden. Diese Tatsache und die zusammen mit den Soldaten abgeworfenen Strohpuppen machen die Verwirrung der Amerikaner komplett.

Der Soldatensender Calais berichtet, daß bereits 250 deutsche Kommandos festgenommen worden sind, während aus Nizza gemeldet wird, daß eine dortige Bank von deutschen Fallschirmjägern geplündert worden ist.

Der Daily Telegraph weiß von seinem Pariser Korrespondenten, daß englischsprechende deutsche Frauen, mit Dolchen bewaffnet, hinter den amerikanischen Linien gelandet seien, die gestanden hätten, es sei ihr Auftrag gewesen, amerikanische Soldaten zu verführen und dann zu erstechen.
Das Café de la Paix in Paris, wo sich dem Vernehmen nach die Leute Skorzenys treffen sollen, wird von der alliierten MP umstellt. Gerüchte kursieren, wonach sich im Pariser Kanalsystem bereits deutsche Kommandos verborgen halten, die Paris über Nacht besetzen werden, sobald die deutschen Panzerspitzen auftauchen. Da man eine Entführung Eisenhowers befürchtet, wird der amerikanische Colonel O. M. Smith, der dem Oberbefehlshaber ähnlich sieht, in eine Generalsuniform gesteckt. Im Wagen Eisenhowers pendelt er in diesen Tagen zwischen dessen bisherigem Wohnsitz in St.-Germain-en-Laye und dem Hauptquartier in Fontainebleau hin und her, um die deutschen Kommandos anzulocken.
Nur fünf Mannschaften kehren außer der von Feldwebel Rohde vollzählig zurück. Ein neuer Auftrag wartet auf sie.
Am 10. Januar 1945 werden aus 16 Überlebenden drei neue Mannschaften gebildet, die von Kapitänleutnant Schmidt, Hauptmann Stielau und Feldwebel Rohde geführt werden sollen.
Dieses Mal sollen die drei Teams ihren Auftrag zu Fuß erfüllen. Da die deutsche Luftaufklärung bereits keine Chance mehr hat, obliegt es nun ihnen, die notwendige Aufklärung über die Bereitstellungen des Feindes dicht hinter der Front, von wo die Gegenoffensive der Alliierten erwartet wird, zu vermitteln.
Zum Team von Feldwebel Rohde gehören der Unteroffizier Moorhaupt, der als amerikanischer Sergeant den Speaker der Gruppe macht, und Oberleutnant Petter, von Beruf Archäologe, der als amerikanischer Soldat, Private 1st class, auftritt.
Wie üblich, sind die Feuerzeuge mit der Blausäure-Ampulle, Wachhaltepillen, amerikanische Gewehre und deutsche Walther-Pistolen verteilt worden.

Heinz Rohde:
»Etwa um Mitternacht wurden wir in einem Lastwagen bis dicht hinter die Front gebracht. Bei einem hohen, massiven Gebäude, in dem ein Bataillonsstab lag, wurden wir ausgeladen. Zuvor hatte sich ein Zwischenfall ereignet: beim Aussteigen aus dem Fahrzeug war Moorhaupts Gewehr losgegangen und hatte ihn leicht am Kopf verletzt.
Wir gingen etwa 600 m weit durch einen Wald. Rechts floß ein Bach. Soviel ich mich erinnere, war es die Ruth. Wir kamen dann zum Bataillonsgefechtsstand. Der Bataillonskommandeur Appel und dessen Adjutant, dazu Kocherscheidt, sollten uns

von hier bis zu den Horchposten führen. Sobald wir drüben seien und angehalten würden, sollten wir, so war uns eingeschärft worden, erklären, wir hätten einen Auftrag für Captain Keatner von der E-Kompanie der 82. Airborne Division (Luftlandedivision). Als Kennwort zum eigenen Gebrauch hatten wir das englisch anklingende Doppelkennwort ›house-mouse‹ mitbekommen. Das amerikanische Kennwort besaßen wir nicht.
Es war eine mondlose, frostklare Nacht. Auf der Stellung lag gegnerisches Granatwerferfeuer, weshalb wir eine Zeitlang am Waldrand Deckung suchten. Dann stakten wir über eine unbewaldete Fläche, überquerten den Bach auf einem vereisten Balken und kamen wieder in Wald. Die deutschen Vorposten hatten wir bereits passiert und waren nun auf dem Weg zu den vorgeschobenen Horchern. Die horchten aber nicht, sondern pennten wie die Ratten. Der Bataillonskommandeur Appel zog die beiden Burschen förmlich am Kragen aus ihrem Loch.
Wir gingen die ganze Zeit hintereinander. Die Spitze hatte Stielau, den Schluß machte ich. Es war verabredet, daß wir uns nach Passieren des ersten amerikanischen Postens trennen sollten, und zwar sollte das Team Stielau geradeaus weitergehen, Schmidt sollte sich nach rechts, ich mit meinen Leuten nach links entfernen. Es war 0.15 Uhr. Wir waren bei einer kleinen Tannengruppe angelangt. Da sah ich, wie Hauptmann Stielau in die Knie ging und sich dann in den Schnee legte. Stielau erhob sich dann wieder und ging mit seinen Leuten auf einen etwa 60 m entfernten dunklen Streifen, einen Kussel-Strich, zu. Gleichzeitig wurde ich angerufen: ›Who is that?‹ Wir waren alle in Deckung gegangen. Moorhaupt, unser Sprecher, erhob sich sofort und ging auf den amerikanischen Vorposten zu, der sich wenige Meter rechts von ihm befand. ›Who are you?‹ Antwort: ›Who are you?‹ (Wer sind Sie?) – Moorhaupt erklärte, daß wir ein Spähtrupp der 82. Luftlandedivision seien und unsere Einheit suchten. Darauf der Amerikaner ›82?, 81!‹ ›No, 82‹, sagte Moorhaupt – in Wirklichkeit gab es nie eine 81. – Wir sahen jetzt, daß zwei Amerikaner in dem Vorpostenloch steckten. Sie zeigten uns den Weg zu einer Straße, die in kurzer Entfernung vorüberführte. Dort schlug sich Moorhaupt erst einmal in die Büsche. Es war ihm in die Hose gegangen.
An die Straße reichten die Ausläufer des Waldes heran, den wir zuvor verlassen hatten. Aus einem solchen Waldstück wurden wir dann ein zweites Mal angerufen. ›Password please‹ (Kennwort bitte). Moorhaupt erklärt, daß wir Vorposten seien und uns verirrt hätten. Nach einer halben Stunde Marsch kamen wir in eine kleine Ortschaft. Davor sahen wir zu beiden Seiten der Straße aufgefahrene Panzer. Auch im Dorf selbst standen Panzer. Die Besatzungen lagen in Schlafsäcken neben den Raupenketten am Boden. Einige Soldaten, die einen Jeep anschlepp-

ten, schauten dumm zu uns her. Wir waren allzu akkurat feldmarschmäßig.
Etwa in der Mitte des Dorfes war eine sumpfige, jetzt allerdings gefrorene Niederung, darüber waren Panzerbrücken gelegt. An den Rändern dieser Niederung standen Geschütze in Stellung. Während wir uns das Gesehene einprägten, rief uns wiederum ein Posten an. ›Hallo, zu welcher Einheit?‹ Dann Antwort ›zur E-Kompanie Captain Keatner‹ rief Moorhaupt zurück. ›Gut, ihr könnt passieren.‹ Hinter dem Dorf wiederum Panzer, die wie Figuren auf einem Schachbrett standen und sich offenbar zu einem Angriff bereitstellten. Wie schon zuvor bei der Artillerie-Stellung im Dorf, sahen wir, daß die Einschläge der eigenen Artillerie, die das Dorf und dessen Umgebung unter Feuer genommen hatten, durchweg zu kurz lagen. Das konnten wir später, nach unserer Rückkehr, korrigieren. Dreiviertel Stunden weiter kam ein einzelnes Haus an der Straße, die amerikanische Divisionsfeldwache. Der Posten ging sofort in Anschlag, als wir das Kennwort nicht wußten. Moorhaupt trat auf ihn zu und erklärte ihm, daß wir aus dem hinter uns liegenden Dorfe kämen und uns verfranzt hätten. Wir wollten auf alle Fälle der Straße nach gehen. Er ließ uns dann auch vorbei. Auf der Straße begegnete uns gleich darauf ein einzelner Amerikaner, den wir nach dem Namen des nächsten Ortes fragten. Er tat ganz erstaunt. ›Dort sind die Deutschen‹, sagte er. Wir gingen daraufhin von der Straße herunter und schlugen uns in ein kleines, lichtes Gehölz, wo wir uns den ganzen Tag aufhielten. Aus Furcht, von einem mehrfach in niedriger Höhe über uns dahinbrummenden amerikanischen Artillerieflieger gesehen zu werden, wagten wir nicht, uns zu bewegen.
In der darauffolgenden Nacht, gegen 23.00 Uhr, machten wir uns wieder auf den Rückweg. Es war sternenklar. Der Schnee warf Reflexe. Wir kamen wieder zu der Feldwache, die wir in der Nacht zuvor passiert hatten, als plötzlich drei Gestalten vor uns auftauchten: ›Halt, wer seid ihr?‹ Moorhaupt, erschrocken, stotterte seinen Namen: ›Sergeant Morris.‹ Darauf die Aufforderung der Gegenseite, sich auf zehn Yards zu nähern. Es waren, wie wir nun sahen, ein Sergeant und zwei Privates von der Divisionsfeldwache. ›Woher?‹ Moorhaupt: ›aus dem Wald‹. Wir mußten weitere fünf Yards näher kommen. ›Einheit? Division?‹ fragte der Sergeant. ›Dann kommt mit zu meinem Offizier.‹
Während Moorhaupt und ich von dem Sergeanten in das Haus geführt wurden, mußte Petter mit den beiden Privates draußen bleiben. Wir wußten, daß er kaum Englisch sprach. In der Wachstube wurden wir abermals nach unserer Einheit gefragt. Moorhaupt nannte den Namen von Captain Keatner, wie er überhaupt, nachdem er sich wieder gefaßt hatte, alle Fragen

sehr sicher und mit amerikanischem Idiom beantwortete. Moorhaupt war in Amerika aufgewachsen.
Es wurde uns dann ein weiteres Gebäude bezeichnet, in dem unser Kompaniechef Keatner zu finden sei. Gleichzeitig bekamen wir, damit wir nicht wiederum angehalten würden, das Kennwort. Es hieß ›Ranger Orange‹. Ich selbst machte, während Moorhaupt Rede und Antwort stand, den Stummen. Mir ging nur im Kopf herum, was wohl inzwischen mit dem armen Petter geschehen sein könnte. Ich wartete jeden Augenblick darauf, daß es draußen bumste. Um so angenehmer waren wir überrascht, als wir Petter, der sich von den beiden Privates etwas abgesetzt hatte und zu einem Gebüsch austreten gegangen war, noch wohlbehalten vorfanden. Er kam sogleich auf uns zugeschossen. Später erzählte er uns dann, daß ihn einer der beiden Soldaten gefragt habe, ›Wo kommt ihr denn her?‹ Petter: ›From the wood.‹ Das hatte er kurz vorher von Moorhaupt gehört. Darauf wieder der Soldat: ›Was macht ihr denn noch so spät hier auf der Straße?‹ Petter unwirsch: ›Let me go.‹ Er ging dann rasch abseits und ließ sich die Hosen herunter. Einer der Soldaten sagte noch hinter ihm her: ›Du sprichst mal ein ulkiges Englisch.‹
Wir kamen wieder in den Ort mit der Artilleriestellung. Von dort sahen wir den Abschuß einer deutschen V 1, auf die die Amerikaner wie wild schossen. Wir gingen dann am Rand der Straße weiter, als zwei Jeeps hinter uns herkamen. Wir dachten schon: ›Nun holen sie uns zurück.‹ Aber die beiden Jeeps fuhren vorbei.
Dann gingen wir wieder in Richtung auf die deutsche Front, und zwar ziemlich eilig und quer durch das Minenfeld, das wir

Henri-Chapelle, 23. Dezember 1944

auf dem Herweg umgangen hatten. Kurz davor begegnete uns noch einmal ein Amerikaner, der auf Moorhaupts Frage nach dem Woher antwortete, er habe einen Offizier nach vorne gebracht.
Auf Höhe des deutschen Horchpostens riefen wir vergeblich unser Kennwort: ›house-mouse‹. Es rührte sich nichts. Kocherscheidt sollte uns dort erwarten. Er war nicht da. Als wir ein paar Schritte weitergingen, fanden wir am Boden einen toten deutschen Soldaten. Der Horchposten war also in der Zwischenzeit ausgehoben worden. Wir kamen wieder an den Bach. Petter balancierte als letzter über den schlüpfrigen Balken. Plötzlich hörten wir einen Plumps hinter uns. Petter war ausgerutscht und in das eiskalte Wasser gefallen. Er watete dann heraus, rannte aber auf einmal wie gehetzt an uns vorbei, während er zugleich alles, was er in der Hand hatte, von sich warf. Wir hinter ihm her. Als wir ihn einholten, schrie und tobte er, daß wir Mühe hatten, ihn zu beruhigen. Die starke Anspannung des Marsches hinter die feindlichen Linien löste sich bei ihm in einem Weinkrampf. Gleich darauf sahen wir vor uns drei Gestalten sich vom Waldrand ablösen. Schon hielten wir es für möglich, daß es Amerikaner seien, aber ich erkannte doch rechtzeitig, daß einer dieser drei einen weiten deutschen Fahrermantel anhatte. Zur Vorsicht rief Moorhaupt ›Halt‹ mit englischer Betonung. Als verabredetes Erkennungszeichen nahmen wir unsere Stahlhelme ab. Dann war allen klar, daß wir die deutschen Linien wieder erreicht hatten.«

Als der Krieg zu Ende ist, leben außer Heinz Rohde noch drei seiner Kameraden von der Kommando-Kompanie der Panzerbrigade 150.

Dr. Joseph Goebbels baut eine Festung

Frühjahr 1945. Die alliierten Truppen haben längst den Rhein überschritten; der Weg in die deutsche Hauptstadt, in den Rücken der noch immer verzweifelt gehaltenen Ostfront, steht ihnen offen.
Man schreibt den 1. April 1945, als ein Befehl General Eisenhowers an die Truppen ergeht, der den geplanten Stoß auf Berlin vereitelt. Für Feldmarschall Montgomery fügt Eisenhower eine Begründung hinzu: »Dieser Ort ist für mich nur noch ein geographischer Begriff . . .
. . . reines Theater, das man ruhig den Russen überlassen kann . . .«
Doch ist der Befehl – obwohl es fast so schien – kein Aprilscherz gewesen, sondern das Resultat immer häufigerer Meldungen der alliierten Nachrichtendienste, die von mächtig befestigten Stützpunkten in Süddeutschland, von einer wahren Alpenfestung, zu berichten wußten.
Mit dem raffinierten Einsatz von Agenten und Spielmaterial ist es Goebbels gelungen, sensationelle Berichte über Stärke und Umfang der deutschen Alpenfestung in westliche Presseagenturen zu lancieren, die letztlich in der Endphase des Krieges die gesamte Strategie der Westalliierten mitbestimmt haben.

Es ist Anfang September 1944, als SS-Sturmbannführer *Hans Gontard*, Chef der Zweigstelle des Sicherheitsdienstes in der Grenzstadt Bregenz, die neueste Kurierpost aus der benachbarten Schweiz sichtet. Seine Zweigstelle sorgt für den reibungslosen Verkehr zwischen dem SS-Brigadeführer *Walter Schellenberg* unterstellten Nachrichtendienst des Reichssicherheitshauptamtes und seinen in der Schweiz tätigen Agenten. Unter Dutzenden von Meldungen und Rapporten stößt Gontard auf den vertraulichen Bericht eines in Zürich tätigen amerikanischen Agenten, der für das State Department bestimmt ist.
Auf mehreren Schreibmaschinenseiten berichtet der Nachrichtendienstler über gewaltige deutsche Befestigungsanlagen im Gebiet der Alpen, die selbst den Atlantikwall noch in den Schatten stellen.
Um alliierte Luftangriffe auf diese Befestigungsanlagen auszuschließen, entstünden um die wichtigsten Verteidigungsbauten herum riesige Kriegsgefangenenlager, in denen sämtliche alliierten Unteroffiziere und Offiziere untergebracht werden soll-

ten. Dem detaillierten Bericht über monströse Befestigungen mit unterirdischen Werken, Waffen- und Munitionsdepots, Flugplätzen und Unterkünften für 2 Millionen Soldaten, die mit den allerneuesten Waffen ausgestattet sein sollen und das gesamte Alpengebiet zu einer uneinnehmbaren Festung machen, liegen Pläne, Karten und alle möglichen Unterlagen bei.
Gontard stammt aus Innsbruck und ist noch vor wenigen Tagen dort gewesen. Da er von der waffenstarrenden Umgebung seiner Heimatstadt überhaupt nichts wahrgenommen hat, liest er die Berichte natürlich nicht ohne Belustigung, und es wird ihm klar, daß entweder dem Autoren ein Türke aufgebunden worden ist oder er sich selbst wichtig machen und die Aufmerksamkeit seiner Vorgesetzten auf sich lenken will. Einige Tage später hat Gontard dienstlich bei Gauleiter *Franz Hofer* zu tun und überreicht diesem spaßeshalber eine Kopie des Berichtes. Hofer hält den amerikanischen Rapport über seinen waffenstrotzenden Gau, in dem schon er selbst wegen der sich häufenden Aktionen von Widerstandskämpfern nicht mehr Herr der Lage ist, für einen üblen Scherz.
Inzwischen hat auf Befehl des OKW ein Generalmajor *August Marcinkiewicz* unterstellter Pionier-Erkundungsstab in Innsbruck seine Untersuchungen über die Verteidigungsmöglichkeiten des Alpengebietes beendet. Man kommt zu dem Schluß, daß, im Gegensatz zum völlig schutzlosen Nordbereich der Voralpen, in den Dolomiten und im südlichen Vorarlberg die aus dem I. Weltkrieg stammenden italienischen und k. u. k.-Stellungen bzw. Befestigungen vorhanden sind, die leicht zu einigermaßen guten Gebirgsstellungen ausgebaut und von den z. Z. noch in Italien kämpfenden Truppen besetzt werden können, wenn diese sich zurückziehen.
Dank der Meldungen von Generalmajor Marcinkiewicz auf dem laufenden gehalten und angespornt von dem amerikanischen Märchenbericht, faßt Hofer eine für Hitler vorgesehene Studie zusammen, mit der er zwei Fliegen mit einer Klappe zu schlagen gedenkt: 1. seinem Gebiet den größtmöglichen Schutz zu verschaffen und 2. die zu erwartenden alliierten Vorstöße dadurch zu beeinflussen, daß er die Furcht der Amerikaner vor seiner Phantom-Festung bestärkt.
Am 3. November beantragt Hofer beim Führerhauptquartier Vollmachten und Material für den Ausbau einer Alpenfestung. Er bittet um Befehl zum sofortigen Ausbau einer Alpenstellung im Norden, die Anschluß an die z. Z. fast fertiggestellten Befestigungen im Süden haben sollte. Der gesamte Alpenraum solle zum Sperrgebiet erklärt werden, damit er nicht von Flüchtlingsströmen überrannt wird und nur die kriegswichtigen Dienststellen aufgenommen zu werden brauchen.
Das zur Verteidigung notwendige Rüstungspotential müsse

Hitlers Teehaus auf dem Obersalzberg bei Berchtesgaden 1945

durch Lieferung von Rohmaterial in entsprechendem Ausmaß sowie eines angemessenen Maschinenparks gesichert sein, und es sei eine großzügige Bevorratung mit Lebensmitteln und anderen lebenswichtigen Gütern für etwa 1 bis 2 Jahre erforderlich. Ferner bittet Hofer um den Ausbau entsprechend geräumiger Waffen- und Munitionslager und empfiehlt zum Schutze gegen Luftangriffe die Verlegung von etwa 30 000 amerikanischen und englischen kriegsgefangenen Offizieren in die Alpenfestung. Schließlich beantragt er noch für sich selbst die Befehlsgewalt zum Ausbau und zur Ausstattung der Festung sowie für den Fall, daß diese vom übrigen Reichsgebiet abgetrennt werden sollte.

Man weiß in Deutschland sowohl als auch in den Vereinigten Staaten, daß selbst die Schweiz seit 1942 über eine »Alpenfestung« – Réduit Nationale genannt – verfügt. General *Henri Guisan*, Oberbefehlshaber der Schweizer Armee, hat bereits im Spätsommer 1940, als die Deutschen nach ihrem Sieg über Frankreich tatsächlich Pläne für eine Invasion der Schweiz (Unternehmen »Weihnachtsbaum«) entwickelten, den Ausbau gigantischer Befestigungen zwischen dem St. Gotthard, Sargans und St. Moritz befohlen.

In den Vereinigten Staaten schenkt man wohl auch deshalb den Informationen, die die deutschen Alpenbefestigungen betreffen und die von *Allen Dulles,* dem Chef des amerikanischen Nachrichtendienstes in der Schweiz, übermittelt werden, größte Beachtung.

Am 12. November 1944, zu der Zeit, als Hitler sowohl Hofers Entwurf als auch der Rapport des amerikanischen Geheimdienstes vorliegen, erscheint in der »New York Times« ein von deren Londoner Korrespondenten Harry Vosser stammender Artikel, der sich allem Anschein nach am gleichen Bericht orientiert:

Unter dem Titel »Hitlers Hideaway« (Hitlers Schlupfwinkel) enthält der Tatsachenbericht ausführliche Beschreibungen von Hitlers Quartier in Berchtesgaden, seiner stark befestigten Umgebung, und ist die Rede von »geräumigen Tunneln und Kellern, vollgepfropft mit Lebensmitteln«. Der Bericht endet mit einer Schilderung, die selbst der Phantasie eines James-Bond-Romans alle Ehre machen würde:

»Als eine weitere Vorsichtsmaßnahme ist der gesamte Bezirk in einer Breite von 15 Meilen und einer Länge von 21 Meilen vermint und kann in die Luft gesprengt werden durch Fingerdruck auf einen einzigen Knopf.

Man sagt, daß sich dieser schicksalhafte Knopf auf dem Schreibtisch in Himmlers unterirdischem Büro befindet, das in den Felsen unterhalb des Führer-Bungalows liegt.«

Dieser Tatsachenbericht der »New York Times« eröffnete eine endlose Reihe von Pressenotizen und Artikeln, die vom Herbst und Winter 1944 an, bis Anfang Mai 1945, immer wieder auf die Alpenfestung hinweisen. Allerdings finden weder die höheren Wehrmachtsstäbe noch Hitler selbst in diesem November 1944 Muße, sich mit den Vorschlägen Hofers zur Schaffung der Alpenstellungen zu befassen, da gerade zu dieser Zeit die Vorbereitungen zur Ardennenoffensive auf Hochtouren laufen.

Mittlerweile prägt die alliierte Presse den Begriff »National-Reduit« für die Alpenstellungen, deren Existenz speziell die von Moskau gesteuerte Presse ernst zu nehmen scheint. Am 15. Dezember 1944 berichtet der New Yorker »Daily Worker« ›aus zuverlässiger Quelle‹, daß das National-Reduit von den Deutschen bis zum letzten Blutstropfen fanatisch verteidigt werden wird – noch hartnäckiger als Stalingrad; und daß die Rote Armee gerade eine Offensive in Ungarn eingeleitet hat, um den Amerikanern zu Hilfe zu eilen.

Zu dieser Zeit entscheidet sich Goebbels, inspiriert von den alliierten Berichten über das National-Reduit, dafür, mitzumachen.

Innerhalb des Propaganda-Ministeriums wird ein Sonderreferat einberufen, das ab Januar 1945 die Propagierung der fixen Idee »Alpenfestung« in die Hand nimmt. Die gut plazierten, stets durchaus glaubwürdigen Artikel, die die Alpenfestung in

Begriffen wie »Elitetruppen«, »immense Vorratslager in bombensicheren unterirdischen Magazinen«, »Fabriken in den Felsen« und »uneinnehmbare Stellungen von V-Waffen« charakterisieren, sind von einem Raffinement, das im Frühjahr 1945 seine Wirkung nicht verfehlt.

Während auf der einen Seite die Spezialisten des Propagandaministeriums ihre — zumindest besorgniserregenden — Nachrichten lancieren, sorgt der SD dafür, daß die ganz besonders empfänglichen amerikanischen Agenten auch bestätigende technische Daten, ja vereinzelt sogar Baupläne, in die Hände bekommen. Und auch Gauleiter Hofer profitiert letzten Endes vom zunehmenden Erfolg der Kampagne Goebbels': nachdem Hitler ein Bericht über die wachsende Besorgnis der Alliierten betreffend die Alpenfestung vorgelegt worden ist, erteilt er Hofer die Genehmigung zum Ausbau aller erdenklichen Abwehrstellungen in seinem Bereich. Generalmajor August Marcinkiewicz erhält im Januar 1945 Befehl, an der Grenze zur Schweiz, zwischen Feldkirch und Bregenz, Abwehrstellungen einzurichten, die den Eindruck einer dahinterliegenden »Alpenfestung« vermitteln könnten.
Am 24. Dezember 1944 noch hat der linksstehende »Daily Worker« in New York zu berichten gewußt, daß die Deutschen selbstmörderische Angriffe zum Entsatz von Budapest planen, aus denen zu schließen ist, daß sie ihre Alpenfestung auf jeden

Frühjahr 1945. Die Rote Armee auf dem Vormarsch in Österreich

Fall vor einen Angriff der Roten Armee von Osten her schützen wollten, während ihre verzweifelten Kämpfe bei Straßburg so zu deuten seien, daß die Alpenfestung von Westen her geschützt werden solle.
Dann tritt in der Berichterstattung über die sagenhafte Festung in den Alpen eine gewisse Pause ein, da zu Beginn des Jahres 1945 Hitlers letzte Großoffensive in den Ardennen die Presse zur Genüge beschäftigt.
Während der »Daily Worker« am 26. Januar wieder auf das Thema Alpenfestung zurückkommt, bringt die amerikanische Zeitschrift »Collier's« am 27. Januar einen Artikel des Journalisten Erwin Lessner, der »Hitlers final V-weapon« (Hitlers letzte Vergeltungswaffe) betitelt ist.
Aus einer nur dem Autor bekannten Quelle wird hier ausführlich berichtet über eine Massen-Partisanenbewegung gigantischen Ausmaßes, die z. Z. im Hauptquartier der Guerillas in Bad Aussee im Salzkammergut anlaufe. In den Reihen dieser Partisanen sei die Elite von HJ und SS vereinigt, und die Guerillas seien mit den neuesten Geheimwaffen ausgestattet. Aufgrund der Erfahrungen, die deutscherseits im Kampf gegen die russischen Partisanen gesammelt worden wären, seien sie bereit, den Heldentod zu sterben.
Chef der Partisanenverbände, die sich »Werwölfe« nennen, sei der Leiter des Reichssicherheitshauptamtes, Ernst Kaltenbrunner.
Obwohl erst am 17. Februar 1945 tatsächlich mit den Bauarbeiten begonnen wird – ganze 2000 Zwangsarbeiter der Organisation Todt hat man mobilisieren können –, erscheinen schon Ende Januar 1945 in den Vereinigten Staaten Presseartikel, die neben den Meldungen über die Partisanenausbildung auch Nachrichten über Befestigungen der verschiedensten Art verbreiten.
Das Alliierte Oberkommando erfährt dank Informationen aus Moskau, wo angeblich ein Strom zuverlässiger Nachrichten aus der Schweiz zusammenläuft, daß in der Umgebung von Bregenz Verteidigungsstellungen im Ausbau seien, und allmählich glaubt SHAEF an die Ausbildungslager, die Verteidigungsanlagen – an die Alpenfestung.
Immer wieder wird auch auf die Stimmen aus Berlin hingewiesen, die den Partisanenkrieg beschwören, der den Alliierten drohe, falls es ihnen gelingen sollte, je die Alpenfestung zu bezwingen.
Auch der Moskauer Korrespondent der amerikanischen Nachrichtenagentur Associated Press setzt Informationen seiner russischen Gewährsleute in die Welt, die über Einzelheiten der deutschen Verteidigungsarbeiten in der Alpenfestung genauestens Bescheid wissen.

Am 14. Februar berichtet die »New York Times« über eine Depesche, die eine angebliche Aussage des Chefdolmetschers im deutschen Außenministerium, Dr. Paul Schmidt, enthält, der in einer Rundfunkrede gedroht habe, Millionen Deutsche würden den Partisanenkrieg aufnehmen und für jeden gefallenen deutschen Soldaten 10 alliierte Soldaten umbringen.

General Dwight D. Eisenhower

Dann verlautbart deutscherseits, das Auswärtige Amt und andere Ministerien würden mit allen ihren Dienststellen in die Alpenfestung verlegt. Der Sicherheitsdienst (SD), sorgt dafür, daß diese Informationen und auch Berichte über den Fortschritt der Bauarbeiten den Amerikanern in die Hände gespielt werden.

Tatsächlich sind die Stellungen, die die deutsche Heeresgruppe E nach ihrem Abzug aus Italien am südlichen Rande der Alpen beziehen soll, Ende Februar 1945 fast fertiggestellt.

Um diese Zeit wird im KZ Sachsenhausen der Häftlingsblock 18/19 geräumt. Unter strenger Bewachung durch den SD wird das Häftlingskommando zusammen mit Druckmaschinen, Papier- und Falschgeldvorräten in 16 Eisenbahnwaggons verfrachtet. Nach 14 Tagen Aufenthalt im Lager Mauthausen geht die Reise weiter in Richtung Alpenfestung.

Nahe dem Dorf Redelzipf werden in Tag- und Nachtschichten die Falschgeldprägemaschinen wieder montiert, und die Produktion von Falschgeld zur Unterminierung der englischen und amerikanischen Währung läuft von neuem an, bis das Herannahen der alliierten Truppen ihr ein Ende bereitet. Alle Häftlinge werden in einer höchst geheimen Aktion umgebracht, während die Maschinen, Drucksätze und Papiervorräte im Toplitzsee versenkt werden.

Neben den westlichen Nachrichtenagenturen, die immer wieder phantastische Berichte über Einzelprojekte der deutschen Alpenverteidigung bringen, lenkt dann auch Moskau, nachdem Amerikaner und Engländer den Rhein überschritten haben, das Interesse der westlichen Verbündeten erneut auf die Bedrohung in den Alpen. Mit Hilfe des »Daily Worker«, der kommu-

nistischen Tageszeitung der Vereinigten Staaten, wird die amerikanische Öffentlichkeit in regelmäßiger Folge auf die Gefahren aufmerksam gemacht, die den alliierten Soldaten in den Alpen drohen. Die Artikel haben um so glaubwürdigeren Anstrich, als sie vom Militärexperten des Blattes verfaßt sind.
Am 3. März meldet der »Daily Worker« die Besorgnis Rußlands über die deutsche Alpenfestung, die starken deutschen Armeen in Italien, die deutschen Rückzugsgefechte in Ungarn, und gibt zugleich seiner Empörung darüber Ausdruck, daß die Westalliierten unter Verletzung der für die Kriegszeit getroffenen Abmachungen geheime Gespräche mit dem Befehlshaber der deutschen Italienfront über deren Kapitulation führen.
Das schweizerische »Journal de Genève« bringt in einem Artikel über die deutschen Partisaneneinheiten die Neuigkeit heraus, Himmler selbst habe das Oberkommando über ihre Ausbildung übernommen.
Gleich zweimal – am 14. und 24. März 1945 – weist dann der »Daily Worker« darauf hin, daß die Ablösung des deutschen Feldmarschalls von Rundstedt durch den Pionier Feldmarschall Kesselring unbedingt als ein bedeutsames Zeichen dafür zu werten ist, daß es zu harten Kämpfen in der Alpenfestung kommen wird.
Am 25. März bringt die »New York Times« einen Artikel ihres beim SHAEF akkreditierten Kriegsberichterstatters Drew Middleton, der von einem aus Wien zurückgekehrten Schweizer gehört hat, daß im Gebiet der Alpen überdimensionale Befestigungen vorhanden sind, die selbst monatelanger Belagerung standhalten können.
Gegen Ende März übernimmt Kaltenbrunner auf Befehl Himmlers den Posten des Sicherheitschefs in Süddeutschland und ist damit oberster Befehlshaber im Bereich der Alpenfestung, von der er sich sehr viel verspricht. U. a. nimmt er Verhandlungen

US-Truppen in den Voralpen

allzugrosser Entfernung von der Schweizergrenze befindet . . .

Zuverlässige Berichte aus Deutschland enthalten Einzelheiten über den technischen Ausbau der Réduitstellung Berchtesgaden mit dem Obersalzberg als Nervenzentrale. Geschickte Ausnützung der zahlreichen kleinen Bergseen der Umgebung und der Stollen der ehemaligen Salinen (denen der Obersalzberg und das Salzkammergut ihre Namen verdanken), Einbeziehung der schwer überwindbaren Gebirgskämme in das Festungssystem, Einbau von MG-Nestern und Flabpositionen und Rundfunksendern und soliden Bunkern an den Pässen sprechen dafür, dass der romantische Traum ernst gemeint ist und dass gute deutsche Gründlichkeit hier einmal mehr für ein phantastisches Ziel eingesetzt wurde.

Der Berghof, wo Hitler sowohl seine Wohnung wie die Privatkanzlei und die Büros der Leitung der NSDAP unter Martin Bormann, dem Nach-

Aus: Die Weltwoche, Zürich, 2. Februar 1945

mit der Industrie über die Errichtung unterirdischer Produktionsstätten in den Bergen auf.

Inzwischen sind die alliierten Stäbe mit den letzten Vorbereitungen zum »Sprung nach Berlin« beschäftigt. Generalmajor *James M. Gavin,* Chef der 82. US-Luftlandedivision, hat Pläne für eine großangelegte Luftlandeoperation zur Einnahme Berlins ausgearbeitet.

Die 101. US-Luftlandedivision soll den Flughafen Gatow einnehmen und eine Brigade des 1. britischen Luftlandekorps das Flugfeld der Heinkel-Werke in Oranienburg bei Berlin sichern, während die 82. britische Fallschirmdivision über der Stadt selbst abspringen und den Flughafen Tempelhof besetzen soll.

Die Truppen haben bereits Übungen dieser Landungen durchgeführt, und für die 82. britische Fallschirmdivision ist sogar ein aus England eingeflogenes Modell des Flughafens Tempelhof und seiner Umgebung vorhanden.

Alles steht bereit und wartet auf den Einsatzbefehl des Oberbefehlshabers Eisenhower.

Am 25. März erhält die amerikanische 7. Armee einen Bericht des Nachrichtendienstes, der Genaueres über die Alpenfestung vermittelt. Es ist die Rede von Vorräten für 100 000 Mann, die Himmler für die Alpenfestung angefordert habe, wo 80 Eliteeinheiten, jeweils zwischen 1000 und 4000 Mann stark, zur Verteidigung bereitstünden. Endlose Güterzüge mit den besten Waffen, mit neuartigen Geschützen und modernstem Gerät seien in die Alpenfestung eingelaufen, wo unterirdische Rüstungsfabriken im Bau seien.

Drei Tage später, am 28. März 1945, tut Eisenhower Stalin seinen neuen Plan kund, die Streitkräfte der westlichen Verbündeten zunächst nach Süden, gegen die Alpenfestung, statt, wie ursprünglich vorgesehen, gegen Berlin vorstoßen zu lassen.

Erst nachdem dies geschehen ist, werden auch die interalliierten Stabschefs und schließlich Feldmarschall Montgomery informiert.

Während Eisenhower noch im September 1944 bekanntgegeben hat, daß sein »Hauptziel natürlich Berlin« sei, endet sein Funkspruch vom 31. März 1945 an Montgomery mit den Worten: ». . . Sie werden bemerkt haben, daß ich Berlin überhaupt nicht erwähnt habe. Dieser Ort ist für mich nur noch ein geographischer Begriff, und ich habe für derlei noch nie Interesse gehabt. Mein Ziel ist, die Streitkräfte des Feindes zu vernichten und seine Widerstandskraft zu brechen.«

Zu der Zeit, als noch Churchill und Montgomery sich über die politische Naivität der amerikanischen Strategie ärgern, und Montgomery seinem Premier telegraphiert, daß er der Meinung sei, hier werde ein »schrecklicher Fehler« begangen, beeilt sich Stalin, die Auffassung des amerikanischen Oberbefehlshabers, Berlin habe seinen strategischen Wert verloren, zu bestärken. Er läßt Eisenhower wissen, er selbst habe auch aus diesem Grunde nur »zweitrangige Verbände« für die Einnahme der Stadt im Einsatz und stellt seine Elitetruppen zum Angriff auf Berlin zusammen: 20 Armeen und 150 Divisionen der Heeresgruppen I. Ukrainische Front unter Marschall Konjew, I. Weißrussische Front unter Marschall Schukow und II. Weißrussische Front unter Marschall Rokossowskij – mehr als 2,5 Millionen kampferprobte Soldaten, 7500 Flugzeuge, 41 600 Geschütze und 6300 Panzer.

Am 8. April 1945 weiß Drew Middleton in der »New York Times« zu berichten, daß die Alpenfestung noch stärker befestigt ist als der berüchtigte Monte Cassino, das Verdun des II. Weltkrieges, und er erklärt das immer seltenere Auftreten von SS-Truppen an der Front damit, daß sie alle mittlerweile ihre Stellungen innerhalb der Alpenfestung bezogen haben, um dort bis zum letzten Blutstropfen zu kämpfen. Dieselbe Meinung vertritt einen Tag später die Wochenzeitschrift »Life«, die die Theorie allerdings mit einem recht sorgfältig ausgearbeiteten Lageplan erhärtet.

Ein Fabelbericht, der schon am 2. Februar 1945 unter dem Titel »Festung Berchtesgaden« in der »Weltwoche« erschienen ist, sich auf Quellen aus Deutschland berufen hat, jedoch trotzdem ein Produkt lebhafter Phantasie darstellt, bildet die Grundlage für einen Artikel, den der als Militärexperte geschätzte Journalist Hanson W. Baldwin am 16. April in der »New York Times« veröffentlicht. Der Artikel enthält die Feststellung, die Alpenfestung sei eine Realität, wofür insbesondere eine Meldung der neutralen Schweizer Wochenzeitung »Die Weltwoche« spräche. Insgesamt bekräftigt Baldwin Eisenhowers Befehl, an der Elbe stehenzubleiben und statt Berlin die Alpenfestung anzugreifen.

Vor seinen Generälen, den interalliierten Stabschefs und Montgomery rechtfertigt Eisenhower seinen Schritt mit dem Ausmaß und der Verzweiflung des deutschen Widerstandes, den er durch Überrennen der Alpenfestung zu brechen gedenkt, obwohl er als oberster Chef der alliierten Streitkräfte wissen muß, was mittlerweile im Detail bereits in Moskau bekannt ist – daß nämlich schon seit Beginn des Jahres zwischen höchsten deutschen Befehlshabern der für den südlichen Rand der Alpenfestung zuständigen Truppenteile und dem Vertreter des amerikanischen Geheimdienstes in der Schweiz Gespräche über eine Kapitulation der deutschen Truppen in Italien geführt werden. Diese Gespräche, die SS-General Karl Wolff mit Allen Dulles führt, sind bereits am 8. März in ihre Endphase eingetreten und Anlaß für eine heftige Beschwerde Stalins bei Präsident Roosevelt gewesen.

Im Gegensatz zum amerikanischen Geheimdienst und General Eisenhower halten die Engländer die Alpenfestung nach wie vor für einen Bluff.

Nach Ansicht des Intelligence Service haben schon die in allen Berichten erwähnten Führer oder Befehlshaber der Alpenfestung nach Intelligenz und Fähigkeiten nicht das Format, eine wie auch immer ausgebaute Festung zu befehligen oder gar eine Wende im Schicksal Deutschlands herbeizuführen.

Außerdem weist man englischerseits darauf hin, daß jedes größere Bauvorhaben allein aufgrund der alliierten Luftherrschaft ausgeschlossen werden könne und daß im übrigen schon die Frage der Lebensmittelversorgung von Truppen- und Regierungsangehörigen, die auf kleinstem Raum zusammengedrängt seien, auf längere Sicht einen Zusammenbruch bewirken müsse.

Doch sind dies Mutmaßungen, die Ende März und Anfang April 1945 außer den Engländern kaum jemand beachtet – am allerwenigsten die noch kämpfenden deutschen Einheiten, denen ein unbezwingbares Alpenbollwerk vorgegaukelt wird, wo Wunderwaffen und Befestigungen im Bau sind, die ihnen doch noch zum Endsieg verhelfen werden.

In Wahrheit macht der Ausbau der Alpenfestung zu dieser Zeit bereits keine wesentlichen Fortschritte mehr – es wird nur noch an wenigen Stellen gebaut, die gesamte nördliche Befestigungslinie fehlt noch immer, und nur dank der Durchhaltekraft der

Südfront kann Gauleiter Hofer im Nordwesten und Westen kleinere Arbeiten durchführen lassen.
Das gesamte Gebiet der Alpenfestung ist übervölkert vom Zivilpersonal der evakuierten Verwaltungsapparate und Ministerien, von hohen Führungsstäben – die sich allerdings ohne ihre Truppen nach hier zurückgezogen haben – und vom Bodenpersonal der Luftwaffe.
Es ist keine einzige Division mit Kampfstärke bzw. kompletter Ausrüstung in die Alpen verlegt worden, und es herrscht absoluter Mangel an Munition und schweren Waffen.
Und schließlich ist es eine einzige bayerische Fabrik, die in einem Tunnel Flugzeugersatzteile herstellt, die die sagenhaften unterirdischen Kraft- und Flugzeugwerke repräsentiert, von denen in allen Geheimdienstberichten die Rede ist.
Während der ersten Apriltage erscheint in den Vereinigten Staaten im Privatdruck eines gewissen Joachim Joesten eine Broschüre unter dem Titel »European Reports – Hitlers Alpine Redoubt« (»Europäische Berichte – Hitlers Alpenfestung«). Zum Preise von US-$ 2,95 wird der 27 Seiten starke Tatsachenbericht sämtlichen Nachrichtenagenturen und Zeitungsredaktionen der Vereinigten Staaten angeboten, die den in der Broschüre enthaltenen Meldungen aus der Schweiz und Deutschland entnehmen können, daß die Alpenfestung sich 5 Jahre lang zu halten imstande ist, daß sie über 40 SS-Divisionen mit 200 000 speziell ausgebildeten Gebirgsjägern verfügt und daß die Verteidiger schon deshalb bis zum äußersten kämpfen werden, da die meisten von ihnen als Kriegsverbrecher mit einem Todesurteil zu rechnen haben.
General *Walter Bedell Smith*, Eisenhowers Stabschef, hält am 21. April 1945 im SHAEF eine vertrauliche Pressekonferenz ab, während der er die Besorgnis Eisenhowers und des amerikanischen Oberkommandos betreffend die Alpenfestung erläutert.
Auf Befragen muß er zwar zugeben, daß man beim obersten Stab weder genau wisse, was wahr sei an der Alpenfestung, noch was man in den Bergen antreffen werde; daß man jedoch befürchte, daß selbst die Besorgnis der größten Pessimisten noch übertroffen werden könne. Jedenfalls sei die Alpenfestung das Hauptproblem der näheren Zukunft, und sicher werde es gelingen, das Bollwerk – notfalls mit Hilfe der Russen – zu erstürmen.
Doch von den bei den alliierten Stäben zu Hunderten akkreditierten Kriegsberichterstattern findet sich keiner, der das Märchen widerlegt – nicht einmal der Nachrichtendienst des SHAEF, der bereits einen Tag später, am 22. April, feststellt, daß die Luftaufklärung weder Truppenansammlungen noch ausgebaute Stellungen im Bereich der Festung bestätigen kann.

Wenige Tage danach bringt dieselbe Abteilung noch mehr in Erfahrung, als *Kurt Dittmar*, der offizielle Wehrmachts-Rundfunksprecher, der aus Berlin geflohen ist, sich in einem Boot über die Elbe nach Westen abgesetzt und den Amerikanern ergeben hat, vernommen wird. Dittmar, dem man sicher glauben kann, sagt aus, die Alpenfestung sei reine Phantasie.
Doch ändern diese Nachrichten nichts an der einmal festgelegten Strategie, da auch nach wie vor anderslautende Meldungen überwiegen. Noch am 24. April hat General *Omar N. Bradley*, Oberbefehlshaber der 12. amerikanischen Armeegruppe, mehreren amerikanischen Senatoren, die die Soldaten auf dem europäischen Kriegsschauplatz besuchen, seine pessimistischen Ansichten über die Alpenfestung bekanntgegeben. Bradley macht seine Besucher, denen er Berichte des Nachrichtendienstes vorlegt, unter Hinweis auf die zu Festungen ausgebauten Berge des Südens darauf gefaßt, daß die Kämpfe mindestens noch einen Monat, wenn nicht gar noch ein ganzes Jahr andauern können.
Noch Mitte April befehligt Eisenhower die 13. Luftlande-Division aus den Vereinigten Staaten nach Europa. Als die Soldaten, die mit den neuesten Waffen ausgerüstet sind und den Widerstand der Alpenfestung brechen sollen, in Antwerpen an Land gehen, ist der Krieg in Europa beendet und spricht niemand mehr von der waffenstarrenden Alpenfestung.
Seit dem 29. April ist je ein Korps der 6. amerikanischen Armeegruppe in Richtung Berchtesgaden und Salzburg unterwegs.
Die 2. französische Panzerdivision, die dem 21. amerikanischen Korps angehört, erobert am 5. Mai 1945 Berchtesgaden – von der Alpenfestung fehlt noch immer jede Spur.

Es ist das Gebiet um Bad Aussee, wo der Chef des Reichssicherheitshauptamtes und SS-Obergruppenführer *Ernst Kaltenbrunner* seit Anfang des Jahres sein Hauptquartier unterhält. Kaltenbrunner hat hier die wichtigsten Abteilungen des RSHA sowie die Führung von Gestapo und SD zusammengezogen.
SS-Obersturmbannführer *Otto Skorzeny*, der an sich Befehl hat, ein »SS-Schutzkorps Alpenland« zu formieren, hat sich, nachdem er die Aussichtslosigkeit eines derartigen Unterfangens überschaut, nach Aussee zurückgezogen, um die Dinge abzuwarten.
Aus allen Enden des Reiches ist hier alles versammelt, was Rang und Namen hat: die Parteifunktionäre Robert Ley, Julius Streicher, Konrad Henlein, der SS-Obersturmbannführer und Endlöser der Judenfrage Adolf Eichmann mit seinen Mannern, Dr. Wilhelm Höttl, der für den Balkan zuständige Chef des Sicherheitsdienstes ebenso wie SS-Sturmbannführer Fritz Schwendt, der während der letzten Kriegsjahre für die Verbreitung falscher

Pfund- und Dollarnoten zuständige Mann im Reichssicherheitshauptamt.
Der in Ungnade gefallene Reichsmarschall Hermann Göring, der sich bereits längere Zeit mit dem Oberkommando der Luftwaffe in Berchtesgaden aufgehalten hat, wartet das Kriegsende bei Hausarrest und unter Bewachung durch die SS ab. Am 9. Mai ergibt er sich dem Kommandeur der 36. amerikanischen Infanteriedivision, Major-General *J. A. Dalquist.*
Generalfeldmarschall von Rundstedt, der kürzlich abgelöste ehemalige Oberbefehlshaber West, wird von amerikanischen Soldaten in der Badewanne überrascht. Kurz darauf werden auch die Generalfeldmarschälle Kesselring, Wilhelm Ritter von Leeb und Wilhelm List gefangengenommen.
Gauleiter Franz Hofer wird am 2. Mai nicht weit von zu Hause entfernt in Hall festgenommen.
Eine Woche später finden die Amerikaner General *Reinhard Gehlen,* Chef der Abteilung Fremde Heere Ost, der mit seinem umfangreichen Archiv, mit Mikrofilmen und Geheimdokumenten auf der Elendsalm in Oberbayern auf seine Gefangennahme wartet.
Auf halbem Wege zwischen Berchtesgaden und Innsbruck, 10 km südlich des Städtchens Wörgl, liegt das mittelalterliche Schloß Itter, das seit 1943 als Prominenten-Gefangenenlager dient, in dem die wertvollsten französischen Geiseln festgehalten werden.
Am 5. Mai noch gibt es hier ein kurzes Gefecht, das während des ganzen Krieges keine Parallele hat, dennoch typisch ist für die seitens der Alliierten so gefürchtete Kampfmoral der deutschen Truppen in der Alpenfestung.

Neben zwei ehemaligen Premierministern (*Paul Reynaud* und *Edouard Daladier*) befinden sich der französische Botschafter in Berlin, *André François-Poncet,* der Chef des französischen Generalstabes, General *Gamelin,* sowie General *Weygand,* die Schwester General des Gaulles, Mme. *Caillou,* mit ihrem Gatten und *Jean Borotra,* ehemals Minister in Vichy und nebenbei weltbekannter Tennisspieler, sowie *Michel Clemenceau,* der Sohn des berühmten französischen Staatsmannes, auf diesem Schloß.
Hinter den von Stacheldrahtsperren, Wachtposten mit Hunden und Dutzenden Scheinwerfern gesicherten Mauern warten sie auf ihre letzte Stunde. Himmlers Befehl, daß vor Eintreffen der alliierten Truppen alle Geiseln zu erschießen sind, ist allen bekannt.
Am 5. Mai erscheint ein amerikanischer Panzer mit 8 Soldaten Besatzung, der sich die aus 40 Wehrmachtsangehörigen bestehende Wachmannschaft des Schlosses sofort kampflos ergibt.

Es dauert nicht lange, als aus den umliegenden Wäldern Schüsse krachen. Das Schloß ist von 300 Mann SS umzingelt, die gekommen sind, einen Befehl Kaltenbrunners zur Erschießung der Geiseln durchzuführen.
Die deutschen Wachtposten greifen zu den Waffen und helfen den verdutzten Amerikanern, sich gegen die Übermacht der SS zu halten.
Es gelingt dem Tennis-Champion Borotra, unbemerkt aus dem Schloß zu entkommen und an den Stellungen der SS vorbeizuschleichen. Tatsächlich findet er wenige Kilometer weiter eine US-Einheit, die sofort zu Hilfe eilt. Bereits eine Stunde später werden die Geiseln befreit.
Noch immer auf der Suche nach den verborgenen Stellungen der Alpenfestung finden amerikanische Soldaten in den Stollen des Salzberges bei Altaussee Kunstschätze aus ganz Europa.
Mehr als 1500 gewaltige Kisten mit Holzschnitzereien, Plastiken, mittelalterlichen Gobelins, Teppichen, Miniaturen und Handschriften, daneben etwa 6500 weltbekannte Gemälde. Es gibt kein Museum im deutschbesetzten Europa, keine größere private Kunstsammlung, kein bekanntes Kloster, keine Kirche, deren Kostbarkeiten nicht hier vertreten sind.
Der Katalog zählt mehr als 6000 Schreibmaschinenseiten, und für den Abtransport der Kunstschätze sind über 1000 Lastwagen notwendig. Man schätzt den Gesamtwert dieser Beute auf etwa 4 Milliarden Dollar.

Am 2. Mai 1945 treffen die amerikanischen Soldaten am Brennerpaß zusammen: die von Norden kommenden haben sich von der Normandie bis hier durchgekämpft, während die von Süden kommenden Truppen den langen Weg von Sizilien bis hierher hinter sich haben.
Als dann am 7. Mai die restlichen deutschen Streitkräfte in Reims kapitulieren, hat sich der größte Teil der in der Alpenfestung befindlichen deutschen Truppenteile bereits bedingungslos ergeben.
Daß Eisenhower bis zuletzt an das Vorhandensein irgendwelcher geheimnisvoller Befestigungen geglaubt hat, wird noch unverständlicher, wenn man sich die minuziöse Arbeit der alliierten Nachrichtendienste im Rahmen der Vorbereitungen zur Landung in der Normandie vor Augen hält, wo die alliierten Stäbe über Karten und Luftaufnahmen verfügten, auf denen auch jedes kleinste MG-Nest erfaßt war, wie es z. B. bei den Kapitulationsverhandlungen in Cherbourg offenbar wurde.
Während der Verhandlung über die Kapitulation der letzten noch von Deutschen gehaltenen Bastion der Festung Cherbourg zeigt der Kommandeur der 4. US-Division, Major-General *Barton*, am 28. Juni 1944 seinem deutschen Gegenspieler, Major

Im Salzbergwerk bei Aussee: Manet, »Im Wintergarten«

F. W. Küppers, Kommandeur des sog. »Osteck«, eine Karte seiner Stellungen, die genauer als die Karte der Deutschen ist und nicht nur die Belegstärke der einzelnen Unterkünfte ausweist, sondern darüber hinaus selbst Namen von Unteroffizieren enthält.
Das nur mäßig von Flak geschützte Alpengebiet bot sich der Luftaufklärung förmlich an und lag überdies fast in Sichtweite der europäischen Zentrale des amerikanischen Geheimdienstes in der Schweiz, die zudem von einem so fähigen Mann wie Allen Dulles geleitet wurde.
Außerdem hat General Henri Guisan, Oberbefehlshaber der Schweizer Armee, die Amerikaner mehr als einmal davor gewarnt, an das Phantom zu glauben. Ohne jegliche Störung durch Kampfhandlungen oder materielle Schwierigkeiten hat selbst die Schweiz mehr als 2 Jahre benötigt, ihre Alpenbefestigungen, die sog. Réduit Nationale, auszubauen, während die Deutschen erst im Februar 1945 mit den Bauarbeiten begonnen haben.

Überdies haben die deutschen Alpen überwiegend breite Täler, was im Gegensatz zu den schweizerischen Alpen keinen Schutz vor Luftangriffen bietet, und es ist im übrigen klar, daß den Deutschen weder ausreichende Arbeitskräfte noch genügend Baumaterial zur Verfügung standen.
Außer Allen Dulles und dessen Agentenstab hat Eisenhower die größte und beste Luft-Aufklärungsarmada der Welt befehligt, vor deren Kameras kein Meter feindlichen Gebietes sicher war und die sich beim Aufspüren auch der verborgensten Abschußrampen für die V-Waffen selbst von stärkster Flak nicht beirren ließ – der es jedoch nicht möglich war, ein Gebiet zu kontrollieren, das praktisch frei von Flak gewesen ist, bevor solch entscheidende strategische Entschlüsse gefaßt wurden, deren Konsequenzen noch heute spürbar sind.
Auf Fragen dieser Art hat Eisenhower nie geantwortet. Er hat die Beweggründe für sein Handeln mit ins Grab genommen.

Brennerpaß, 2. Mai 1945. Zusammentreffen der amerikanischen Truppen